EFT의 새로운 진화

매트릭스
리임프린팅

EFT의 새로운 진화 매트릭스 리임프린팅

1판 1쇄 인쇄 2016. 8. 25.
1판 1쇄 발행 2016. 9. 1.

지은이 칼 도슨 · 사샤 알렌비
옮긴이 박강휘

발행인 김강유
편집 황여정 | 디자인 이경희
발행처 김영사
등록 1979년 5월 17일(제406-2003-036호)
주소 경기도 파주시 문발로 197(문발동) 우편번호 10881
전화 마케팅부 031)955-3100, 편집부 031)955-3250 | 팩스 031)955-3111

이 책의 한국어판 저작권은 아모에이전시를 통한 저작권사와 독점 계약한 김영사에 있습니다.
저작권법에 의해 한국 내에서 보호를 받는 저작물이므로 무단전재와 무단복제를 금합니다.

값은 뒤표지에 있습니다.   ISBN 978-89-349-7559-5 03180

독자 의견 전화 031)955-3200
홈페이지 www.gimmyoung.com   카페 cafe.naver.com/gimmyoung
페이스북 facebook.com/gybooks   이메일 bestbook@gimmyoung.com

좋은 독자가 좋은 책을 만듭니다.
김영사는 독자 여러분의 의견에 항상 귀 기울이고 있습니다.

이 도서의 국립중앙도서관 출판시도서목록(CIP)은 서지정보유통지원시스템 홈페이지
(http://seoji.nl.go.kr)와 국가자료공동목록시스템(http://www.nl.go.kr/kolisnet)에서
이용하실 수 있습니다.(CIP제어번호 : CIP2016019131)

EFT의 새로운 진화
매트릭스
리임프린팅

당신의 과거를 다시 써라

MATRIX REIMPRINTING USING EFT

칼 도슨 · 사샤 알렌비 | 박강휘 옮김

김영사

일러두기

1. 본문의 각주는 옮긴이의 주석입니다.
2. 본문에 소개된 서적들 중 국내에서 번역 출간된 경우 한국어판 제목으로 표기하였고, 그에 대한 정보는 참고 문헌에서 확인할 수 있습니다.
3. 매트릭스 리임프린팅 맛보기(12쪽) 및 옮긴이 치유 사례(366쪽)는 한국어판을 위해 새로이 추가한 것입니다.

매트릭스 리임프린팅Matrix Reimprinting이라는 획기적인 치유법을 알게 된 건 2014년이다. 당시 나는 34년간 몸담아온 의사 일을 그만둔 참이었다. 환자들의 질병에 대해 근본적인 도움을 주지 못하는 처방전을 더는 쓸 수 없어서였다. 반복되는 생활 습관, 가족 관계, 정신적인 스트레스 등이 원인임이 분명한데 그 모든 문제를 종합적으로 다룰 수 없는 진료 환경이 불편하고 괴로웠다. 마음의 부담은 날이 갈수록 커졌고, 그로 인해 건강도 나빠졌다. 결국 은퇴를 결심하고 호주로 떠났다. 휴식을 통해 건강을 되찾고, 전부터 관심을 가져온 분야의 공부도 해보고 싶었다. 이때 만난 것이 매트릭스 리임프린팅이다.

매트릭스란 하나로 통합된 에너지장unified energy field을 말한다. 양자역학이 제시한 개념으로, 우리는 모두 에너지로 이루어져 있으며 우리를 포함한 우주 전체가 하나의 에너지망으로 연결되어 있음을 뜻한다. 일반 심리학에서는 유년기에 겪었던 트라우마와 그로 인해 갖게 된 교훈이나 믿음이 잠재의식에 저장되어 이후 삶을 이끄는 생존방식과 사고 방식에 그대로 반영된다고 보고 있다. 매트릭스 리임프린팅은 그러한 기억과 신념이 개인의 두뇌가 아닌 매트릭스에, 에너지 의식 홀로그램 Energy Consciousness Hologram: ECHO(에코)이라는 형태의 영상 정보로 저장된다는 양자역학적 세계관을 근거로 한다. 즉 매트릭스 리임프린팅을 통해 우리는 ECHO와 소통하여 부정적인 과거 영상의 자리에 긍정적인 새로운 영상을 다시 새겨 넣을reimprinting 수 있다. 이는 우리의 건강과 행복에 놀라운 변화를 가져온다.

나는 실제로 멜버른에서 칼 도슨Karl Dawson의 누나인 캐롤라인 도슨 Caroline Dawson으로부터 매트릭스 리임프린팅을 직접 배우고 상담도 받았다. 그 과정에서 유년기의 트라우마들이 눈 녹듯 사라지고 그 빈자리가 찬란한 황금빛으로 가득 차며 마음이 평온해지는 극적인 치유를 경험하였다. 무엇보다 놀라운 것은, 이전에도 다양한 상담 기법들을 배우면서 같은 주제를 다루는 작업을 했으나 이후에 다시 상기하면 재발된 상처처럼 여전히 눈물이 흐르고 아파하곤 했는데, 매트릭스 리임프린팅 작업 이후로는 그것이 더는 트라우마의 기억이 아니게 되었다는 점이다.

세상에 민감하고 왜곡되게 반응하도록 만드는 잠재의식 속 방어기제를 없애는 것은 정신 치료의 중요한 목표이다. 그것은 또한 한 사람이 인격적으로 성숙해가는 데 아주 중요한 요소이기도 하다. 매트릭스 리임프린팅은 미숙하고 무기력할 수밖에 없었던 어린 시절에 트라우마를 겪으며 생존을 위해 몸부림치던 하이라이트 장면을 불러와서, 기억 속의 어린 자기를 위로하고 보호하고 치유하여 행복의 밝은 빛으로 어두운 그림자(방어기제)를 소멸시키는, 매우 간단하면서도 부드러우며 창의적인 치유 기법인 것이다.

매트릭스 리임프린팅은 국내에 이미 '기적의 치유법'으로 소개된 바 있는 EFT를 기반으로 개발된 기법이다. EFT는 'Emotional Freedom Technique(감정자유기법)'의 줄임말로, 몸의 경혈을 두드리며 증상에 대해 소리 내어 말하는 것으로 부정적인 감정이나 육체의 질병을 치유하는 기법이다. EFT는 TFT, 즉 'Thought Field Therapy(사고장요법)'에서 진화해 나온 것으로, 말하자면 TFT의 간소화된 버전이다. 내가 TFT를 처음 접한 것은 2001년이었다.

의학박사 학위를 딴 뒤 환자에게 도움이 되는 것이라면 무엇이든 배워보겠다는 결심으로, 침술과 경락학, 자석조절 요법, 색채 요법, 오존 산소 요법, 킬레이션chelation 요법, 신경 요법 등 틈틈이 국내외 대체의학 분야의 고수들을 찾아다니며 사사했다. 또한 가정의학과 의사로서 환자들의 정서와 가족관계 문제, 사회생활에서 오는 스트레스 등의 해결 방법을 제대로 배우고자 심리학과 심리치료법 등을 청강하거나 워크숍에 참가하고, 가족치료 전문가 자격을 취득하기도 했다. 그렇게 10여 년에 걸쳐 배워온 각각의 치료법들은 시애틀의 닥터 클링하트Klinghardt의 신경 요법 진단 체계와 TFT를 만나면서 비로소 한 줄로 꿰어졌다. 그것은 인간을 다섯 겹의 몸體, 즉 육체physical body, 정서체emotional body, 심체mental body, 직관체intuitive body, 영체spiritual body로 둘러싸인 생명체로 보고, 그에 따라 병의 원인을 파악하는 통합적 진단법이었다(TFT로는 주로 정서체와 심체를 진단 치유한다). 근반사테스트muscle test(근육은 오감으로 감지할 수 없는 미세한 파동에 끊임없이 반응한다는 원리 아래, 예컨대 건강에 나쁜 것에 접촉하면 일시적으로 근력이 저하되는 근육 반사 작용을 통해 심신의 상태를 진단하는 검사)를 기본으로 하여, 어떤 장기의 문제인지, 원인은 육체에 있는 것인지, 정서나 마음 또는 신념 체계와 관련된 것인지, 관계 혹은 영적인 문제인 것인지를 찾아들어간다.

그 전까지 가정의학과 의사로서 할 수 있는 것은 육체적 단계에서 물질적인 원인을 찾아 처방할 수 있는 것이 전부였다. 더구나 배우고 익혀 둔 심리치료나 가족치료는 병원 환경에서는 적용할 시간과 공간이 없었다. TFT는 병에 대해 총체적 접근이 가능하면서도 시공간의 제약이 큰 장애가 되지 않고 필요한 경우 환자에게 쉽고 효과적으로 도움을 줄 수 있는 요법이었다. 그럼에도 이미 굳어진 병원 시스템 안에서는 환자들에게 집중적으로 적용하기가 쉽지 않았다.

매트릭스 리임프린팅과 함께 접하게 된 EFT는 TFT보다 훨씬 더 간략해서 배우기 쉬웠고, 바로 실행해볼 수 있었다. 더욱이 EFT의 효과는 TFT에 비해 부족함이 전혀 없었다. 누가 시도하든 그 사람의 집중도만큼 효과가 날 수 있는 무해한 기법이기도 했다. 이것은 환자들의 건강과 질병이 스트레스와 직결되어 있다는 것을 유념하고 스트레스로 생기는 문제를 도와주고자 고민하는 의사라면 누구나 기뻐할 굿뉴스였다. 매트릭스 리임프린팅은 과거 기억의 장면 속에서 ECHO를 치유하는 기본적인 기법으로 이러한 EFT의 두드리기를 사용한다.

심신의 질병으로 고생하는 이들을 만나면 언제나 문제를 파악하고 해결책을 찾으며 긴장하는 것이 나의 습관이다. 고통 받는 이들에게 가장 중요한 것은 "참 고통스러우시겠어요. 어떻게 그렇게 잘 견디세요?" 하고 알아주는 것, 공감해주는 것이라는 것을 깨닫기까지 꽤 오랜 세월이 걸렸다. 그러나 그렇게 알아챈 후에도 여전히 아픈 이들을 보면 해결 방법을 찾아줘야 한다는 압박감이 앞서곤 했다. 하지만 EFT와 매트릭스 리임프린팅을 만난 후로는 그 어떤 문제를 만나도 긴장하지 않고 내가 할 수 있는 만큼 도울 수 있다는 희망과 확신을 갖게 되었다. 매트릭스 리임프린팅을 통해 치료를 필요로 하는 이들과 함께하는 치유의 시간은 나에게도 똑같이 치유의 시간이자 밝은 빛을 공유하는 시간이 되었다. 의사를 그만두고 행복한 치유의 빛과 에너지를 함께 나누는 매트릭스 리임프린팅 전문가가 된 것은 내 인생의 탁월한 전환점이었다.

매트릭스 리임프린팅과 일반 EFT의 같은 점

심신 건강의 문제는 우리의 에너지 체계의 흐름이 막히거나 한쪽으로 치우쳐서 생기는 증상으로 여긴다. 이는 특정 위치의 에너지 점인 경혈점을 두드려 막히고 치우친 에너지 흐름을 정상으로 되돌려서 치유한다.

매트릭스 리임프린팅과 일반 EFT의 다른 점

일반 EFT에서는 과거 트라우마의 부정적 에너지를 해소하는 것에 초점을 맞추는 반면, 매트릭스 리임프린팅은 부정적인 기억을 긍정적으로 변화시켜서 좋은 에너지를 매트릭스에 다시 입력하는 과정이 있다.

일반 EFT에서는 치유를 위해 찾아온 사람을 대상으로 하지만, 매트릭스 리임프린팅은 한 사람이 가진 트라우마 기억 속의 에너지 의식 홀로그램인 ECHO를 상담 대상으로 한다. 그래서 받는이(치유를 받는 사람)에게도 두드리기를 해주지만, 기억 장면 속의 ECHO에게도 위로나 격려와 함께 두드리기를 해서 불편한 감정을 해소시켜준다.

일반 EFT에서는 받는이가 트라우마의 기억 장면을 다시 체험하며 치유 과정을 거치는 데 반해, 매트릭스 리임프린팅에서는 받는이가 트라우마 장면의 침착한 관찰자가 되도록 안내한다. 그래서 기억 속의 자신에게 동화되어 심한 고통을 다시 느끼지 않도록 가능하면 최대한 분리시킨 상태에서 트라우마를 겪는 과거의 자신을 도와주도록 안내한다.

일반 EFT에 비해 매트릭스 리임프린팅은 트라우마를 통해 배웠던 부정적 핵심 신념을 긍정적인 새로운 신념으로 바꾸는 데 더 강력한 효과가 있다. 또한 유년기와 모태에 있을 때 받았던 트라우마도 다룰 수 있다. 관점의 재구성reframe이나 인식의 변화cognitive shift를 가져오는 데 효과적이며, 특히 받는이가 치유를 위해 필요한 인적 자원이나 물적 자원을 자유롭게 동원하도록 안내하기 때문에 치유 과정에 대한 호응이 훨씬 높다. 정서적인 스트레스나 핵심 신념의 문제로 인해 반복되는 심신 건강의 문제를 근본적으로 해결하는 탁월한 방법이다.

심한 트라우마를 다룰 경우 일반 EFT는 받는이가 그 기억을 자신과 분리시켜 강하게 방어하는 반응을 보일 때 두드리기 과정을 안내하기 어려운데, 매트릭스 리임프린팅은 도리어 분리의 방어기제를 이용하여 받는이가 트라우마에 동화되지 않고 스스로 돕도록 안내할 수 있다.

또 매트릭스 리임프린팅은 트라우마가 끝났다는 것을 온몸에 분명히 알리는 과정이 있어 부정적 경험의 재발을 방지한다.

이 책의 사용법

매트릭스 리임프린팅은 EFT 전문가와 상담 전문가, 코칭 전문가에게 신선한 영감을 줄 것이고, 그 외에 치유와 관련된 분야의 일을 하는 모든 전문가들에게도 획기적인 도움을 주는 치유 도구가 되어줄 것이다.

일반 독자들은 매트릭스 리임프린팅으로 자기치유 작업을 꾸준히 함으로써, 깊이 있는 심리적 문제의 해결과 영적 성장에 도움을 받을 수 있을 것이다.

매일 저녁 하루를 정리하는 시간을 정하고, 그날 있었던 감정의 스트레스를 떠올려서 EFT로 해소한다. 반복되고 해결이 잘 되지 않는 스트레스의 주제들은 연상되는 과거 트라우마의 기억을 떠올려서 그 장면 속 자기의 ECHO에게 감사하고 위로하고 모든 방법과 인적 자원을 동원하여 소원 성취를 시켜준다. 이 행복한 영상의 빛과 에너지를 온몸으로 보내서 트라우마가 끝났다고 알려주고, 다시 그 밝은 빛과 에너지를 심장 속으로 보냈다가 자기를 둘러싼 매트릭스로 퍼져나가게 한다. 우리의 잠재의식 속의 어둡고 부정적인 에너지를 정화하고 긍정적인 에너지로 채워나간다면 우리의 마음이 펼치는 미래의 삶은 점점 더 밝고 행복해질 것이다.

많은 독자들이 이 기법의 기본을 익혀 내면의 상처를 치유하고 부정적인 믿음을 소멸하기를, 그리고 밝고 행복한 빛으로 매트릭스를 가득 채워 각자 자신의 신성과 생명 근원의 빛을 발현할 수 있기를 기원한다.

2016년 8월 박강휘

매트릭스 리임프린팅은 혼자 진행할 수도 있고, 전문가의 도움을 받아 진행할 수도 있다. 그러나 충격적인 기억이나 큰 트라우마 또는 극심한 스트레스를 주는 사건은 반드시 매트릭스 리임프린팅 전문가의 안내를 받는 것이 좋다.

매트릭스 리임프린팅 자기치유

나는 사랑받지 못하는 아이야

힘들었던 기억의 한 장면을 떠올린다. 그 장면 속의 나에게 감정이입을 하기보다, 제3자로서 상황을 관조한다.

그동안 트라우마를 간직하느라 정말 수고했어

현재의 자신이 그 장면 속으로 들어가는 상상을 한다. 과거의 자기(ECHO)에게 자신은 너를 돕기 위해 미래에서 온 사람이라고 소개한 뒤, 과거의 자기는 어떤 감정을 느끼고 있고 무엇을 원하는지 충분한 대화를 나눈다.

너는 비록 사랑받지 못한다는
슬픔을 갖고 있지만,
너는 정말 훌륭한 아이야

과거의 자기에게 EFT 두드리기를 해도 좋은지
물은 다음 허락하면 두드리기를 해주는 상상
을 하며, 치유를 위한 확언과 함께 자신을 두
드림으로써 감정을 해소시킨다.(EFT 두드리기
는 101쪽 참고)

아빠와 엄마는
네가 있어서 너무 행복해

과거의 자기가 원하는 새로운 기억을 만들어
그 장면의 행복한 느낌을 온몸 세포 하나하나
에 전달함으로써 이제 트라우마는 끝났음을
알린다. 그리고 이 장면을 심장 속에 보낸 뒤
다시 매트릭스로 전송한다.

전문가의 도움을 받아 진행하는 매트릭스 리임프린팅은 전문가가 받는이
(치료를 받는 이)를 두드리고 받는이가 과거의 자기를 두드린다는 것을 제외
하면 자기치유 방법과 동일하다.

매트릭스 리임프린팅 전문가 치유

어릴 때
왕따를
당했어요

전문가는 받는이에게 다루고 싶은
장면을 떠올리라고 권한 뒤 어떤 장
면인지 설명해달라고 요청한다.

그동안 고생 많았어

전문가는 받는이가 그 장면 속에 들어가 과거
의 자기에게 자신을 소개하게 한 뒤, 과거의
자기는 어떤 감정을 느끼고 있고 무엇을 원하
는지 충분한 대화를 나누도록 안내한다.

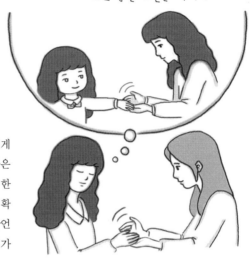

전문가는 받는이가 과거의 자기에게
EFT 두드리기를 해도 좋은지 물은
다음 허락하면 두드리기를 하게 한
다. 그동안 전문가는 치유를 위한 확
언과 함께 받는이를 두드린다. 확언
은 전문가가 먼저 말하고 받는이가
따라 말한다.

전문가는 받는이로 하여금 과거의 자기
가 원하는 새로운 기억을 만들어 그 장
면의 행복한 느낌을 온몸 세포 하나하나
에 전달함으로써 이제 트라우마는 끝났
음을 알리게 한다. 그리고 이 장면을 심
장 속에 보낸 뒤 다시 매트릭스로 전송
하도록 안내한다.

지금 여러분이 들고 있는 이 책은 새로운 현실로 향하는 문을 활짝 열어줄 것이다. 이 책은 단순히 감정자유기법EFT: Emotional Freedom Technique을 바탕으로 만든 자기계발 서적이 아니다. 건강과 질병의 이해를 위해 양자역학, 신생물학, 후성유전학, 트라우마 이론과 신의학 분야의 권위 있는 과학자들의 연구를 기반으로 한 첨단 과학의 통합적 접근을 제시한다. 매트릭스 리임프린팅Matrix Reimprinting은 새로운 차원의 에너지 심리학으로 EFT를 훨씬 앞선 기법이다. EFT의 창시자인 게리 크레이그gary craig가 제안한 대로 EFT를 '새 치유법의 건물이 세워질 수 있는 토대'로 삼아 만든 기법이다. 매트릭스 리임프린팅은 옥상에 올라가 별을 볼 수 있도록 EFT라는 초석 위에 세운 초고층 빌딩이다.

2001년 EFT 소개 동영상에서 천식이 몇 분 만에 치유되는 것을 목격했을 때 느낀 흥분을 나는 여전히 기억한다. 즉시 EFT 훈련 과정에 참여했고, 내가 '안다'고 생각했던 감정과 의식, 그리고 육체와 정신의 관계에 대해 꼬박 6개월을 재점검했다. EFT에서 종종 이런 1분의 기적이 일어나지만, 대개는 정서적·육체적 문제의 구체적인 원인과 사건을 캐내는 데 상당한 시간이 걸린다. 그럼에도 불구하고 EFT와 에너지 심리학은 내가 임상심리학자로서 30년을 공부한 '대화치료법talk therapy'이나 10년을 공부한 '주술치유shamanic healing'보다 훨씬 더 빠르고 효과적인 결과를 보여주었다.

EFT 기법을 훈련하면서, 주제통각검사TAT: Thematic Apperception Test 와 감정최면Emo-Trance, PSYCH-K® 부터 매트릭스 에너지학, 리커넥티브힐링Reconnection Healing , 그리고 라이프라인Lifeline® 기법까지 여러 에너지 치료 방식을 아울러 공부했다. 물론 이들 기법은 여러 시사점을 제공한다. 하지만 매트릭스 리임프린팅을 발견했을 때, 나는 말로 표현할 수 없는 희열을 느꼈다. 매트릭스 리임프린팅은 우리 현실의 심령적 본성과 질병의 트라우마 이론, 그리고 심신 체계에 관한 최신 연구를 통합적으로 접근하며, 간단하면서도 심오하고, 부드러우면서 창의적인 치료 도구이다. 매트릭스 리임프린팅은 혼자 실습하기 쉽고, 내담자에게 숙제로 내주기에 손색이 없다. 창의적이고, 재미있으며, 효과적이기까지 하다.

■　　　그림을 보고 만드는 공상적인 이야기를 통해 의식적·무의식적인 경향을 알기 위한 목적으로 머레이H.A. Murray와 모간C.D. Morgan이 만든 검사 방법.

■■　　에너지 심리치유 기법 중 하나. 잠재의식 속의 부정적 신념을 찾아내 긍정적 신념으로 바꿔주는 것을 목표로 한다.

■■■　치유자의 치유 파동 에너지를 이용하여 몸의 에너지 부조화를 다시 회복시켜주는 에너지 심리치유 기법의 일종.

■■■■ 잠재의식 속에 억압되어 있는 정서적 주제를 찾아서 받아들이고, 감정을 해소하고 몸 안에 있는 생명의 근원과 계속 연결하도록 안내하는 에너지 심리치유 기법의 일종.

나는 개인적으로 내면 여행과 잠재인격에 대해 항상 관심을 가졌고, 형태심리요법Gestalt Therapy, 꿈 분석, 내면대화요법voice dialogue, 주술치료 여행shamanic journeying과 여러 대안 요법을 매개로 환자들을 치료했다. 피터 레빈Peter Levine, 로버트 스캐어Robert Scaer, 브루스 립튼Bruce Lipton, 스테파니 마인즈Stephanie Mines, 라이크 게르트 하머Ryke Geerd Hamer 박사 등의 연구를 통해 트라우마와 자아분열, 질병에 대해 더 깊이 공부하면서 한가지 공통점을 발견했다. 트라우마와 해결되지 않은 갈등, 그리고 부정적인 믿음을 끌어안고 있는 분리된 자아, 즉 잠재인격이 시간 속에 갇혀서 치유와 사랑을 갈구한다는 것이었다. 주술적인 의미로, 영혼의 소환이 필요했다.

매트릭스 리임프린팅 덕분에 나는 내가 지금껏 분리된 자아와 '대화 치료'를 하고 있다는 것을 깨달았다. 이것은 느리고 효과적이지 못했다. 그러나 매트릭스 리임프린팅은 단순히 분리된 자아(또는 ECHO)와 대화하는 것에 그치지 않고 영겁의 잠재의식, 바로 우리의 에너지장 속에서 용해되어 서서히 긴장을 풀고 앞으로 나아갈 수 있게 해준다. 분리된 자아를 고립과 무력감에서 해방시켜 형태장morphic field에 긍정적인 기여를 할 수 있도록 도와준다.

칼과 사샤는 이 책에서 매트릭스 리임프린팅의 진정한 '내담자'는 ECHOEnergetic Consciousness Hologram(에너지 의식 홀로그램)라는 점을 강조한다. 우리는 과거에 갇힌 트라우마 속 자아를 치유한다. 우리의 분리된 자아는 흔히 세상은 위험하다고 결정해버리고, 스스로 자책하며, 특별하지 않으면 사랑받지 못한다고 믿는 등 유년기에는 효과가 있었을지 모르지만 어른이 되어서는 스스로를 파괴하거나 제한하게 되는 방어기제를 갖고 있다. ECHO가 진정한 내담자라는 것을 인지하게 되는 순간 현재의 나는 더 이상 도움을 필요로 하지 않으며, ECHO와 동화되지 않고 사건의 목격자로서 자신을 조망할 수 있다. 이는 해제 반응과 재충격의 위험을 최소화시키며, 좀 더 지혜롭고 사랑스러운 자기 모습을 찾을 수 있도록 도와준다. ECHO는 각기 다른 지혜를 갖고 있기 때문에, 치료사는 내담자가 자기 ECHO와 대화할 수 있도록 이끌어주는 역할만 하면 된다.

대부분 7세 이전의 '시간 속에 갇힌' 자아를 회복하게 되면 스스로를 제한하는 습관들로부터 해방될 수 있다. 이 습관들은 고치지 않으면 우리의 행복, 관계, 성공과 번영을 가로막고 불안, 우울, 공포증, 중독증, 그리고 여러 가지 정서적 문제를 일으킬 수 있다. 신생물학이 정신은 육체와 유전자마저도 지배한다는 것을 증명하듯, ECHO를 치유하면 질병을 예방하고 치유할 수 있게 된다.

대부분의 질병은 (자신을 수용하지 못하는) 저항 또는 에너지 부조화에서 비롯된다. 이것은 우리의 생각이 상위 자아higher self*와 일치하지 않는다는 것을 의미한다(유전적 장애를 갖고 태어나는 소수의 사람들은 제외된다. 그러나 그들도 에너지 치유의 도움을 받을 수 있는 가능성이 있다). 신체적 증상은 '시간 속에 갇힌' 자아를 비추는 거울이기 때문에 의식 속의 빛과 온기로 끌어와 살펴볼 필요가 있다. 건강하지 않은 식습관과 환경 독소 역시 우리 건강에 악영향을 미칠 수 있으며, 바이러스나 박테리아는 증상을 일으키지만 정서적 스트레스로 인해 몸이 약해졌을 때만 반응하게 된다. 분자생물학자이며 스탠퍼드대학교의 생물학 강사였던 브루스 립튼에 의하면 질병의 95퍼센트가 스트레스에서 비롯되며, 스트레스의 100퍼센트가 잘못된 믿음에서 비롯된다고 한다. 매트릭스 리임프린팅은 이 '잘못된 믿음' 하나하

■　　　자아가 원시적 욕구를 억제하고 도덕이나 양심에 따라 행동할 수 있게 하는 정신 요소.

나를 가지고 시간 속에 갇혀 있는 것이 ECHO이며, ECHO를 치유해야 질병의 치료가 가능함을 보여준다.

칼에게 직접 매트릭스 리임프린팅을 교육받던 중 분리된 ECHO가 다시 통합되어야 하는지 논의한 적이 있다. 칼은 특별히 규칙이 있는 것이 아니라고 말했다. ECHO와 내담자가 옳다고 생각하는 일을 하면 된다고 했다. 내 관점에서 내적 자아는 가족 같은 것이라고 생각한다. 건강한 가족은 서로 사랑하며 자유롭게 소통하면서도 개인의 독립적인 정체성을 존중해준다. 가족 구성원 모두 가족 관계에 기여하며, 거리낌없이 풍부하게 소통한다. 반대로 문제가 있는 가족은 트라우마로 인해 소통에 실패하고, 사랑과 정서가 단절된다. 이렇게 되면 우리 내적 자아는 억압되고, 통제되며, 비판적이 되고, 소외되며, 무시되거나 희생양이 될 수 있다. 그런 다음 내적 자아의 습관이 시간 속에 갇혀 다음 세대로 대물림된다. 누군가 그 '고통의 악순환의 고리'를 끊을 때까지 말이다. 매트릭스 리임프린팅은 건강한 에너지의 흐름을 회복하여 분리된 자아가 다시 집으로 돌아올 수 있도록 인도한다. 그러면 헬링거Bert Hellinger의 가족세우기family constellation[■] 모델처럼 자유롭게 흐르게 된다. 가족세우기 모델의 관점에서 우리는 ECHO와 (통일되기보다) 다시 소통하여 우리 의식속으로 불러들이고, ECHO가 과거로부터 해방될 수 있도록 도와주기만 하면 된다. 과거의 ECHO가 해방되면, ECHO가 부채가 아닌 자산이 될 수 있다. ECHO를 만나 ECHO가 당신을 인도하는 곳을 따라가게 되면 무슨 일이든 일어날 수 있다.

■ 한 가족에 그 가족 고유의 형태장이 있어 이들을 연결시켜주고 있으며 영향을 주고받고 있다는 이론을 근간으로 독일의 버트 헬링거에 의해 개발된 '해결 중심적 단기 심리치료'의 한 형태.

내가 제일 처음 매트릭스 리임프린팅을 경험했을 때, 나는 4살 적 ECHO를 만나게 되었다. 그 아이는 내 아버지의 유년기 시절을 보여주었다. 그 안에서 나는 아버지의 8살 ECHO에게 두드리기를 했고, 이것은 세대 간의 치유를 가져다주었다. 한 세션에서는, 내가 태어날 때의 ECHO로 돌아간 다음 전생에서 내가 전쟁 중에 전사하는 것을 목격했다. 또 다른 ECHO는 착한 마녀 글린다와 함께 오즈의 나라 속 노란 벽돌 길을 따라 춤을 추었다.

매트릭스 리임프린팅을 하면서 나는 EFT를 통해 '해결된' 줄 알았던 과거의 수많은 트라우마와 다시 만났다. 결과적으로 30년을 끌어안고 있던 문제가 불과 몇 주 만에 해결되는 놀라운 일을 경험할 수 있었다. 나의 ECHO를 다루게 된 이후로 나는 트라우마가 될 수 있는 상황에 조금 더 가볍고 능숙하게 대처할 수 있게 되었다. 그리고 내가 조금 더 완전해지고 살아 있다는 것을 섬세하고 깊게 느낄 수 있었다.

EFT는 고통스러운 기억으로부터 감정적 부담을 덜어주지만 기억에 공백을 남긴다. 반대로 매트릭스 리임프린팅은 과거 기억을 치유하고 그 자리에 새로운 기억을 심기 때문에 과거를 회상하는 것이 기쁘고 활력을 주는 일이 된다. 끌어당김의 법칙에 의하면 우리가 장field에 내보낸 것이 우리에게 되돌아오기 때문에, 새롭고 긍정적인 이미지를 떠올리는 것은 기분 좋은 일일 뿐만 아니라 새로운 미래를 열 수 있음을 의미한다. 우리는 궁극적으로 모두 하나이기 때문에, 자기치유는 우주에 파문을 일으킨다. 내담자를 치유하면, 결국 자기를 치유하는 행위가 된다. 우리 자신을 치유하면, 서로를 치유하게 된다. 과거를 치유하면, 미래를 치유하게 된다. 개인적으로, 그리고 집단적으로 치유가 일어난다.

ECHO와 매트릭스 리임프린팅을 배우면, 여러분은 정신과 육체적 문

제를 치유하며 잠재능력을 펼칠 수 있는 새로운 모험의 문턱에 서게 된
다. 재미있게 읽으시고 무엇보다 이 새롭고 멋진 도구를 활용하시기 바
란다. 여러분을 위해. 내담자를 위해. 그리고 세상을 위해.

2009년 9월 길 에드워즈*

www.livingmagically.co.uk

■   Gill Edwards. 영국의 임상심리사로 국립보건의료서비스National Health Service에서
    30년간 일하다가 1989년 신비 체험을 한 뒤 심리사를 그만두고 영성 관련 저술 활
    동과 워크숍 진행에 집중했다. 에너지 심리 치료 및 샤먼적 치유법 등을 섭렵, 자
    기 고유의 치유법을 고안하여 명성을 떨쳤다. 대표 저서로 베스트셀러인 《Living
    Magically》가 있다.

들어가는 말

칼의 이야기

매트릭스 리임프린팅은 2006년에 만들었지만, 내가 이 기법을 고안하게 된 계기는 1987년으로 거슬러 올라간다.

21살 때 나는 의도한 적이 전혀 없는 심오한 영적 체험을 하게 되었다. 사람들과 어울리기를 좋아하는 나로서는 생소한 일이었지만, 영적 체험을 하기까지 2년간은 혼자 있는 시간을 필요로 했다. 그러나 이 바쁜 시기에 혼자 있기란 여간 드문 일이 아니었다. 그러다 1987년 여름, 나는 결국 스페인의 한 해변에서 혼자 휴일을 보내게 되었다.

12일간의 휴일 중 8~9일 동안 영적 체험이 일어났다. 말로 설명하기는 힘들지만, 갑자기 내가 우주와 깊은 교감을 하고 있는 것만 같았다. 마주치는 사람들의 영혼을 꿰뚫어 볼 수 있었고, 그들과 이전에 알지 못했던 보편적 가치에 대해 이야기를 나눌 수 있었다.

당시 내 태도에 어떤 변화가 있었는지 모르겠지만, 사람들이 나를 다르게 인식한 것만은 확실했다. 낯선 사람도 나에게 다가와 바로 마음을 터놓고 자신이 겪고 있는 문제에 대해 호소했다.

휴가에서 돌아온 뒤에도 이 기이한 현상이 계속되었다. 친하지 않던 친구들이 집에 찾아와 나와 대화를 나누며 내 생각을 공유했다. 의도하지는 않았지만 나를 따르는 무리가 생겼다.

갑자기 나타난 내 능력은 수개월 뒤 다시 불현듯 사라졌다. 나를 따르던 무리 중 한 사람이 물었다. "능력이 사라진 거지요?" 나뿐만 아니라 이미 다른 사람들도 그 사실을 느끼고 있었던 것이다.

그 후 6년간 나는 전 세계를 돌아다니며 일했지만, 내 간절한 목표는 다시 스페인의 해변으로 돌아가 내가 잃은 능력과 혜안을 되찾는 것이었다.

1993년 런던에서 카페를 운영하던 중 전처인 아델을 만났고, 같이 미국으로 건너가 첫 아이를 가진 뒤 홍콩에서 둘째를 낳았다. 이 시기에도 나는 여전히 영적 체험이 다시 일어나기를 원했기 때문에 가정에 소홀했고, 결국 부부 관계는 서서히 악화되었다.

아델은 강인한 성격이었고 좋은 직장에 다니고 있었던 터라 1996년 영국으로 귀국했을 때 내가 집에서 아이를 키우는 것이 당연하게 느껴졌다. 물론 이것은 실용적 대안이었지만, 나는 내 역할에 깊은 불만을 느꼈다. 내 유일한 낙은 소설을 쓰는 것이었다. 출판된 적은 없었지만, 소설 쓰기는 내가 해변에서의 영적 체험과 접촉할 수 있는 유일한 통로였다.

결혼 생활이 악화되면서 나는 과한 음주와 흡연을 일삼았고, 고립감이 점점 더 심해졌다. 결국 자신감과 자존감은 밑바닥까지 떨어지고, 건강도 급격히 나빠졌다. 허리와 목, 어깨의 통증을 지속적으로 느꼈다. 살면서 처음으로 안경도 쓰게 되었다. 소화력이 심각하게 손상되고 알레르기와 과민반응이 심해져 대장암 검사를 받았다.

이후 인슐린 저항성을 진단받았고 초기 당뇨 환자가 되었다. 기력이 쇠약해지고 만성피로가 오자 아이들을 학교에 데려다주고 나면 낮 시간 내내 잠을 잤다. 사소한 일에도 엄청난 노력이 필요했고 마트에서 장 보는 일조차 버거웠다. 시간이 지나면서 우울증에 빠지기 시작했다.

2002년 결국 아내와 이혼했다. 나는 심신이 지칠 대로 지쳐 있었다. 이러한 일련의 사건들로 인해 단식 휴양 치료를 받고자 태국으로 가게 되었는데, 이때 처음 EFT를 접했다.

이후 몇 달에 걸쳐 건강이 호전되기 시작했다. 요통이 거의 사라졌고, 안경을 쓸 필요가 없어졌다. 삶에 활력이 생기고, 자신감이 회복되었다. 하루아침에 일어난 일은 아니었다. 점차 즐거운 시간이 길어지고 힘든 시간은 짧아졌고, 몇 년 뒤 나는 삶의 기쁨을 다시 느낄 수 있게 되었다.

EFT의 굉장한 효과를 보고 난 뒤 나는 상담사가 되기로 결심했고, 몇 년간 내담자를 치료한 후 EFT 트레이너가 되었다. 그리고 2006년 이론과 실습의 철저한 검증을 받아 전 세계 29명밖에 없는 EFT 마스터로 인정받았다.

내 주변에는 항상 많은 내담자와 수련생이 있었는데 이들 중 대다수가 면역 질환과 중병을 앓고 있는 것을 발견하고, 나는 '중병을 치유하는 EFT' 훈련 과정을 만들었다. 이 과정은 의료 종사자와 일반인에게 많은 인기를 얻었다. 나는 수년간 EFT 전문가를 세계적으로 양성하는 일과 함께 내 관심과 열정을 중병 치유 EFT에 쏟았다.

2006년 호주에서 EFT 상담사 훈련 과정을 진행하던 중 내가 일하는 방식을 완전히 바꾸게 된 기회를 우연히 만나게 되었다. EFT 수업 중,

큰 트라우마를 겪은 한 참석자가 "어린 나의 모습이 너무 생생해서, 그 아이에게 두드리기를 해줄 수 있을 것만 같아요"라고 말했다(만약 여러분이 EFT 초심자라면 나중에 이 말뜻을 이해하게 될 것이다). 나는 그렇게 하라고 말했다. 결과는 놀라웠고, 이렇게 매트릭스 리임프린팅이 탄생하였다.

그 사건 이후, 매트릭스 리임프린팅으로 여러 가지 기법을 개발했다. 전통적인 EFT와 달리 문제에 따라 다르게 대처하는 지침을 사용하여 경이로운 결과를 가져왔다. 나에게 배운 제자들도 이 기법을 통해 자신과 내담자 모두 놀라운 삶의 변화를 경험했다.

그들 중 한 명이 이 책의 공동 저자인 사샤 알렌비이다. 그녀는 20분 동안 나와 함께 매트릭스 리임프린팅을 하면서 정동장애affective disorder를 극복했다. 때문에 나는 그녀가 2008년에 이 책을 같이 쓰자고 권했을 때 흔쾌히 응했다. 인생을 바꾸는 기법을 여러분과 나눌 수 있어 기쁘다. 매트릭스 리임프린팅과 함께하는 여정이 평화와 행복을 가져다주기 바란다.

사샤의 이야기

2005년 나는 만성피로증후군ME: Myalgic Encephalomyelitis 때문에 일상생활이 불가능했다. 이 병은 아직까지도 알려진 치료 방법이 없다. 나는 과거에 아주 활동적인 공연 예술 강사이자 자기개발 코치였기 때문에 병으로 인한 상실감이 더욱 크게 느껴졌다. 그러나 이것은 스스로 발전할 수 있는 전화위복의 계기가 되었다. 이제는 많은 것을 가르쳐준 이 질병에 감사한다.

많은 훌륭한 여행이 그렇게 시작하듯, 나의 여행도 삶의 전환점을 맞으면서 시작되었다. 당시에는 목욕 후 옷을 입지도 못할 정도로 상태가 많이 안 좋았다. 하루 20시간을 침대에 누워 너무나 초라해진 내 모습과 절망적인 상황을 한탄하며 부정적인 말들을 머릿속에서 되뇌었다. 그러던 어느 날 어떤 생각이 머리를 스쳤다. 병 때문에 아픈 건 어쩔 수 없지만, 번민하는 것은 선택이었다. 내 상황이 끔찍하고 삶이 끝나버렸다고 계속 말한다면, 스스로 회복을 방해하는 것이 될 터였다. 수년 전 루이스 헤이Louise Hay의 책을 읽고 얻은 교훈이지만, 그제야 받아들일 수 있었다. 나는 그 자리에서 병과 씨름하기를 관두기로 결심했다. 스스로를 받아들임으로써 더 배우겠노라고, 더 이상 '투병하는 사람'이 아니라, 만성피로증후군으로부터 '회복하는 사람'이 되겠노라 다짐했다.

나의 여행은 전환점만큼이나 놀라운 경험이었다. 병으로부터 회복하기 위해 필요한 모든 것이 눈앞에 펼쳐져 있었다. 나는 축복을 받았던 것이다. 나는 스스로에게 묻는다. '사고방식을 바꾸지 않았다면 과연 이 모든 것이 가능했을까?' 그렇지 않았을 거라고 확신한다. 의식의 변화가 치유에 필요한 모든 것을 끌어당긴 것이라고 믿는다.

나는 다양한 기법으로 내 병의 신체적 양상을 다루어 좋은 결과를 얻었다. 하지만 아직 정신적인 문제가 몇 가지 남아 있었다. 문제의 대부분은 나를 오랫동안 괴롭힌 기억들이었다. 여러 종류의 대화치료와 최면치료, 심리치료, 상담치료를 받았고, 명상과 침술도 시도해보았다. 나는 요가와 지압, 기氣치료와 인생 코치를 훈련받은 사람이었다. 또한 비행 청소년을 도와주는 상담 교사로 그들의 파괴적인 행동을 고친 경험도 있었다. 그러나 백방으로 알아보아도 내가 겪는 감정의 고통을 끝낼 길이 없었다. 이 모든 것이 EFT를 만나고 달라졌다.

나는 EFT의 놀라운 첫 경험을 했다. 나는 종아리에 극심한 고통을 느끼고 있었다. 마치 배터리 속의 산성 액체가 신경 끝에 뚝뚝 떨어지고 있는 것만 같았다. 이 고통 때문에 장애 판정을 받고 생활 보조금을 받고 있었으며, EFT를 만났을 당시는 15개월째 고통 속에 있던 터였다. 나는 책에서 EFT 두드리기 기법을 읽고 내 몸에 실험을 해보았다. 몇 분이 지나지 않아 다리 위에서 등까지 얼어붙었던 얼음이 깨져 머리 위로 튀어 나가는 듯한 기분이 들었다. 나는 이것을 느끼는 동시에 눈물이 터져 나왔고, 울고 웃기를 반복했다. 몇 분간 이 느낌이 지속되다가 갑자기 멈추었다. 나를 그렇게 오랫동안 괴롭히던 고통이 완전히 사라지게 된 것이다.

이 놀라운 경험을 한 뒤 나는 EFT 전문가 과정을 듣기로 결심했다. 거리상 훨씬 더 가까이 있는 다른 트레이너들이 있었지만, 나는 무작정 칼 도슨에게 배우고 싶은 마음이 들었다. 나는 칼이 만성피로증후군을 다룬 경험이 있다거나 그 자신이 만성피로를 EFT로 극복했다는 사실조차 모르고 있었다. 마치 우주가 나를 그에게 인도하는 것 같았다.

3일간의 수련 과정을 시작할 때 나는 만성피로로부터 40퍼센트가량 회복되어 있었다. 수련 과정이 끝났을 때는 70퍼센트 회복되었다. 무엇이 이런 기적적인 반전을 일으켰던 것일까? 이것은 단순히 신체적 증상을 EFT로 다루었기 때문이라고 볼 수 없었다. 나는 수련 중에 내 신체적 증상이 빙산의 일각에 불과하다는 것을 깨달았다. 내가 회복할 수 있었던 이유는 세상에 대한 비뚤어진 시각과 잘못된 믿음을 심어준 유년기 트라우마를 해결했기 때문이었다. 유년기 트라우마가 바로 내 신체 질환의 원인이었던 것이다.

내가 지금 만성피로증후군이 정신의 문제라고 말하는 것은 결코 아니라는 것을 여기서 밝혀두고 싶다. 그 반대에 가깝다. 이 책을 통해 증명하겠지만, 내가 배운 것은, 모든 건강상의 문제는 정신과 육체의 상태가 동시에 기여하며 정신에 영향을 주는 것은 육체에도 영향을 준다는 것이었다. 만성피로증후군이 단순히 정신적 문제라는 편견이 아직까지 있기 때문에 이 부분을 짚고 넘어가는 것은 중요하다. 만성피로증후군의 원인을 단순히 정신의 문제만으로 보는 것은 그릇된 고정관념이며, 정신-신체의학의 관점에서 새롭게 이해해야 한다고 본다. 스트레스와 트라우마는 정신과 육체 둘 다에 건강 문제를 일으킨다는 것을 분명히 밝히고 싶다. 하지만 먼저 내 치유의 여정에 대해 더 이야기하겠다.

나는 성인이 된 뒤 만성피로증후군에 중독되어 있었고, 일반적으로는 조울증이라고 알려진 정동장애를 갖고 있었다. 6주에 한 번씩은 꼭 급격한 우울증에 시달렸으며, 간헐적으로 한 가지 일에 집착하여 삶의 균형이 깨질 정도로 힘이 넘칠 때도 있었다. 이 과정을 20년간 반복한 끝에 의사로부터 제대로 된 진단을 받게 되었다. 이 증상은 직장 생활을 방해하고, 관계에 좋지 않은 영향을 주었으며, 삶의 의욕을 잃게 만들었다.

EFT 훈련 과정에 참여했을 때 나는 오로지 만성피로증후군을 극복하는 데 집중했다. 정동장애가 고쳐질 수 있을 거라고는 전혀 생각하지 못했다. 그것도 3일 만에 해결되리라고는 상상도 못했다. 하지만 단체로 실습할 때 큰 문제에 봉착하게 되었다. EFT로 자학적인 기억을 다룰 때 갑자기 양극성 우울증이 발현된 것이다. 마치 시속 1000마일의 속도로 후진하는 기분이었다. 나는 갑자기 낯선 사람들로 가득 차 있는 그곳이 무서워졌다. 그러나 칼이 나에게 문제가 있는 것을 발견하고 나에게 매트릭스 리임프린팅을 사용했다(물론 당시 이 기법은 아직 이름도 없었고, 매우 초기 단계에 있었다). 나는 트라우마를 해소했을 뿐만 아니라 그날 이후 다시는 그 증상이 나타나지 않았다. 내가 다룬 기억이 그 증상의 원인임에 틀림없었다.

EFT 상담사 과정을 마치고, 나는 EFT와 매트릭스 리임프린팅을 다방면으로 사용했다. 몇 개월 뒤 만성피로증후군에서 90퍼센트 회복하였다. 나는 회복을 위해 PSYCH-K®와 같은 에너지 심리학 기법과 더불어 식습관에 변화를 주고, 건강기능식품을 섭취하고, 페린기법Perrin Technique 이라고 알려진 교정 요법을 사용하였다. 그리고 마침내 만성피로증후군이 100퍼센트 완치되었다.

그 후 18개월 동안 나는 EFT를 통해 많은 내담자를 치료하였다. 하지만 내가 시작한 EFT는 구체적으로 말하면 매트릭스 리임프린팅이라고 하는 편이 맞다. 나는 칼이 나에게 했던 것을 그대로 나의 내담자들에게 적용했기 때문이다. 나는 전업 심리치료사로 언제나 40명 정도의 내담자가 예약되어 있었다. 그들은 대부분 중병을 앓고 있거나 유년기에 트라우마를 겪은 사람들이었다. 얼마 지나지 않아 나는 매트릭스 리임프린팅을 이용하지 않고서는 누구와도 세션을 진행할 수 없게 되었다. 그리고 그들은 놀라운 호전을 보였다. 여러 가지 심리치료와 대화치료를 받았던 환자도 다섯 번에서 열 번의 상담을 통해 삶을 바꿀 수 있었다(물론 중병을 앓고 있는 사람의 경우 문제를 해결하려면 매트릭스 리임프린팅 상담을 장기적으로 받아야 한다).

나의 첫 책,《만성피로증후군에서 명쾌하게 벗어나기: EFT를 이용한 신속한 치유Joyful Recovery from Chronic Fatigue Syndrome/ME: Accelerated Healing with Emotional Freedom Techniques》가 국제적으로 출간된 다음 나는 매트릭스 리임프린팅 기법이 세상에 더 알려져야 된다는 생각을 하게 되었다. 여러 가지 치료 요법을 공부했지만, 그 어떤 육체적·정서적 문제도 매트릭스

■ 닥터 페린에 의해 개발된 만성피로증후군의 진단 방법과 신경계 해독 치료법.

리임프린팅으로 치료할 수 있다고 자신한다. 내 열정을 여러분과 함께 나누고 싶다.

앞서 언급한 바와 같이, 매트릭스 리임프린팅은 EFT에서 유래되었다. 만약 EFT가 생소하다면, 심신의 문제와 나쁜 습관을 해결하기 위해 쓰이는 자기치유 도구라고 알면 된다. EFT는 게리 크레이그가 창시했고, 사고장요법TFT: Thought Field Therapy을 차용한 기법으로 TFT의 간소화된 버전이다. EFT에서는 침술에 쓰이는 경락 체계의 경혈을 손끝으로 두드리는 행위가 수반된다. 이것은 삶의 스트레스와 육체적 문제를 해소하여 건강 상태를 회복하도록 도와준다.

문제를 생각하면서 몸을 두드리기 때문에, EFT는 몸과 마음을 동시에 자극하는 기법이다. EFT는 많은 질병이나 질환 중 만성피로증후군, 류머티즘, 다발성경화증, 과민성장증후군, 당뇨, 천식, 암, 크론병, 대장염, 백반, 탈모, 갑상선기능저하, 불안, 공황, 스트레스, 우울, 외상 후 스트레스 장애에 특히 도움이 된다.

EFT에서는 어떤 질환을 치료하려면 정신과 육체를 동시에 치유해야 하며, 대부분의 질환이 스트레스와 트라우마에 기인한다는 근거를 기본으로 삼는다. 이 트라우마는 EFT를 통해 손쉽게 해결할 수 있으며, 트라우마를 치료함으로써 육체에도 변화를 일으키게 된다.

매트릭스 리임프린팅은 EFT와 같은 혈자리를 사용하며, 같은 방식으로 두드린다. 그러나 치료 과정은 매우 상이하다. 따라서 EFT의 기본적인 이해는 매트릭스 리임프린팅을 이해하는 데 도움이 되지만, EFT에 대한 지식이 없더라도 이 책을 통해 EFT의 기초 이론을 배우고 매트릭스 리임프린팅을 습득할 수 있다.

매트릭스 리임프린팅

매트릭스 리임프린팅은 몇 가지 과학 이론에 기반을 둔다. 첫 번째는 우리가 모두 매트릭스라고 알려진 통합 에너지장unified energy field으로 연결되어 있다는 양자역학 이론이다. 삶의 트라우마나 힘든 경험은 매트릭스에 에너지 의식 홀로그램Energy Consciousness Hologram: ECHO 형태의 영상 정보로 저장된다. 매트릭스 리임프린팅으로 우리는 ECHO와 소통하여 과거의 영상을 긍정적인 영상으로 대체할 수 있다. 이는 우리의 건강과 행복에 변화를 가져온다.

ECHO는 우리 몸을 파괴하는 부정적인 믿음을 가지고 있다. 우리는 매트릭스 리임프린팅을 사용하여 부정적인 믿음을 해소하고 건강을 회복할 수 있다.

이 책에는 매트릭스 리임프린팅 지침들과, 칼과 사샤의 매트릭스 리임프린팅 세션이 기록되어 있으며, 매트릭스 리임프린팅을 사용하여 내담자를 성공적으로 치료한 사례들이 수록되어 있다.

여러분이 EFT와 매트릭스 리임프린팅을 처음 접하는 초심자이든 숙련된 전문가이든 이 책에는 공부가 되는 자료가 많이 있고, 여기에 소개된 기법을 사용하여 자신의 삶과 가까운 지인들의 삶, 그리고 통합 에너지장 자체를 변화시킬 수 있다. 개인과 지구적 변화의 첫걸음을 내딛게 된 것을 진심으로 환영한다.

Matrix Reimprinting Using EFT

1 / 부

매트릭스의 원리

매트릭스

$$1장$$

매트릭스 리임프린팅은 우리 모두가 흔히 '장場. field' 또는 '매트릭스 Matrix'라 말하는 통일된 에너지장 안에서 연결되어 있다는 것을 전제로 한다. 이러한 전제는 1940년대에 처음으로 양자역학 이론의 아버지라고 불리는 막스 플랑크Max Planck에 의해 밝혀졌다. 양자역학은 21세기에 영화 〈시크릿The Secret〉, 〈블립What the Bleep Do We Know?!〉, 그리고 더 최근에는 〈생체 매트릭스The Living Matrix〉, 그리고 그렉 브레이든Gregg Braden의 책《디바인 매트릭스The Divine Matrix》와 린 맥타가트의 《필드The Field》를 통해 대중화되었다.

매트릭스 리임프린팅 기법을 사용하려면 매트릭스에 대한 기본적인 이해가 필요하다. 하지만 걱정할 필요는 없다. 양자물리학에 통달해야 이 기법을 사용할 수 있는 것은 아니다. 매트릭스 리임프린팅 기법은 단지 우리가 통일된 에너지장으로 연결되어 있다는 지식만 있어도 쓸 수 있다. 우리가 훈련시킨 훌륭한 매트릭스 리임프린팅 전문가들도 아마 위에 언급한 영화 한두 편을 보고 우리가 매트릭스에 연결되어 있다는 것에 깊이 공감하면서도 그 이면의 과학적인 이론을 설명하는 데는 어려움을 느낄 것이다.

따라서 우리는 매트릭스 리임프린팅을 뒷받침하는 과학에 대해 간략하게 설명하고자 한다. 만약 더 깊게 공부하고 싶다면, 앞에서 말한 책과 DVD를 알아보길 권한다. 하지만 매트릭스 리임프린팅을 실천하기 위해서는 다음 네 가지 원리만 터득하면 된다.

1 우리는 모두 빠르게 진동하기 때문에 고체로 보이는 에너지체다.
2 우리는 서로 매트릭스라고 불리는 에너지망으로 연결되어 있다.
3 우리는 매트릭스로 생각을 내보내고, 그 생각은 우리에게 삶의 경험으로 다시 돌아온다.
4 우리는 매트릭스에 저장되어 있는 영상을 바꾸어 삶의 경험 방식을 바꿀 수 있다.

이제 원리들에 대해 알아보자.

1. 우리는 모두 에너지로 구성되어 있다

양자역학이 출현하기 전에는 모든 물질이 고체라고 믿었다. 사람보다 금속이, 동물보다 콘크리트가 더 단단한 것처럼, 어떤 물질은 다른 것보다 더 단단하다고 생각했다. 무엇보다도 물질의 질량은 변하지 않는다고 여겨졌다. 그러나 양자역학은 우리에게 세계는 고체가 아니라는 것을 가르쳐주었다. 세계는 전자기 에너지로 이루어져 있으며, 이는 여러 가지 원자와 아원자 입자로 이루어져 있다. 우리가 살아가며 견고하다고 믿고 있는 이 세상은 허상에 불과하며 사실 에너지 파동으로 이루어져 있다. 우리를 이루는 입자들이 아주 빠르게 진동하기 때문에 우리가 고체로 보여지는 것이다. 우리가 좋아하는 비유는 선풍기의 예이다. 선풍기가 멈추면 선풍기 날개 사이의 공간이 보이지만, 돌고 있을 때는 한 덩어리의 물체로 보이는 것과 같은 원리이다. 마찬가지로 인체를 이루는 원자가 진동하기 때문에 하나의 개체로 보이지만, 우리의 심신은 사실 운동하고 있는 에너지이다.

2. 우리는 망으로 연결되어 있다

과거의 과학적 패러다임은 우주의 90퍼센트가 빈 공간이라는 가정이 포함되어 있었다. 그렉 브레이든은 그의 책 《디바인 매트릭스》에서 이 논리의 결함을 지적한다. "만약 그 공간이 비어 있다면, 반드시 답할 질문이 있다. 도대체 어떻게 에너지가, 핸드폰 간의 연결부터 당신이 읽고 있는 이 글자의 반사된 빛이 당신의 눈에 전달되는 현상까지, 한 곳에서 다른 곳으로 전달될 수 있겠는가? 물 위에 던져진 돌이 물결을 이루는 것처럼, 생명의 진동을 한 지점에서 다른 지점으로 전달하는 무언가가 반드시 존재해야 한다." 양자역학은 우리가 빈 공간이라고 여겼던 곳에 우리 세계의 모든 것을 연결하는 엄청난 망이 존재한다는 것을 가르쳐주었다. 바로 매트릭스다.

3. 우리는 생각을 내보내고 그 생각을 다시 끌어당긴다

이 통합 에너지장에 대한 이해는 우리가 자기 현실의 창조자라는 지식을 전해주었다. 왜냐하면 우리가 집중하는 것이 매트릭스로 전해져서 우리 경험 속에 반사되어 돌아오기 때문이다. 영화와 책으로 소개된 론다 번Rhonda Byrne의 《시크릿》과, 에스더 힉스Esther Hicks와 제리 힉스Jerry Hicks의 《마법의 열쇠Ask and It Is Given》는 대중에게 우리가 생각하는 것이 이루어진다는 것을 일깨워주었다. 우리는 우주가 우리의 의식에 반응하고 우리 생각이 우리의 현실이 된다는 것을 배웠다. 우리의 믿음, 두려움, 희망과 꿈은 모두 우리를 감싸고 있는 매트릭스에 의해 되돌아온다.

이 '끌어당김의 법칙'은 진동한다. 우리는 우리와 비슷한 진동 주기의 경험을 끌어당긴다. 우리가 무엇을 내보내든, 그것은 우리 신호에 대응하는 인생의 경험으로 되돌아온다.

어떤 이들에게는 '우리가 현실을 만든다'는 발상이 불쾌할 수도 있다. 이것은 마치 원치 않는 현실을 만든 사람은 당신이라고 책임을 떠넘기는 것처럼 보이기 때문이다. 그러나, 나중에 알아보겠지만, 우리가 끌어당기는 것은 대부분 유년 시절의 경험과 관련되어 있고, 매트릭스 리임프린팅으로 이 경험을 다시 쓰면 끌어당기는 것을 바꿀 수 있다. 따라서 우리가 만든 현실에 대해 스스로 책망하기보다는 우리가 현실을 바꿀 수 있다는 지식과 이해로 힘을 내야 한다.

4. 우리는 매트릭스에 저장된 영상을 바꾸어 삶의 경험 방식을 바꿀 수 있다

끌어당김의 법칙이 어째서 어떤 사람들에게는 일어나지 않는 것처럼 보이는지 독특한 관점을 제시한다. 모든 삶의 경험은 매트릭스에 영상을 남긴다. 만약 그 영상이 긍정적이고 유익하다면, 우리가 원하는 것을 끌어당기는 데 도움을 준다. 그러나 부정적이고 파괴적이라면, 우리는 비슷한 것을 끌어당긴다. 이런 파괴적인 영상이 우리의 장 안에 있다면 다른 경험을 원하는 것만으로는 우리가 끌어당기는 것을 바꿀 수 없다. 하지만 매트릭스 리임프린팅을 하기 시작하면 우리의 장 속의 영상을 바꾸게 되고, 다른 경험을 끌어당기면서 삶의 방향을 바꾸게 된다.

칼이 처음 끌어당김의 법칙에 대해 알게 됐을 때, 그는 마치 영국의 국민복권 광고에서 보았던 큰 손이 하늘에서 내려와 더 나은 삶을 살 수 있도록 사람들을 뽑아내는 것을 상상했다! 이제 그는 장 속의 영상을 이해하게 되면서, 이것이 얼마나 잘못된 생각이었는지 깨닫게 되었다. 그 대신 우리는 우리가 가진 영상과 비슷한 경험을 끌어들이고, 비슷한 영상을 가진 사람들을 끌어들인다. 그리고 우리의 영상을 바꾸기 전까진, 계속 전과 비슷한 영상을 끌어당기게 될 것이다.

매트릭스 리임프린팅을 통해 우리의 장 속에 있는 영상을 어떻게 바꿀 것인가에 대해 설명하기 전에 우리 현실에 존재하는 다른 장들을 살펴보고, 이들이 어떻게 우리의 태도와 유인점에 영향을 미치는지 알아보자.

국소장

모든 존재를 연결해주는 통합장은 물론, 우리의 물리적 형상과 태도, 문화와 습관을 아울러 결정하는 국소장 local field이 존재한다. 국소장은 개인에게 국한되므로 매트릭스와는 다르다. 하지만 동시에 매트릭스의 한 부분으로 하위 장sub-field에 해당된다. 국소장이 우리 일상에 어떤 영향을 미치는지 알아보자.

과거의 패턴

사샤는 20대 초반에 어린 시절 받은 상처와 감정을 억누르기 위해 암페타민과 환각제를 주기적으로 복용했다. 그녀는 19살부터 27살까지 8년에 걸쳐 약물을 남용했다. 20대 초반에는 한동안 스피드라는 각성제를 습관적으로 복용하기도 했다. 그녀는 매주 금요일 스피드를 복용했고, 금요일 저녁 늦게까지 깨어 있다가 토요일 아침 급작스럽게 일어났다. 당시 그녀의 파트너는 토요일 내내 침대에서 잠들어 있었고, 그녀는 그의 옆에 누워 아무런 의욕 없이 자신이 했던 말이나 행동에 대한 생각에 사로잡혔다. 그 결과 그녀는 몇 시간씩 심리적으로 자학하게 됐다. 그녀는 이런 패턴을 여러 해 동안 반복했다. 25세 되는 해에 스피드를 끊기는 했지만 토요일 새벽이면 늘 괴롭게 깨어 있어야 했다. 강박증도 여전했고 토요일은 언제나 불안과 자기 의심이 스스로를 괴롭히는 날이 되곤 했다. 이 패턴은 30대까지, 그녀가 매트릭스 리임프린팅과 EFT로 깨기 전까지 계속됐다.

몇 년 동안 사샤는 심각한 행동 장애가 있는 10대 청소년들을 상대했다. 그녀는 아이들이 자기 행동을 반성하게 하고 종종 범죄 행위로 이어지는 파괴적 행동을 다루기 위해 드라마치료를 가르쳤다. 길거리 범죄를 다룰 때, 그녀는 아이들이 가해자와 피해자 역할을 모두 연기해봄으로써 그들이 사건에 수반된 모든 문제를 경험하도록 했다. 수업에서 아이들은 눈에 띄게 좋아졌고 사샤는 행복했다. 마치 그녀가 세상을 바꾸는 것 같았다! 하지만 승리감은 그리 오래가지 못했다.

결혼 생활 10년 동안 칼은 요통이 점점 더 심해졌다. 그는 척추 디스크와 신경협착증을 앓고 있었다. 그가 결혼 생활에 불만이 늘어가면서, 증상 또한 심해졌다. 계속되는 통증 때문에 아들 다니엘에게 더 이상 같이 운동을 할 수 없다고까지 말했다. 결혼 생활이 끝난 뒤 그는 자신이 갖고 있는 여러 문제를 해결해나갔고, 요통 또한 가라앉았다. 하지만 매해 크리스마스 날, 전 부인과 아이들과 온종일 함께하며 옛 일상으로 돌아올 때면, 하루가 저물면서 다시 요통이 돌아왔다. 며칠은 지나야 자신이 다시 '정상'이라고 느꼈다. 수년 뒤 (3장에서 다루겠지만) 메타-메디신 META-Medicine®이라고 알려진 진단 도구를 사용하는 전인건강관리holistic healthcare 전문가에게 치료를 받던 중 그의 병이 자기비하와 관련되어 있다는 말을 들었다. 처음에는 의사의 말에 격분했지만, 점차 납득하게 됐다. 그는 자신이 가족에게 가치 없게 느껴졌다. 그는 전업주부 격인 남편이었고 그의 아내는 지배 성향이 강했다. 그리고 크리스마스에 전처에게 돌아가면 그가 결혼 생활에서 느꼈던 불편한 감정이 되살아났다.

그렇다면 이제까지 그가 해온 행동의 공통점은 무엇일까? 정답은 '장field' 이다. 우리의 자기 지지적 행동과 자기 파괴적 행동은 각자 고유의 장이 있다. 각자의 장은 우리가 특정한 방법으로 반응하도록 영향을 준다.

장의 개념은 전혀 새로운 것이 아니다. 지구의 중력장과 자기장처럼 이미 잘 알려진 분야가 있다. 생물학자 루퍼트 셸드레이크Rupert Sheldrake 의 연구에 의하면 생세포, 조직, 장기, 그리고 생명체는 고유의 장이 있는데, 그는 이것을 '형태장morphic field'이라고 부른다. 형태장에 의해 각 종種이 형태를 갖는다. 매트릭스 리임프린팅 기법의 상당 부분이 그의 연구에서 영감을 얻었기 때문에 우리는 그에게 큰 신세를 졌다.

형태장은 습성이 있고 반복이 많이 될수록 성질이 강해진다. 형태장은 '형태공명morphic resonance'이라는 과정을 통해 이미 일어난 사건으로부터 영향을 받는다. 개별 세포, 장기 혹은 종은 과거의 비슷한 세포, 장기 혹은 종의 '형태공명'에 의해 특정한 형태를 갖게 된다.

행동장

장은 형태는 물론 사회적 양식, 관습, 행동과 정신적 습관을 형성한다. 이는 신경계에 리드미컬한 패턴을 남김으로써 뇌의 감각 영역과 운동

영역에 영향을 끼치고 행동으로 나타나게 된다.

인간을 포함한 모든 종은 고유의 본능적 행동 양상을 갖고 있다. 우리는 이러한 행동 양상을 형태공명을 통해 선대의 같은 종의 구성원으로부터 배우게 된다. 습득된 행동은 본능적 행동과는 다르며, 자기 자신과의 공명을 통해 만들어진다. 우리의 형태장은 일정한 패턴과 행동을 반복함으로써 익숙해진다.

습득된 행동과 수반되는 장은 우리의 사회화 과정에 중요한 부분이다. 장이 부재한다면 우리 생활이 무질서할 것이다. 이를 닦는 단순 동작에서부터 이성과 의사 소통을 하는 복잡한 행위까지, 일상적 행동 양상은 각자의 장을 이룬다. 각자의 장은 삶의 경험에 의해 형성되었고, 자기 공명을 통해 강화된다.

행동장behavioural field 중 많은 부분이 지지적이고 이로울 수 있다. 예를 들어 당신의 삶이 체계적이고 정리되어 있다면, 아마도 당신은 기능적인 측면에서 긍정적인 행동장을 습득했을 것이다. 만약 당신의 삶이 체계적이지 않다면, 당신의 행동장이 어지러운 상태일 수 있다. 그리고 당신이 정리벽이 있거나 그것을 넘어서 강박장애를 갖고 있다면, 정리하는 것에 대한 행동장이 너무 강해져 있는 것이다.

행동장 바꾸기

그렇다면 어떻게 행동을 변화시킬 수 있을까? '늙은 개에게 새로운 재주를 가르칠 수 없다'는 말을 익히 들어왔을 것이다. 행동장의 관점에서 본다면, 이 말뜻이 의미하는 바는 행동장을 바꾸기 어렵다는 것이다.

아주 흔한 경우에 대해 알아보자. 당신이 고치고 싶은 습관이 있는데, 이번에는 꼭 고칠 수 있으리라 믿는다. 그래서 주변 사람들에게 해낼 것이라고 말을 하고 날짜를 정한다. 대부분의 사람들은 월요일이나 그 달 첫날을 선택한다. 대표적인 날은 정월 초하루이다. 모두가 변화하는 때니까 최적의 시기가 아닌가.

시작 첫날 당신은 변화하기 위해 당신이 갖고 있는 모든 에너지를 쏟아붓는다. 당신은 아주 좋은 첫날을 보낸다. 자신감에 차서 성공담을 얘기하고 있을 수도 있다. 당신의 변화가 며칠을 갈 수도 있고 몇 주 동안 지속될 수도 있다. 시간이 지나면서 자기 확신이 선다. 당신은 '나쁜 습관'을 정복했을 것이라 생각할지도 모른다. 가령 초콜릿을 먹는 습관이라면, 이제는 조금씩 초콜릿을 다시 먹어도 괜찮을 거라고 생각할 것이다. 만약 꾸준히 운동을 하겠다는 목표를 세웠다면, 아주 잠깐은 쉴 수도 있는 것이다. 한두 번 정도는 쉬어도 상관없지 않을까? 혹은 누군가 당신을 속상하게 했기 때문에, 아주 잠깐 극복할 때까지 예전에 하던 대로 해도 된다고 정당화를 할 것이다. 아주 잠깐이니까. 내일 다시 하면 되니까. 하지만 십중팔구 당신은 다시 변화의 과정으로 돌아가지 못할 것이다. 왜냐하면 당신은 이미 옛날 모습 그대로 돌아왔고 다시 처음부터 시작해야 하기 때문이다. 아주 익숙하지 않은가?

이제 보편적인 패턴을 살펴보자. 도대체 여기에서 무슨 일이 일어난 것인가? 당신이 어떤 행동을 반복할수록 그 행동의 장이 강해진다. 만약 당신이 어떤 습관을 가지고 있다면, 그 습관의 공명이 아주 강하기 때문에 당신에게 큰 영향을 주고 있는 것이다. 당신이 의식적으로 변화하기로 결정한 다음, 이 결정에 아주 많은 에너지를 투자하고 능동적으로 변화를 추구하면 당신은 새로운 장에 주파수를 맞추게 된다. 셸드레이크의 표현을 빌리자면 "시스템이 장의 주파수에 맞추어져 있다면 물리적인 효과를 가져온다. 하지만 주파수가 달라지면 이전의 장이 사라지고 다른 장이 나타나게 된다." 새로운 장의 주파수에 맞춰지면 당신이 달라진 것을 느끼게 된다.

하지만 당신이 변화에 성공했다고 섣불리 판단한 다음 새로운 장이 아주 안정적이라고 믿어버린다면, 종전으로 돌아가기 십상이다. 그리고 문제는 옛 습관으로 돌아가서 이전의 장에 공명했을 때, 당신과의 공명이 너무 강하다는 것이다. 셸드레이크에 의하면, "어떤 생명체에 작용하는 특정한 형태공명은 그 생명체의 과거 상태로부터 온 것이다. 왜냐하면 자신의 인접 과거가 현재의 자기와 가장 닮았기 때문이다." 따라서 당신은 즉시 이전의 장에 익숙해진다. 마치 파괴적인 관계인 줄 알면서 찾게 되는 오랜 친구 같은 것이다.

만약 당신이 몇 년간 이 악순환에 빠져서 '왜 나는 강하지 못한 걸까?', 내지는 '도대체 난 뭐가 문제지?'라는 생각을 하고 있다면, 잠시 편하게 앉아서 멈추길 바란다. 애초에 의지만으로는 행동을 바꾸는 일이 어려울 수밖에 없다. 왜냐하면 의지는 의식에서, 그리고 의식은 무의식 혹은 장에서 비롯되기 때문이다. 우리는 어쩌면 무의식이 장과 동일할지도 모른다고 생각하고 있다. 당신이 여러 가지 방법을 동원해봤으며 모두에게 효과가 있어 보이는 에너지 심리학마저 당신에게 효과가 없었다면, 이것이 원인일 것이다. 오래된 트라우마를 해결함으로써 당신은 옛 장으로 돌아가는 것을 멈췄을지는 몰라도, 새로운 장을 찾지 못했을 수도 있다. 그리고 결과적으로 새로운 행동이 안정화되지 않은 것이다.

그렇다면 어떤 해결책이 있을까? 우리는 매트릭스 리임프린팅에서 당신이 새로운 장을 형성하고 안정시키는 데 도움을 줄 장 정화field-clearing 기법을 소개할 것이다. 하지만 이것은 단지 과정의 일부분에 불과하다. 우리는 당신이 습관적이거나 파괴적인 행동을 초래한 원인을 알아보고,

당신을 오래된 패턴에 가둔 과거의 에너지를 제거할 수 있는 방법도 알려줄 것이다. 또한 당신이 새로운 습관이나 행동을 형성할 수 있도록 당신의 장에 새로운 영상을 새기는 방법에 대해 설명할 것이다. 우리는 기본적으로 당신이 새롭고 지지적인 장을 형성하여 자신의 이미지를 새롭게 만들고 안정시키는 방법을 제시할 것이다.

실천하라

당신의 장에 새로운 영상이 생기면 당신은 새로운 경험을 당신의 삶에 끌어당기기 시작할 것이다. 우리는 자주 속 편하게 케빈 코스트너의 영화 〈꿈의 구장〉에 나오는 대사를 읊는다. "네가 그걸 짓는다면, 그들이 올 거야!" 만약 당신이 새로운 장을 만들면 좋은 사람들과 인연을 맺게 되고, 삶의 변화가 올 것이다. 하지만 기회가 왔을 때 잡는 것도 중요하다. 자기개발 업계에서 유명한 이야기가 있다.

한 어부의 배가 전복되어 그는 바다 한가운데 빠지게 됐다. 그는 스스로에게 말했다. '신께서 나를 살려주실 거야.'

때마침 다른 배가 그의 옆을 지나고 있었고, 그를 물에서 건지려던 찰나였다. 그는 거절하며 말했다. "신께서 저를 살려주실 겁니다."

돌고래가 나타나 자기 등을 타고 해안까지 갈 것을 권했다. 그는 대답했다. "고마워. 하지만 괜찮아. 신께서 나를 살려주실 거야."

얼마 지나지 않아 고래가 찾아와 마찬가지로 그에게 등을 내주었다. 그는 대답했다. "신께서 나를 살려주실 거야."

끝내 그는 물에 빠져 죽고 만다.

천국에 도착한 그는 신에게 왜 자신을 살려주지 않았냐고 물었다. 신은 말했다. "나는 너에게 배를 한 척 보냈고, 돌고래와 고래도 보냈다. 너는 어찌하여 스스로를 살리지 않았느냐?"

당신의 장 속의 영상이 바뀌면 당신이 끌어당기는 것도 변하지만, 완전히 변화하기 위해서는 실천을 해야 한다.

3부에서 삶의 경험을 바꾸는 방법에 대해 더 탐구해볼 것이다. 하지만 먼저 기억과 국소장의 관계, 그리고 이것이 어떻게 매트릭스 리임프린팅과 연관되어 있는지 알아보자.

기억

이전과는 달리 기억이 뇌에 저장되는 것이 아니라 국소장에 저장된다는 것을 짐작할 수 있는 단서들이 있다. 이 개념은 매트릭스 리임프린팅의 근간이 되기 때문에, 이 개념을 잘 알고 있으면 매트릭스 리임프린팅 기법을 이해하는 데 도움이 될 것이다.

꽤 오랜 기간 동안 정통 의학 이론에서 기억과 습관은 '물질적인 흔적'을 남겨 뇌에 저장된다고 추정했다. 하지만 이것을 증명하기 위해 시행했던 수많은 실험들 중 어느 하나도 성공적이지 못했다. 신경과학자인 프란시스 크릭Francis Crick에 의하면 뇌에 기억이 저장된다는 개념은 현실적으로 문제가 있다. 인간의 기억은 대개 수십 년을 가지만, DNA를 제외한 우리 신체의 분자들은 며칠 혹은 몇 주, 아무리 길어도 몇 달 주기로 모두 바뀐다. 따라서 뇌 역시 주기적으로 분자가 바뀌므로 기억은 뇌에 저장될 수 없다.

인간과 동물은 선대로부터 집단 기억을 물려받으며 또다시 집단 기억에 기여하는 것으로 보인다. 또 우리에게는 각자의 기억이 있다. 이 기억역시 형태장에 저장되는 것으로 여겨진다. 우리는 자기 공명을 통해, 즉 신경의 활동 패턴이 과거와 흡사할 때 이 형태장에 감응하게 된다.

EFT 마스터로서 칼은 사람들의 과거 기억 속 에너지의 혼란을 제거하는 일에 몰두하던 중 기억이 형태장에 있을 것이라 의심하게 되었다. 그때 세포 생물학자 브루스 립튼의 연구에 대해 알게 되었다. 그의 DVD 〈하늘에서와 같이 땅에서도: 프랙탈 진화 서론As Above, So Below: An Introduction to Fractal Evolution〉에서 립튼 박사는 우리 세포 속 자기수용체가 어떻게 매트릭스 속 자기와 접속하는가에 대해 논의한다.

학습

학습 과정 또한 형태공명을 통해 전달되는 것처럼 보여진다. 비록 우리는 동물 실험을 용납하지 않지만 형태공명을 가장 잘 알 수 있는 사례는 꼭 짚고 넘어가야 한다. 이 연구는 쥐를 이용한 수중미로 실험에 관한 것이다. 1세대 쥐는 평균 165번의 시행착오 끝에 미로를 통과했다. 다음 세대는 점점 더 적게 실수했다. 13세대 쥐는 평균 20번의 시행착오가 있었고, 그중 몇 마리는 단 한 번에 미로를 빠져나왔다. 마치 새로운 세대의 쥐는 선대 쥐가 중단한 부분에서 다시 시작한 뒤 미로를 빠져나가기 위해 필요한 모든 정보를 형태공명을 통해 집단무의식으로부터 다운로드 한 것 같았다.

자연에서 형태공명의 여러 사례를 찾아볼 수 있다. 형태공명의 한 가지 흥미로운 예는 투구게와 연안 철새들과의 상관관계에서 볼 수 있다. 약 2억 5000만 년 동안, 매년 5월이면 미국의 북대서양 연안의 델라웨어 만에 물고기 포식자들을 피해 투구게가 산란하러 온다. 하지만 이 시기에 철새들도 잊지 않고 찾아와 알들을 포식한다. 어떤 새들은 1만 마일을 날아오는 수고도 아끼지 않는다. 투구게는 새들이 출현하기 전 공룡 시대부터 살았고, 아직까지 새들에게 대처하기 위한 프로그래밍 변화를 주지 않았다. 그러나 새들은 형태공명을 통해 늘 같은 때 연안으로 돌아와 투구게의 알을 먹는 것을 습득했다.

정서장

지난 몇 년 동안 사람들의 정서적 건강을 면밀히 다루는 동안 정서 상태 역시 각자의 장이 있는 것처럼 보였다. 자기개발 분야의 선두적인 전문가도 이 개념을 우리와는 조금 다른 관점에서 강조해왔다. 특히 에스더와 제리 힉스가 자신들의 연구에서 아브라함Abraham이라 부르는 집단의식group consciousness을 통해 다양한 정서 상태의 진동에 대한 지식을 전한다. 그들은 당신의 진동 상태를 더 나은 상태로 끌어올려서 에너지원과 가까워지게 하라고 가르친다. 그들은 각 정서 상태에 값을 매겼다. 예를 들면 환희는 가장 높은 에너지이고, 공포는 가장 낮은 에너지 상태에 속한다.

1. 환희, 이해, 용기, 자유, 사랑, 감사
2. 열정
3. 적극성, 간절함, 기쁨
4. 긍정적인 기대, 신념

5. 낙관

6. 희망

7. 만족

8. 따분함

9. 비관

10. 불만, 짜증, 성급함

11. 불가항력

12. 실망

13. 의심

14. 걱정

15. 원망

16. 좌절

17. 분노

18. 복수심

19. 증오, 격분

20. 질투

21. 불안, 죄책감, 무가치함

22. 공포, 슬픔, 우울, 절망, 무기력함

그들은 당신이 낮은 진동 상태를 겪고 있다면 한 단계씩 더 높은 진동 상태로 지속적으로 사다리를 타고 올라갈 것을 권한다. 이것은 마치 정서장emotional field의 변화를 설명하는 것처럼 보인다.

당신은 감정을 재경험하면서 당신의 정서 상태를 확인할 수 있을 것이다. 형태공명은 습성이 있기 때문에 어떤 감정이 반복될수록 더 강하게 공명한다는 것을 기억하라. 이것은 우리가 왜 파괴적인 정서 상태로 쉽게 돌아가는지 설명해준다. 하지만 매트릭스 리임프린팅과 EFT, TFT는 당신의 정서장에 직접적인 영향을 주어 긍정적인 변화를 가져온다.

질병의 장

셀드레이크의 형태장과 형태공명에 관한 연구를 발견한 뒤, 칼은 그의 이론을 질병에 관련해 적용해보기 시작했다. 이 장은 최초에 질병을 앓은 집단 무의식으로부터 다운로드 하면서 형성되고, 다시 행동이 반복되면서 질병에 대한 개인의 경험과 기대가 다시 그 장에 기여한다. 여러 방법을 동원하여 불치병을 극복한 사람의 경우 질환과 관련된 형태공명에 변화를 주어 회복했을 가능성이 있다.

사샤는 그녀가 현재 치료 방법이 없다고 알려진 만성피로증후군을 극복했을 때, 여러 심리치료와 자기 조력 도구들이 만성피로증후군의 형태공명을 바꾸는 데 도움이 되었다고 생각한다. 병을 앓기 시작했을 때 그녀는 만성피로증후군 환자들의 집단무의식으로부터 크게 영향을 받았다. 질병에 대한 부정적 견해와 오해 때문에 오진이 많았고, 병을 앓은 사람들은 차별 대우를 받았다. 그녀 역시 그런 차별을 받아봤기 때문에 진료를 받는 데도 시간이 오래 걸렸고, 진료를 받더라도 의료 전문가들이 그녀의 증상을 놓치는 경우가 많았다. 사샤는 쉽게 만성피로증후군의 집단적 장에 감응하여 그 질병에 관련된 믿음, 즉 회복에 수년 아니 수십 년이 걸릴 수 있으며 극소수만이 병을 완전히 극복한다는 선입관을 갖게 됐다. 그러나 몇 가지 기법을 실천하고 여러 건강 보조 식품을 섭취하고 식습관을 개선하자 그녀의 의식이 움직이기 시작했다. 그녀는 이 노력들이 질병과의 형태공명에 변화를 주었다고 믿는다.

칼과 사샤가 장의 개념에 대해 공부하기 시작했을 때, 장의 존재를 확인할 수 있는 가시적인 증거를 찾을 수 없었다. 그러나 그들은 인체장human body-field을 촬영하여 컴퓨터 화면에 올릴 수 있는 도구를 발견하게 됐다. 놀라운 정확성으로 인체장을 해석할 수 있는 이 프로그램은 피터 프레이저Peter Fraser의 연구를 바탕으로 해리 매시Harry Massey가 컴퓨터 기술과 접목하여 만들어냈다. 《인체장을 밝히다Decoding the Human Body-Field》에서 프레이저는 인체장에 대한 우리의 식견을 넓혀준다.

인체장에 혼선이 빚어지면, 건강에 이상이 오고 질병에 걸린다. 프레이저와 매시가 만든 영양 에너지 시스템NES®: Nutri-Energetic System은 정서적 혼란, 영양 불균형, 독성, 장기 안팎으로 흐르는 에너지의 정체와 인체장에 나타날 수 있는 여러 다른 문제들을 포착할 수 있다.

이러한 혼란을 처리하는 NES 고유의 방법이 존재하지만, 그들의 기술은 다른 치료 분야에서도 건강 이상과 질병의 원인을 찾는 데 도움이 될 수 있다. NES 기술은 인체장을 눈으로 확인할 수 있게 해주기 때문에 인체장에 대한 이해의 돌파구를 제공하며 정확한 해결책을 제시한다.

매트릭스 리임프린팅을 실천하기 위해 인체장의 촬영술이 꼭 필요하지는 않지만, 이 기술이 이미 실험 초기에 보여준 것은 NES 분석을 통해 발견한 인체장의 혼란이, 그 사람이 인생에서 겪은 트라우마와 상관관계가 있다는 것이다. 매트릭스 리임프린팅을 통해 어떻게 트라우마를 치료하고 인체장의 혼란을 제거할 수 있는지는 뒤에서 다룰 것이다.

육체와 정신:
생각, 믿음, 생물학의 연계

2장

1970~80년대에 정신이 육체에 영향을 준다는 논의가 집중적으로 제기되면서 자기치유 운동self-help movement이 활발해졌다. 자기치유 운동의 선구자인 루이스 헤이는 확언과 생각이 건강과 행복에 작용한다는 점을 강조했다. 그러나 당시에는 정신과 육체의 관계를 증명할 수 있는 과학적 근거가 부족했다.

자기치유 운동의 주요 쟁점은 육체와 정신의 연관성을 이해하는 사람들이 다윈의 진화론적 접근에 근간을 둔 주류 서구과학 모델에 도전했다는 것이다. 그 모델에서 육체는 그저 고장이 날 수 있는 기계이며 머리를 운반하는 장치에 불과했다! 따라서 질병은 오로지 약물로 치료했고, 생각과 믿음이 건강에 영향을 줄 수 있다는 논의의 여지를 남겨두지 않았다. 이러한 논의는 대부분 뉴에이지 이론으로 치부되었다.

주류 서구과학 모델에 도전하는 자료 중에 사샤가 기억하는 가장 최초의 것은 그녀가 1980년대 초반에 본 다큐멘터리이다. 이 다큐멘터리에서는 암 환자의 치유 능력이 단지 회복할 수 있다는 믿음으로 강해질 수 있다는 것을 보여줬다. 비록 사샤는 당시 10살에 불과했지만, 그녀의 인식 체계를 변화시킨 사건이었다. 그녀는 어릴 때 '병약한 아이'라는 꼬리표를 달고 살았고, 그녀 역시 자신의 건강을 치료할 수 있는 것은 의사밖에 없다고 믿어왔다. 하지만 그녀가 다큐멘터리에서 본 사람들은 자신의 치명적인 병을 생각만으로 싸우고 있었던 것이다. 비록 사샤가 정신력으로 육체에 변화를 주는 방법을 배우게 된 것은 수십 년 뒤의 일이지만, 그녀는 그때의 사건을 아직까지 잊지 못한다.

그래서 언제 모든 것이 변하게 됐을까? 무엇이 전환점이 됐던 것일까? 뜻밖에도 정신이 육체에 미치는 영향에 대한 과학적 근거를 제시하는 데 큰 공헌을 한 것은 제약회사였다. 약에만 의존하게 하여 기득권을 유지하려는 그들이 말이다. 아이러니하지만 그들은 플라시보 효과placebo effect를 끊임없이 증명하면서 육체와 정신의 관계를 검증했던 것이다.

플라시보 효과

제약회사에게 플라시보 효과만큼 성가신 것이 없다. '연구에 방해된다'고들 말한다. 신약 임상 시험을 실시할 때, 제약회사는 실제 약의 효과를 확인하기 위해 약 성분이 없는 위약을 대조군으로 반드시 사용해야 한다. 아주 흥미로운 것은 많은 경우 위약이 실제 약만큼 잘 든다는 것이다. 약의 기대 효과에 대한 인식이 치유에 긍정적인 효과를 미치는 것처럼 보여진다.

플라시보의 놀라운 효과는 제약 업계에서 승승장구하던 과학자 데이

비드 해밀턴David Hamilton으로 하여금 명망 있는 지위를 포기하고 육체와 정신의 관계 연구에 전념하도록 만들었다. 그는 그의 저서 《중요한 것은 당신의 생각입니다: 왜 마음이 물질보다 제대로 치료하는가?It's the Thought That Counts: Why Mind over Matter Really Works?》와 《마음이 몸을 치료한다How Your Mind can Heal Your Body》에서 플라시보 효과에 관한 수많은 연구와 사례를 다룬다.

한 연구에서 임산부에게 구토 멈추는 약을 복용시키는 실험을 했다. 구토가 멈출 것이라고 말한 다음 약을 먹이고, 구토 증상과 관련하여 위의 수축 작용을 측정할 수 있는 기구를 삼키게 했다. 그들이 복용한 약은 실제로 구토 증상 감소에 효과적이었다. 그러나 임산부들이 마신 것은 토근吐根 시럽이었고, 그것은 더욱더 메스껍게 만드는 약이었다. 연상의 힘은 그들이 구토 증상을 극복하게 했을 뿐만 아니라 약의 효과도 무시하게 만든 것이다.

그 외에 많은 연구들이 약의 효과에 대한 생각과 감정, 믿음이 치료 반응의 일부를 형성한다는 것을 보여준다. 우리가 만약 믿음의 힘으로 위약을 먹고도 스스로 회복했다면, 우리는 생각의 힘만으로도 스스로 치유될 수 있을 것이다. 그러나 우리가 몸에 긍정적인 영향을 줄 수 있는 것과 마찬가지로 정신은 강력한 부정적 영향을 미칠 수 있다. 우리는 플라시보 효과로 건강을 되찾을 수도 있지만, 노시보 효과nocebo effect로 건강을 해칠 수도 있다.

노시보 효과

노시보 효과는 부정적인 생각이 건강에 미칠 수 있는 영향을 뜻한다. 이 효과는 의료 산업에서 일반적으로 알려져 있으며, 많은 경우 의사의 오진을 받고 이에 대응하여 환자가 죽을 수도 있다.

실제로 약의 효과에 대한 믿음이 사람들을 죽음에 이르게 할 수 있다. 래리 도시Larry Dossey 박사의 책 《획기적 치유법: 당신의 태도와 신념이 어떻게 당신 건강에 영향을 미치는가?Healing Breakthroughs: How your Attitudes and Beliefs Can Affect your Health?》에서 노시보에 대한 여러 가지 사례를 볼 수 있다. 한 예로, 페니실린 알레르기가 있는 환자에게 위약을 주었는데, 삼킨 찰나 그것이 페니실린이라고 이야기했다. 결국 환자는 과민성 쇼크로 즉시 사망했다. 이 사례는 노시보 효과의 파괴력을 여실히 보여준다.

도시 박사는 한쪽 심실에 삼첨판협착증을 앓던 한 중년 여성의 사례역시 강조한다. 그녀는 과거에 낮은 정도의 만성울혈성심부전을 앓은병력이 있지만 의학적 치료가 성공적이었다. 건강 검진을 위해 그녀가병원에 방문했을 때, 유명한 전문의가 인턴들을 데리고 병동 투어를 하고 있었다. 그가 병실로 들어와 인턴들에게 '이 여성은 TS환자다'라고말한 다음, 그녀에게는 한 마디 말도 없이 불쑥 나가버렸다.

잠시 후 그녀는 숨을 가쁘게 쉬기 시작했고, 맥박이 분당 150으로 오르면서 땀에 흠뻑 젖었으며, 폐에 물이 차올랐다. 주치의는 당황하며 그녀에게 무엇이 잘못됐냐고 물었다. 그녀는 방금 전 심장 전문의가 자신에게 TS가 있다고 말했다고 대답했다. 그녀는 TS를 'terminal situation', 즉 회복 불능 상태라는 의미로 받아들였던 것이다. 의사는 TS가 'tricuspid stenosis(삼첨판협착증)'의 약어이며 그녀의 심장 판막 상태를 의미한다고 설명했지만, 그녀는 여전히 안심하지 못했다. 그녀는 폐에 계속 물이 찼고 정신을 잃었다. 그날 오후 그녀는 난치성 심부전으로 사망했다.

우리의 정신은 어릴 때부터 권위 있는 의료 전문가의 말을 믿도록 훈

런받아왔기 때문에, 의사의 말 한마디에 연쇄적인 화학 반응을 일으켜 질병을 얻거나 급작스럽게 죽음에 이를 수도 있다. 그것도 아주 효과적으로 건강이 악화되도록 프로그램될 수 있다. 그러나 이런 노시보 효과는 의료 전문가뿐만 아니라 우리 스스로도 가져올 수 있다.

동일한 책에서 도시 박사는 그가 '블랙 먼데이 증후군'이라 명명한 것을 설명한다. 다른 어떤 날보다 월요일 아침 9시에 심장마비가 자주 일어난다는 것은 실로 놀라운 일이다. 도시 박사가 말하길, "가장 뚜렷한 예측 변수는 고혈압, 고콜레스테롤, 흡연, 진성 당뇨병과 같은 고위험군 질병이 아니라 직무 불만족"이라고 한다. 일에 대한 혐오, 두려움이나 도전을 생각하거나 느낄 때 심장 마비를 일으킬 가능성이 있다는 것이다. 어떻게 이런 일이 가능한 것일까? 정신약리학 전문가 캔더스 퍼트 Candace Pert가 말하길, 우리의 생각과 감정은 우리 몸에 화학 반응을 일으킬 수 있다고 한다.

육체와 정신의 상호 작용

우리의 물리적인 세포 구조와 정서적 체험은 화학적으로 연결되어 있다. 캔더스 퍼트는 평생 이 연구에 몰두하며 인체 세포에 감정 수용체가 있다는 것을 증명했다. 과거에 감정 수용체는 뇌의 고유 영역에 속한 것이었다.

퍼트 박사의 연구 이전에는, 예컨대 우리가 부끄럽거나 행복한 감정을 느낄 때 우리 신체의 반응이 뇌의 신호에서 비롯된다고 여겼다. 퍼트 박사의 연구는 뇌뿐만이 아니라 몸 전체에서 신호를 만들어낸다는 것을 밝혔다.

우리 몸에는 정서 반응을 담당하는 신경펩티드라는 아주 작은 신경

전달물질이 존재한다. 우리 몸속 각 세포의 표면은 감각 기관과 같이 수천 개의 수용체 분자들로 덮여 있다. 수용체의 역할은 세포 주변의 신호를 감지하는 것이다. 수용체가 신호를 감지하면 세포 안으로 그것을 전달한다. 이 신호는 세포분열과 성장, 에너지 소비와 저장, 그리고 재생과 염증 대항 등의 지시를 내린다.

각종 호르몬과 신경전달물질, 펩티드를 통틀어 리간드ligand라고 한다. 리간드는 "육체와 정신 간의 대화를 가능케 하는 인프라를 제공한다". 리간드는 뇌와 신체에 전달되는 데이터의 98퍼센트를 책임지고 있다. 퍼트 박사는 연구를 통해 펩티드와 수용체를 '감정의 분자'라고 추론하게 됐다. "감정은 신체와 의식의 연결고리이며, 세포 수용체에서 그 역할을 담당한다"고 그녀는 말했다.

또 그녀는 펩티드와 수용체가 인과관계로서 감정을 만들지 않는다는 것을 강조한다. 퍼트 박사의 연구에서는 오히려 펩티드와 수용체가 감정 그 자체라는 의심을 했다. 우리가 현실에서 느끼는 감정은 "펩티드가 수용체와 결합할 때 일어나는 진동이다". 우리의 감정 이면에는 수많은 정서 정보가 잠재의식 차원에서 처리되고 있다. 이는 퍼트 박사로 하여금 "우리의 육체가 곧 우리의 잠재의식"이라는 주장을 하게 만들었다.

매트릭스 리임프린팅은 잠재의식이 국소장과 연결되며 그것이 다시 매트릭스로 연결된다는 믿음을 전제한다. 우리는 세포가 국소장에 주파수를 맞추고, 이에 대응하여 생리적 반응이 변화한다고 믿는다.

잠재의식과 잠재의식이 몸에 미치는 영향에 대해 다시 얘기하자면, 그날 그날의 생각의 힘으로 신체에 변화를 줄 수 있는 검증된 방법이 있는 것이다. 명상과 확언이다.

시각화 명상

잠재의식의 힘은 시각화 명상을 통해 사람들이 건강을 되찾는 사실에서 확인할 수 있다. 이것은 정신과 육체가 연결되어 있다는 명백한 증거이다.

《마음이 몸을 치료한다》에서 데이비드 해밀턴은 명상으로 치유가 가능하다는 것을 보여주는 수많은 연구 사례를 소개한다. 그의 책에는 암이나 자가면역질환의 일종인 섬유근육통을 명상의 힘으로 이겨낸 일반인들의 이야기가 수록되어 있다. 명상 기술을 이용해 건강을 치유한 사샤의 성공담도 이 책에서 찾을 수 있다.

확언

루이스 헤이가 대중화시킨 확언 역시 정신이 육체에 작용하는 또 다른 예이다. 긍정적 확언을 반복하는 것이 치유 효과가 있다. 흥행작이었던 영화 〈시크릿〉에서 한 여자가 "치유해주셔서 감사합니다"라는 말을 반복하여 유방암을 완치했다.

당신의 말과 생각이 뇌의 신경연접을 강화시키고 신경 패턴을 바꿀 수 있다. 이러한 양상은 결과적으로 심신에 영향을 주어 당신이 끌어당기는 것과 현실을 바꿀 수 있다.

신경가소성

어째서 명상과 확언이 효과가 있는 것일까? 이 현상은 '신경가소성'으로 인한 것임을 알 수 있다. 데이비드 해밀턴은 그의 책《마음이 몸을 치료한다》에서 모든 생각이 뇌 구조에 미세한 변화를 가져온다고 했다. "어떤 의미에서, 생각은 마치 우리가 모래 위에 발자국을 남기듯이 뇌에 흔적을 남긴다."

당신이 생각을 할 때 당신의 뇌세포는, 정확하게는 신경세포들이 서로 결합하여 신경망을 형성한다. 생각과 마찬가지로 물리적인 경험 역시 새로운 연결망을 생성하고, 같은 생각이나 경험을 반복할수록 신경 연결망이 더 강해진다. 명상을 통해 "뇌의 섬세한 구조를 실제로 바꿀 수 있다"고 해밀턴은 강조한다. 확언 역시 같은 방식으로 작용한다. 명상과 확언은 생각을 만들어내는 과정이다. 우리의 생각은 뇌의 물리적인 구조를 바꿀 수 있다.

심장의 역할

전통적인 과학 패러다임에서는 정서 반응이 오로지 뇌로부터 비롯된다고 추측했다. 우리는 이제 이것이 사실이 아니라는 것을 알고 있다. 하트매스 연구소에서 실시한 조사에 따르면 뇌뿐만 아니라 몸과 심장에서도 정서 반응이 일어난다고 한다. 이 연구는 심장이 독립적인 신경 구조가 있다는 것을 밝혔다. 이것은 복잡한 구조로 이루어져 있기 때문에 '심장 속의 뇌'라고도 한다. 심장의 "신경 구조는 뇌로부터 정보를 받기도 하지만 정보를 뇌로 보내어 심장과 뇌의 쌍방향 통신을 가능케 한다". "놀라운 것은 뇌가 심장으로 보내는 신호의 양보다 심장이 뇌로 보내는 신호가 훨씬 더 많다는것이다!"

사실상 심장은 우리 몸에서 가장 강력한 전자기장을 발생시킨다. 뇌가 발생시키는 전자기장보다 60배 이상 강하고 모든 세포에 침투한다. 심장의 자기 성분은 뇌의 자기장보다 약 5000배 강하며 3미터 밖에서도 자력계로 탐지할 수 있다.

따라서 뇌와 심장은 서로 소통하고, 몸과 우리 주변의 세상과도 소통한다. 뇌와 심장이 보내는 신호는 우리가 어떤 방식으로 행동하고 느끼는지 결정한다. "들쭉날쭉하고 고르지 못한 심장 박동은 뇌에 우리가 심란하다는 메시지를 보낸다. 반대로 부드럽고 조화로운 심장 박동은 뇌에 아무 문제가 없으며 조화롭다는 신호를 보낸다."

심장 박동은 우리 감정의 영향을 받는다. 분노, 증오, 불만, 공포, 걱정과 분한 마음은 고르지 못한 심장 박동을 만든다. 반대로 사랑, 연민, 확신, 감사와 안심하는 마음은 고른 심장 박동을 만든다. 이것을 이해하면 감정을 유발하는 자극을 매트릭스 리임프린팅과 같은 기법으로 해결하는 것이 중요하다는 것을 깨닫게 된다.

심장 박동은 우리 몸 전체 작용에 막강한 영향력을 행사한다. 하트매스 연구소의 과학자들은 뇌파의 리듬이 심장의 리듬과 동기화되며 혈압과 호흡이 사랑과 감사함을 느낄 때 심장에 활기를 가져다준다는 것을 보여주었다. 그들은 심장의 장이 몸 전체에 동기화 신호를 보낸다고 제안한다.

심장의 복잡 미묘한 작용은 심장 이식을 받은 사람들의 일화에서 찾아볼 수 있다. 심장 이식 환자들은 때때로 한 번도 본 적 없는 기증자의 성격을 닮게 된다. 폴 페어솔Paul Pearsall은 그의 책《심장의 암호The Heart's Code》에서 심장 이식을 받은 8살 소녀의 사례를 소개한다. 그녀는 살해된 10살 소녀의 심장을 이식 받았는데, 살해 순간의 장면을 생생하게 기억했다. 살해 장소, 시간, 흉기와 범인의 인상착의 등 자세하게 기억났기 때문에 경찰은 범인을 검거할 수 있었다.

심장의 전자기장은 3미터 밖에서도 감지된다는 사실을 통해 심장 역시 매트릭스로 정보를 보낸다는 것을 알 수 있다. 이 새롭고 흥미로운 심장의 능력에 관한 연구는 심장과 정신과 육체가 연결되어 있다는 것을 입증한다.

후성유전학

육체와 정신의 연결의 힘에 대해 강조하는 몇 가지 다른 연구 분야가 있다. 가장 주목할 만한 분야는 후성유전학後成遺傳學, epigenetics으로, '세포 밖에서 유전자를 제어한다'는 뜻이다.

유전자

꽤 오랜 시간 동안 정통 과학과 의학은 유전자가 우리의 건강을 결정한다고 주장했다. 이런 시각에서 건강이란 '좋은 유전자'를 운 좋게 타고난 사람들의 몫이고, 재수 없이 '나쁜 유전자'를 받은 사람들은 병이 생기는 것이다. 이러한 믿음은 긴 시간 이어져왔다. 그러나 '신新생물학'이라고 명명된 생물학의 혁명은 우리 몸의 세포가 생각과 믿음의 영향을 받고, 그 결과 건강과 행복의 모든 면에 영향을 준다는 것을 보여주고 있다.

생물학의 혁명은 우리를 건강의 피해자가 아닌 주인으로 바꿔놓았지만, 아직까지 의료보험이나 일반 대중에게는 유전자 결정론이 통용된다. 브루스 립튼은 그의 책《당신의 주인은 DNA가 아니다The Biology of Belief》에서 수많은 사람들이 언제든 유전자가 자신에게 등을 돌릴지도 모른다는 공포 속에 산다고 지적한다. 나중에도 다루겠지만, 이 두려움 자체가 자기 충족적 예언을 만든다. 왜냐하면 우리의 생각이 우리 건강에 영향을 미치기 때문이다.

유전자에게 너무 많은 지배력을 주는 것은 더 많은 문제를 낳는다고, 도슨 처치Dawson Church는《유전자 속의 지니The Genie in Your Genes》에서 설명한다. "이런 믿음은 우리 건강과 행복을 우리 의식보다는 분자 구조와 같이 건드릴 수 없는 영역에 권한을 주기 때문이다." 우리가 유전자만이 건강을 좌우한다고 믿는 순간 우리는 우리 건강에 대한 자주권을 버리고 확률의 피해자가 된다. 이렇게 스스로 힘을 무력화하는 것은 우리 건강 상태를 무력화하는 것이다.

신생물학이 유전자의 역할을 아예 무시하는 게 아니라는 걸 유념해주기 바란다. 몇 가지 질병은 의심할 여지 없이 단일유전자장애로부터 비롯된다. 하지만 아주 소수만이 이 범주에 든다. 립튼 박사에 의하면, "단일유전자장애는 전 인구의 2퍼센트 미만이 갖고 있다. 대부분의 사람들은 그들이 행복하고 건강할 수 있도록 하는 유전자를 갖고 태어난다". 이것은 우리가 유전자가 모든 질병을 일으킨다는 오랜 믿음과는 사뭇 다르다.

따라서 유전자는 병의 주된 원인이 아니라고 보여진다. 실제로 서구 사회에서는 가장 큰 사망 원인인 당뇨, 암, 심장 질환이 더 이상 유전적 장애의 결과라고 여기지 않는다. 이러한 질환은 다중유전자와 환경적 요인의 복합적인 작용의 결과로 보여진다. 《당신의 주인은 DNA가 아니다》에서 립튼 박사는 "과학자들이 여러 유전자를 다른 여러 가지 유전적 특징들과 연관 짓지만, 하나의 유전자가 어떤 특징이나 질병을 유발하지는 않는다는 것을 발견했다"고 말했다. 유전자의 재인식은 건강에 대한 우리의 견해를 급격히 바꿔놓았다.

환경적 신호

유전자가 질병을 유발하지 않는다면, 우리는 어떻게 병을 얻는 걸까? 유전자는 환경적 신호에 의해 조종된다는 것이 최근에 밝혀졌다. 유전자는 우리의 내적·외적 환경에 의해 활성화된다. 내적 환경이란 우리의 감정, 생화학 작용, 심리 작용과 영적인 것들을 말한다. 외적 환경은 우리가 먹는 음식, 음식의 독소, 사회적인 의식, 성적 자극 등을 일컫는다.

우리의 유전자는 이런 내외적 환경으로부터 오는 신호에 켜졌다 꺼졌다 한다. 이런 내외적 환경이 우리를 살아 있게 만든다. 하지만 이것이 비틀 어지면 어떻게 될까?

립튼 박사에 의하면, 우리 몸의 신호 처리를 간섭하는 세 가지 요인이 있다. 첫 번째는 바로 트라우마다. 어떤 사고를 당할 때, 뇌 신호가 불안 정해진다. 두 번째는 독소로, 신체적 신호인 화학 작용을 간섭한다. 마지 막은 정신인데, 우리의 정신이 부적합한 신호를 보내면 우리 몸의 기관 이 불균형해져서 병들게 된다.

도대체 왜 당신의 정신이 부적절한 신호를 몸에 보내는지 알고 싶을 것이다. 당신의 지각이 정확할 때는 생존의 긍정적인 도구가 된다. 하지 만 오해로 무장하여 주변 환경을 부정확하게 인식하면 몸이 부적절하게 반응한다. 따라서 당신은 유전자를 부적절하게 활성화시켜서 질병을 얻 거나 몸 기능에 장애가 생길 수 있다. 립튼 박사의 말을 옮기자면, "인식 이 생물을 '조종'하지만 (…) 인식은 참이거나 거짓일 수 있다. 그러므로 우리는 이 조종 인식을 믿음이라고 표현하는 것이 더 정확하다. 믿음이 생물을 조종하는 것이다".

우리가 세상을 보는 방식, 생각과 감정은 우리의 유전자 발현에 영향 을 준다. 《유전자 속의 지니》에서 도슨 처치는 정신과 육체의 복합적 상 호 작용이 어떤 방식으로 일어나는지 다룬다. "우리가 생각하거나 감정 을 느낄 때, 우리 몸은 복잡한 배열의 이동으로 반응한다. 각각의 생각과 감정은 우리 장기에 특정한 생화학 작용을 불러 일으킨다. 각각의 경험 은 세포의 유전자 변형을 일으킨다."

물질적인 문제가 정신력에 달린 것이 아니라, 정신이 물질을 만들어 낸다고 보는 것이 옳다. 우리의 생각과 믿음과 사고방식은 우리 신체에 모든 방면으로 영향을 준다. 이제는 루이스 헤이와 같은 자기치유 교사들이 본능적으로 알고 있던 것을 과학적으로 증명할 수 있게 됐다. 부정적이고 사기를 꺾는 생각은 자존감뿐만 아니라 신체적 건강에 파괴적이다.

사샤가 만성피로증후군을 극복하기 위해 심리치료를 받았을 때, 그녀는 자기 속마음을 받아 적어보기 숙제를 하면서 스스로 놀라게 됐다. 그녀는 요가도 배웠으며 인생 상담 코치로 몇 년을 일하면서 스스로 긍정적이고 밝은 성격을 갖고 있다고 여겼다. 하지만 그녀의 그런 성격은 연출된 모습이었고, 실제로 그렇게 느끼고 있진 않았던 것이다. 그녀가 온종일 자기 마음의 목소리를 귀 기울여 듣고 관찰해보니 거의 10초에 한 번씩 자기 비판을 하고 있었다. 그녀의 내적 독백은 아주 가혹하지는 않았지만 끊임없이 스스로를 비판하고 있었던 것이다. 오늘 요가 수업은 괜찮았지만 조금 더 집중할 수 있었잖아. 오늘 요리는 괜찮았지만 조금 더 심심하게 간을 했어야 했어. 방금 전화는 괜찮았지만 조금 더 솔직할 수 있었어. 실제로 그녀의 일기장에는 '오늘 조금 더 잘할 수 있었던 일'을 쓰는 란이 따로 있었다! 수년간 다른 사람들의 삶을 변화시키면서, 그녀 스스로도 뭔가 석연치 않다는 것을 느꼈다. 스스로 가장 배워야 할 것을 남에게 가르치게 되어 있다는 말이 그녀에게 해당하는 말이었다. 그리고 바로 이것이 그녀를 항상 아프게 하고 있었다. (그녀를 붙들고 있던 여러 다른 인생 트라우마도 있지만 나중에 다시 이야기하겠다.) 따라서 그녀는 자기 비판보다 스스로 사랑하고 보듬어주는 생각을 할 수 있도록 변해야 했다. 매트릭스 리임프린팅으로 변화할 수 있는 방법을 뒤에 소개하겠다.

생각, 믿음, 그리고 잠재의식

왜 우리는 생각과 믿음으로 스스로 건강을 해치는 것일까? 만약 우리가 그 이유를 안다면 생각과 믿음으로 스스로 건강을 치유할 수 있지 않을까?

답은 우리가 그렇게 할 수 있다는 것이다. 하지만 그것은 다르게 생각하기로 결정하는 것만큼이나 그리 간단하지 않다. 사고방식을 의지만으로 바꾸려고 시도해봤다면 이 말뜻을 이해할 것이다.

우리는 모두 의식적으로 어떤 행동을 할 수 있는 능력이 있고, 또 우리의 의식에 대한 강조가 최근까지도 계속되어왔다. 하지만 현재는 우리 행동의 95퍼센트 내지는 99퍼센트는 잠재의식에 의해 제어된다는 것이 증명됐다. 게다가 잠재의식은 1초에 무려 2000만 비트의 환경적 정보를 처리하는 반면, 의식은 고작 40비트의 정보밖에 처리하지 못한다. 의식은 한 번에 한두 가지 일밖에 할 수 없지만, 잠재의식은 수천 가지 일을 할 수 있다.

믿지 못하겠다면, 일어나서 아침밥을 먹는 것부터 이를 닦고 출근하는 것까지 당신이 하루에 자동으로 하는 일들이 몇 가지나 있는지 생각해보라. 우리는 하루의 대부분 일과를 자동운전장치로 하고, 이 자동운전장치가 우리의 잠재의식이다. 《당신의 주인은 DNA가 아니다》에서 립튼 박사는 "잠재의식은 우리가 알고 있는 가장 뛰어난 정보처리 기계이며, 우리 주변 환경과 몸의 내부를 자각하고, 환경적 신호를 읽고, 순식간에 학습된 행동을 발동한다. 이 모든 것을 아무 도움이나 관리 없이, 심지어는 의식이 자각하기도 전에 처리한다"라고 했다.

우리의 삶, 세상, 그 속의 자기 집, 스스로의 능력과 건강, 그리고 예상에 대한 믿음은 우리의 잠재의식 속에도 있다. 이 믿음은 우리 삶의 경험과 학습에서 비롯된다. 어떤 것은 자조적이고 힘을 북돋아준다. 하지만 어떤 것은 자기 비판적이거나 스스로를 무력하게 하는 것일 수 있다.

긍정적이거나 부정적인 믿음 모두 우리의 생명 활동에 영향을 미친다.

생애 첫 6년

태어나면서부터 6년간 형성된 믿음이 특히 중요하다. 왜냐하면 첫 6년 동안의 뇌파의 활동 때문이다. 태어나서 2살 때까지 아기들은 대부분 뇌에서 델타파를 형성하고, 2살에서 6살 때까지 아이들은 세타파를 갖고 있다. 델타파와 세타파는 최면술사들이 고객이 암시에 쉽게 영향받도록 만들 때 생기는 뇌파이다. 이는 어린이들이 왜 스폰지처럼 주변 어른들의 믿음과 태도, 행동을 흡수하는지 설명한다. 장field의 관점에서 어린이들은 주변의 형태장에서 전달된 진동 수준에서 정보를 배우는 것이다.

이것은 경계 형성에 있어 확실히 긍정적인 요소이다. 경계는 생존에 필수 조건이기 때문이다. 경계가 없다면 아이는 안전과 위험의 차이를 알지 못한다. 하지만 어른들은 어릴 때 주입된 프로그램을 계속 가동하고 있기 때문에 스스로를 해칠 수도 있다.

모욕감은 경계를 형성하기 위해 가장 흔히 사용되는 도구 중 하나이다. 예를 들어 부모가 자식에게 못마땅한 눈길이나 심한 말을 하는 것은 경계를 넘었다는 의미이다. 이렇게 부모의 관점에서 자식의 행동을 판단하는 것이 도가 지나치면 문제를 일으키게 된다. 영적인 관점에서 우리는 항상 다른 사람과 치유 작업을 할 때, 그들의 부모도 자신들이 할 수 있는 최선을 다한 것이며 그들도 자신의 부모로부터 지나치게 남을 재단하거나 자기 비판적인 태도를 배운 것이라고 밝힌다. 하지만 이런 행동은 부정적인 자기 신념을 갖게 하고, 해결되지 않으면 나중에 아프거나 병이 생길 수 있다.

다행히도 지난 수십 년 동안 여러 가지 에너지 심리학 기법이 만들어졌고, 이것은 믿음의 변화를 가져올 수 있게 해주었다. TFT와 EFT는 에너지 심리학 기법으로, 나중에 다시 논의할 것이다. 매트릭스 리임프린팅은 이 두 가지 기법을 발전시켰고, 생애 첫 6년 동안 형성된 믿음을 바꾸는 데 효과적이다. 뒤에서 당신은 자기 불신을 타파하여 건강을 개선하고 여러 의미에서 평안을 찾을 수 있는 방법을 배우게 될 것이다.

스트레스, 트라우마, 질병

$$3장$$

최근 수십 년간 스트레스는 우리가 사는 시대의 가장 큰 사망 원인 중 하나로 거론되고 있다. 서구 사회에서 거의 모든 사람들의 입에 오르내리는 얘깃거리이다. 당신이 하루에 몇 번이나 스트레스에 대해 얘기하는지, 그리고 다른 사람들은 어떤지 주의를 기울여보라. 그럼에도 불구하고 사람들은 종종 스트레스를 잘못 이해하며, 원인을 제대로 파악하지 못하고, 과소평가한다. 스트레스의 본질을 간단하게 정의하자면, 우리가 처한 상황에 대한 부정적인 인식과 생각이 몸에 질병을 일으키는 것이다. 이번 장에서는 스트레스 이면에 숨겨진 과학에 대해 살펴보기로 한다.

정신신경면역학

정신신경면역학PNI: Psychoneuroimmunology은 스트레스와 질병을 연관시키는 과학 분야 중 하나로, 1970년대에 로버트 아더Robert Ader에 의해 시작되었다. 정신신경면역학은 뇌와 면역 체계의 관계와 여러 가지 화학 전달물질을 통한 상호 작용을 보여준다. 또한 스트레스와 불안이 면역 기능에 이상을 주어 질병을 유발할 수 있다는 것을 증명했다.

성장과 보호

스트레스가 질병을 유발하는 원인에 대한 실마리는 인간 생존의 중요한 요소인 발육과 방어기제의 상호 작용에서 찾아볼 수 있다. 우리의 몸은 성장기 이후에도 매일같이 수십억에 달하는 세포를 새로운 세포로 대체한다. 뿐만 아니라 우리 몸에는 우리를 병원균으로부터 보호하고 주변 환경의 위험을 감지하고 반응할 수 있는 방어기제가 있다.

립튼 박사는 우리 몸의 발육과 보호기제가 동시에 최적의 상태에서 작용할 수 없다고 말한다. 자기를 위태롭게 하거나 생존에 위협이 되는 일이 세포와 조직과 장기의 재생보다 우선순위를 갖게 된다. 우리 몸은 먼저 보호하고 나중에 복구하도록 생화학적으로 프로그램되어 있다. 생존을 위해서는 지극히 당연한 일이지만, 만약 잘못된 신념과 오해가 쌓여 잠재의식 속에서 실제로는 존재하지도 않는 환경의 위협이 존재한다고 감지한다면 어떻게 될까? 또한 스트레스와 트라우마의 결과로, 방어기제가 멈추지 않고 지속되어 몸을 충분히 재생시킬 수 없게 된다면 어떻게 될까? 이 개념을 파악했다면 우리 몸이 상황을 잘못 인식하여 지속적인 스트레스를 받게 될 때 쉽게 병에 걸린다는 것을 이해하게 된다.

뿐만 아니라 세포는 위험을 감지하면 해독 작용을 멈추게 된다. 이것은 단백질을 제대로 흡수할 수 없다는 것을 의미한다. 따라서 장기적인 '투쟁-도피fight-or-flight' 반응은 우리의 건강을 세포 단위로 위협할 수 있다.

이 사실은 만성피로증후군으로부터 회복하고 있던 사샤에게 큰 깨달음을 주었다. 그녀가 이 사실을 발견했을 때, 갑자기 모든 것이 명백해졌다. 그녀는 잘못된 인식과 부정적인 믿음, 그리고 트라우마로 인해 지속적인 스트레스에 노출되어 있었고, 그로 인해 성장과 치유보다는 방어기제가 발동하고 있었던 것이다. 그녀가 아픈 것은 지극히 당연한 일이었고, 치유가 되지 않은 것도 당연한 일이었다. 잘못된 인식을 바꾸고, 긍정적인 믿음과 트라우마를 해결하는 방법만이 그녀의 상태를 치유할 수 있었다.

스트레스의 영향

도대체 스트레스는 우리에게 정확히 무슨 영향을 줄까? 우리는 일반적으로 스트레스가 아드레날린을 만든다는 것을 이해하지만, 대부분은 이것이 질병과 관계가 있다는 것을 어렴풋이만 알고 있지 스트레스가 인식의 문제라는 것은 알지 못한다.

《유전자 속의 지니》에서 도슨 처치는 스트레스를 유발하는 원인에 대해 다른 시각을 제공한다. "강도가 칼을 들고 쫓아오고 있기 때문에 당신의 몸에 아드레날린이 과분비될 수 있다. 아드레날린은 또한 구체적인 자극 없이 1주일 뒤에 일어날 일에 대한 생각 때문에 과분비되기도 한다. 아직 일어나지 않은 일이고 아예 일어나지 않을지도 모르는 일인데도 말이다." 당신이 세상을 바라보는 관점이 몸에 스트레스 반응을 일으킬 수 있다.

한 예로 사람들이 지각할 때 보이는 태도를 생각해보자. 어떤 사람들은 반드시 약속 시간 30분 전에 도착해야 직성이 풀린다. 그렇지 않으면 패닉이 오게 된다. 사샤 역시 이 부류에 속하는 사람이었다! 어떤 사람들은 무엇이든 시작하기 직전에만 오면 된다. 하지만 늦으면 당황한다. 그중에는 1분 1초의 오차도 없이 제시간에 일을 시작해야 하는 사람들도 있다. 이들은 정확한 시간에 도착하기 위해 차 밖에서 추위를 견디며 기다릴 수 있는 사람들이다. 그리고 항상 지각하는 사람들이 있다. 이 사람들은 크게 세 부류로 나눌 수 있다. 하나는 늦은 것에 유난을 떨면서 스트레스와 창피함을 얼굴 밖으로 드러내는 사람들이다. 다른 하나는 얼굴을 붉히며 조용히 들어와 창피함을 내면화하는 사람들이다. 마지막으로 아주 드물게 어떤 시간에 도착하든지 느긋하게 들어오는 데 아무런 갈등을 느끼지 않는 사람들도 있다. 늦으면 늦는 거지. 그게 뭐 어때서? 누가 상관하는데? 사샤의 파트너는 이런 사람들 중 하나였다. 흥미로운 것은 사샤는 늘 그가 자신을 더 닮아야 한다고 생각했다. 그가 늦을 때 다른 사람들이 그에 대해서 어떻게 생각하는지 더 신경이 쓰이도록 말이다. 그녀는 아프고 그는 건강한 것은 당연했다. 하지만 그녀가 이 사실을 깨닫기까지는 시간이 걸렸다.

이 예시에서 지각에 관련된 경험과 다른 사람들의 평가에 대한 두려움, 그리고 자격지심과 자격지심에서 오는 스트레스는 모두 인식의 문제이다. 이 인식이 가져오는 스트레스 반응에는 어떤 것들이 있을까? 우리가 스트레스를 받을 때 몸에 어떤 일이 일어나는지 알아보자.

시상하부-뇌하수체-부신 축

우리 몸은 시상하부-뇌하수체-부신HPA 축이라고 알려진 신경내분비계를 통해서 스트레스에 반응한다. HPA축은 체온, 소화, 기분, 성, 에너지 소모와 면역 체계를 포함한 다양한 신체 과정을 조절한다. 또한 우리 몸의 스트레스, 트라우마와 부상에 대한 반응을 조절하는 데 주된 역할을 한다. HPA축은 뇌의 호르몬 조절 경로이다. 면역 체계가 내부 병원균으로부터 우리를 보호하는 반면, HPA축은 외부 위협으로부터 우리를 보호한다. HPA축이 활성화되면 면역 체계가 억압되기 때문에 HPA축이 지속적으로 활성화되면 면역력에 해가 되고 건강이 악화된다.

아무런 외부 위협이 없다면 HPA축은 활성화되지 않는다. 하지만 뇌의 시상하부가 위협을 감지하면, 뇌하수체에 신호를 보내어 HPA축을 발동시킨다. 뇌하수체를 주 분비선이라고 생각하면 된다. 뇌하수체는 닥쳐올 위협에 대처하도록 50조 개에 달하는 세포를 정비하는 역할을 한다. 또한 부신에 신호를 보내어 우리의 투쟁-도피 반응을 자극한다. 이때 스트레스 호르몬이 혈액 속에 분비되면 소화관의 혈관이 수축되어 팔과 다리의 혈액량이 일시적으로 늘어 몸을 바로 움직일 수 있도록 만든다. 소화기에서 혈액이 빠져나가면 우리는 더 이상 소화하여 흡수하거나 배설할 수 없게 된다. 이것은 왜 장기적인 스트레스가 소화불량을 야기하는지 설명한다.

우리의 서구적 생활 양식은, 좀 더 정확하게는 스트레스 유발 인자에 대한 우리의 인식은, 아드레날린이 HPA축을 통해 몸속에 지속적으로 분비될 수밖에 없음을 보여준다. 우리 중 몇 명은 아드레날린이 주는 일시적인 각성 효과 때문에 아드레날린 중독자가 된다. 하지만 각성 효과가 끝나면 반드시 무력감이 따라온다. 그럼에도 다시금 각성 효과를 느끼고자 갈등과 극적인 상황을 반복하거나 커피와 같은 각성제를 복용하여 에너지가 완전히 고갈될 때까지 악순환이 반복된다.

코티졸

당신의 몸에는 아드레날린 외에도 코티졸이라는 스트레스 호르몬이 있다. 아드레날린이 분비되기 시작하면 몸속의 코티졸 수치가 올라간다. 아드레날린이 자주 활성화되면 될수록 코티졸 수치도 상승하여 몸에 해를 끼치게 된다. 몸이 코티졸을 만드는 동안에는 건강 증진과 보호 기능을 담당하는 DHEA Dehydroepiandrosterone(디하이드로에피안드로스테론)를 생산하지 않는다. 많은 질병이 낮은 DHEA 수치와 관련이 있고, 높은 코티졸 수치는 지방 축적량을 증가시키고, 기억력과 학습 능력을 감퇴시키며, 골밀도와 근량을 감소시키는 것으로 나타났다.

분노와 면역 체계

분노와 같은 극도의 스트레스 감정 또한 면역 체계를 위협한다. 한 연구에서 참가자들에게 분노와 보살핌 두 가지 다른 감정에 집중하도록 요구했다. 그리고 실험을 하는 동안 참가자들의 분비형 면역글로불린 A의 수치를 측정했다. 면역글로불린 A는 면역 체계의 제1방어선이다. 연구 중 참가자는 단지 분노를 느낀 경험을 떠올리는 것만으로도 6시간 동안 면역 체계가 억제된다는 것을 발견했다. 반대로 연민이나 보살핌의 감정은 면역글로불린 A의 수치를 상승시켰다.

결론

따라서 스트레스가 당연히 몸에 해롭다는 사실을 요약할 수 있겠다. 스트레스는 방어기제를 발동하여 우리가 세포를 재생하거나 해독할 수 없게 만들며, 투쟁-도피 반응을 활성화시켜 우리 몸의 아드레날린과 코티졸 수치를 상승시킨다.

다음은 가장 강도가 강한 스트레스인 트라우마와 트라우마가 몸에 끼치는 악영향에 대해 알아보자.

트라우마

스트레스만큼 많이 논의되지는 않았지만, 트라우마는 누구나 언젠가 한 번은 겪게 된다.

큰 트라우마는 성폭행, 극심한 폭행, 인질 피해, 전투, 테러 공격, 고문, 자연 재해, 심각한 교통사고와 중병 등 생명을 위협하는 모든 것에 해당된다. 폭력은 없었지만 부적절한 성적 경험 또한 어린아이에게는 트라우마가 된다. 이런 트라우마는 우리가 매일 겪지는 않는다. 그러나 작은 트라우마는 자주 일어나고, 어릴 때 겪으면 안정감을 깨뜨릴 수 있다. 작은 트라우마는 예기치 않게 일어나거나 준비되지 않았을 때, 막기에는 무력하거나 자주 일어날 때, 아니면 누군가 의도적으로 우리에게 잔인할 때 특별히 더 충격이 클 수 있다. 가까운 사람의 갑작스러운 죽음, 차 사고, 추락, 스포츠 부상, 수술(특히 유년기의), 중요한 관계가 끊어지거나 중병을 발견하는 것들이 모두 작은 트라우마로 분류된다.

이미 언급한 바와 같이 6살 때까지 겪은 작은 트라우마는 특별히 더 충격적일 수 있다. 왜냐하면 이 시기는 우리가 최면 상태에 있으며 무의식이 형성되는 시기이기 때문이다. 불안정하거나 위험한 환경, 중병, 수술, 부모와의 헤어짐, 신체적·정서적·언어적·성적 학대, 가정 폭력, 따돌림과 방임은 이 시기에 트라우마를 일으킨다.

유년기의 경계 형성

트라우마가 어린아이에게 해로운 이유는 여러 가지가 있다. 그중 하나는 경계 형성과 관련이 있다. 경계 형성은 아이의 발달 과정에 꼭 필요하지만, 경계가 형성되는 과정에서 아이들은 트라우마에 가장 취약하다. 외상 스트레스는 아이의 경계가 붕괴되거나 침해당했을 때 생긴다. 이것은 세상으로부터 안전하다는 느낌을 잃게 만들고, 어른이 되어서도 비슷한 문제를 안게 된다.

외상 심리 전문가 로버트 스캐어 박사는 그의 책《몸은 부담을 견디고 있다The Body Bears the Burden》에서 안전 경계가 무너졌을 때 그 뒤를 잇는 외상성 사건의 심한 정도를 인지하는 데 문제가 생긴다고 설명한다. 새롭게 맞닥뜨리는 암시적 위협을 실제보다 더 충격적으로 받아들이게 된다. 이것은 생존 기제의 일환이다. 왜냐하면 우리의 잠재의식이 우리가 다시 겪고 싶지 않은 사건으로부터 보호하고 있기 때문이다. 하지만 우리가 사소한 일들마저 트라우마로 인식하게 되면, 육체와 정서에 극도로 해로운 영향을 미친다.

후속 위협

생명에 위협을 느낄 때, 우리 몸은 뇌의 몇 가지 경로로 반응하게 된다. 이 과정은 스캐어 박사의《몸은 부담을 견디고 있다》에서 상세하게 설명되어 있고, 우리는 그 기본 원리를 여기서 쉽게 압축해놓았다.

우리 몸이 위협을 감지하게 되면 뇌의 시상부에 신호가 보내진다. 시상부는 뇌 중심에 위치한 조직으로 몸과 뇌를 연결하는 중계소 역할을 한다. 시상부에서 신호를 받으면 뇌의 다른 부위에 정보를 보내게 되는데, 그중 하나가 편도체이다. 신경 세포로 이루어진 편도체는 기억과 정서 반응을 처리하며 정보에 정서적 의미를 부여하는 역할을 한다.

이 정보는 기억을 담당하는 해마체에 전달되어 위협과 관련된 정보의 의식 구조를 형성하게 된다. 처리된 정보는 안와전두피질에 전달된다. 안와전두피질은 위협의 강도를 평가하여 생존 반응을 강화시키거나 진정시키게 한다. 안와전두피질에서 정보를 위협으로 인지하면 시상하부를 활성화하여 HPA축을 작동시킨다. 앞서 논의한 바와 같이 HPA축이 발동하면 아드레날린과 코티졸 수치가 상승하는 결과를 낳는다.

문제는 우리가 트라우마를 겪었다면, 새로운 위협에 대한 평가가 왜곡되어 지속적으로 HPA축을 활성화시키게 된다는 것이다. 스트레스는 코티졸 수치를 높이고 DHEA 수치를 낮추기 때문에 결과적으로 우리의 건강은 악화될 것이다.

동결 반응

몸이 트라우마에 반응하는 방법 중 가장 흥미로운 측면은 동결 반응 freeze response이다. 투쟁·도피·동결 반응 중 가장 잘 규명되지 않은 요소가 동결 반응이다. 우리는 꽤 자주 투쟁-도피 반응에 대해 말하고, 우리의 언어 속에도 투쟁-도피 반응에 관련된 표현들이 많지만, 동결 반응에 대해서는 잘 언급되지 않고 이해하지도 못한다. 오히려 동결 반응은 종종 나약함의 상징으로 잘못 인식된다. 우리는 EFT와 매트릭스 리임프린팅으로 사람들을 치료할 때, 그들이 트라우마를 겪던 시기에 동결 반응을 일으킨 것을 대부분 수치스럽게 생각하는 것을 알 수 있었다. '나는 맞서 싸우지 못했다', '나는 도망쳤어야 했다', '나는 움직이지 않고, 그 일이 일어나도록 내버려두었다'. 그러나 동결 반응은 생존을 돕도록 설계된 생물학적 반응이라는 것을 알아야 한다.

트라우마를 다루는 매트릭스 리임프린팅 기법을 발전시키는 데 로버트 스캐어 박사의 동결 반응에 대한 연구가 많은 도움이 되었다. 그의 연구는 야생의 동물이 트라우마를 겪을 때 보이는 행동을 관찰했다. TV에서 포식동물이 먹잇감을 추격하는 장면을 보면, 포식자가 물기도 전에 먹잇감이 쓰러져 축 늘어지는 것을 목격할 수 있다. 이것은 보통 동물들이 공격이나 도주에 실패했을 때 사용하게 되는 최후의 수단이다.

동결 반응을 일으킬 때 동물들은 몸에 다량의 엔도르핀을 분비시켜 공격받을 때의 고통을 최소화한다. 놀랍게도 종종 포식자는 먹잇감이 움직임을 멈추면 먹잇감에 흥미를 잃게 된다. 이것은 동결 반응을 일으키는 또 다른 생물학적 이유이다.

여기에서 우리의 최대 관심사는 동물이 동결 반응으로 생존에 성공한 후 일으키는 반응이다. 사실상 모든 경우에 있어, 생존에 성공한 동물은 온몸을 떨기 시작한다. 이 반응은 부르르 떠는 것에서 극적인 발작까지 다양하게 있다. 스캐어 박사에 의하면, 떠는 모습을 슬로모션 비디오로 분석해보았을 때 그 모습이 동결하기 직전의 행동, 대개는 달리는 동작과 유사하다고 한다. 그렇게 동물들은 몸을 떨며 심호흡을 하고 식은땀을 흘림으로써 동결 반응을 푼다. 그러고는 방금 전의 시련이 아무렇지도 않은 듯 박차고 일어난다. 떠는 행동을 통해 마치 공격에 대한 모든 무의식 속의 기억을 떨쳐낸 것처럼 보인다.

여러 종류의 포식자를 맞닥뜨리는 가젤은 하루에도 몇 번씩 동결 반응을 일으킨다. 포식자를 발견한 순간에 얼었다가, 위협이 사라지면 가볍게 떨고 다시 이전 활동으로 돌아간다.

인간은 다르다. 우리는 동결 반응을 풀지 않는다. 사실상 우리는 보통 트라우마를 경험한 뒤에 떨고 있으면 진정하라고 권유받는다. 그래서 우리는 트라우마를 저장하게 된다(하지만 어떤 부족 문화에서는 동결 반응을 푸는 관습이 있다). 인상적이게도 동물원에서 사육하거나 인간이 길들인 동물 역시 동결 반응을 풀지 않는다. 그리고 우리는 정신적 충격을 받은 동물원의 동물과 이상행동을 보이는 가축을 자주 볼 수 있다. 그들은 야생에서는 이런 반응을 보이지 않는다.

EFT 마스터인 캐럴 룩Carol Look은 EFT를 통해 과거에 동결 반응을 일으킨 사건으로 돌아가 그 반응을 풀 수 있다는 이론을 처음 제시했다. 우리는 나중에 매트릭스 리임프린팅에서 어떻게 이 이론을 발전시켰는지 알아볼 것이다. 그 전에 우리는 극심한 트라우마를 겪을 때 우리에게 일어나는 일을 더 알아보기로 하자.

에너지 의식
홀로그램

전통적인 심리치료에서는 우리가 극심한 트라우마를 겪을 때, 트라우마로부터 보호하기 위해 우리 자아의 일부가 떨어져 나가 사건의 기억을 흐리거나 차단한다고 본다. 자아의 다른 부분은 자각하지 못하는 상태로 계속 그 사건을 반복적으로 다시 체험하고 있기 때문에 트라우마가 끝나지 못하고 지속된다는 것이다. 우리가 트라우마를 반복 경험하게 하는 부분이 뇌 어딘가에 존재한다고 알려져왔다. 그러나 기억의 흔적이 뇌 속에 남아 있다는 것은 단 한 번도 증명된 적이 없고, 저장된 트라우마를 찾아볼 수도 없었다.

칼이 수년간 트라우마 사례를 집중적으로 다루면서 발견한 것은 트라우마가 우리의 국소장에 저장된다는 것이다. 그의 이론은 우리가 트라우마를 경험할 때, 우리 자아의 일부가 떨어져 나가 심신 밖에서 별개의 에너지 현실을 형성한다는 것이다. 이것을 '에너지 의식 홀로그램 Energetic Consciousness Hologram', 또는 줄여서 'ECHO'라고 부른다. ECHO는 우리를 보호하는 방어기제의 일환으로 트라우마의 에너지를 저장해둔다.

분리된 자아의 개념은 새로운 것이 아니다. 전통적인 상담과 심리치료에서 분리된 자아를 '내면의 아이'라고 일컫는다. 우리가 내면의 아이로부터 영향을 계속 받으며, 트라우마와 스트레스 경험이 계속 반복되는 것도 분리된 자아와의 관계 때문이라는 것은 오래전부터 받아들여온 사실이다. 그러나 분리된 자아가 항상 우리의 내면에 저장되었다고 추측했기 때문에 '내면의 아이'라고 부르는 것이다. 칼은 분리된 자아가 (우리의 내면이 아니라) 우리의 장field 속에 저장된다고 생각하는데, 이것은 전혀 새로운 개념이다. 또한 칼은 우리가 원래의 기억을 떠올리면 장 속의 ECHO에 주파수를 맞추게 되고, 이때 원래 기억의 에너지가 우리 몸속으로 연결되어 돌아온다고 주장한다.

만약 우리가 살면서 (크든 작든 관계없이) 많은 트라우마를 겪게 되면, 그 숫자만큼 ECHO가 존재하게 된다. 이 ECHO는 시간 속에 멈춘 우리의 분리된 자아 같은 것이다. ECHO는 트라우마를 어떻게 겪었는가에 따라 독자적인 인격을 지닌다. 우리가 ECHO에 주파수가 맞춰지면 그 ECHO의 인격을 갖게 된다. 당신이 스트레스를 받을 때 3살이 된 것 같은 기분이나 5살, 7살이 된 기분을 느낀 적이 있을 것이다. 어떤 경우에는 얼굴 표정이나 보디랭귀지가 바뀌는 신체적 변화를 일으킬 때도 있다. 만약 다른 사람들이 이런 반응을 보였다면 마치 당신 앞에 아이가 한 명 있는 것처럼 보였을 것이다. 당신이 직접 경험했다면 스스로 갑자기 아이가 된 것처럼 느꼈을 것이다.

우리는 언제 ECHO에 주파수가 맞춰질까? ECHO는 우리가 외상적 사건을 기억나게 하는 것에 의해 발동된다. 특정한 말투, 눈빛, 단어, 소리, 냄새, 맛, 색깔이 ECHO를 자극할 수 있다. 이것은 잠재의식에 경고를 보내어 ECHO가 반응하게 만든다. 우리는 의식하지 못한 채 갑자기 당시 기억의 에너지에 휩쓸리게 된다. 다른 한편으로 우리는 ECHO에 완전히 압도될 수 있다. 심각한 경우에는 해리성정체장애DID: dissociative identity disorder(이전에는 다중인격장애로 알려져 있었다)를 보이게 된다. 이 경우에

한 사람이 여러 개의 인격을 가지기도 한다. 어떤 사람이 극심한 트라우마를 겪게 될 때 해리성정체장애를 보이는 것은 ECHO가 너무 강력하게 작용해서 그 사람의 정체성을 바꾸게 되는 현상이라고 여겨진다. 해리성정체장애에서 발현되는 인격은 각자 고유의 신체적 특징을 갖고 있다. 심한 경우 한 사람이 어떤 인격에서는 당뇨 증세를 보이는 반면, 다른 인격에서는 당뇨 증세가 없을 정도이다. 그렇다면 해리성정체장애를 갖고 있는 사람은 국소장에 있는 여러 가지 ECHO에 감응하는 것이 분명하다. 만약 다른 인격이 몸 안에 저장되는 거라면 생리적인 변화까지 일으키지는 않을 것이다. 비록 해리성정체장애는 국소장의 ECHO에 감응하는 극단적인 예이지만, 우리 모두 역시 해결되지 않은 트라우마가 있을 때 어느 정도의 감응은 하게 된다.

우리의 ECHO는 우리를 트라우마로부터 보호하기 위해 트라우마를 저장한다. 하지만 그러기에는 많은 에너지가 필요하기 때문에 저장하는 기간에 한계가 있다. 이것은 수많은 트라우마가 미결된 상태로 방치될 때 질병이 생기는 원인 중 하나이다. 그리고 사람이 나이가 들수록 해결되지 않은 트라우마에 더 영향 받게 되리라는 것을 짐작할 수 있을 것이다.

매트릭스 리임프린팅으로 당신은 트라우마를 받은 사건의 에너지를 방출하기 위해 ECHO를 직접적으로 다룰 수 있다. 이것은 당신과 사건의 관계를 바꿀 뿐만 아니라 당신의 유인점도 긍정적으로 바꿀 수 있다. 끌어당김의 법칙을 기억해보자. 당신이 집중하는 것을 당신에게 끌어당기게 된다. 만약 당신의 국소장에 상처 받은 ECHO가 많이 있다면, 당신은 아무리 긍정적인 생각을 하려고 애를 써도 계속 비슷한 사건을 끌어당기게 된다. 그래서 상처 받은 ECHO들의 부정적 에너지를 해소시키면, 반대로 긍정적인 무엇을 끌어들일 수 있게 될 것이다.

트라우마와
질병

　　　　　　　　　　트라우마가 정서에 미치는 영향 역시
파괴적이다. 대부분의 사람들은 여러 단계의 쇼크, 부정과 불신을 겪는
다. 그에 따르는 수치심과 죄책감도 자주 수반된다. 집중력에 영향을 주
고, 불안 증세와 두려움도 흔히 볼 수 있다. 어떤 사람들은 자기 자신으
로부터 분리되어 유체 이탈을 하는 듯한 경험을 하기도 한다.

　이유 없이 몸이 쑤시고 아프거나 병을 앓게 되는 신체적 증상도 자주
볼 수 있다. 미결된 트라우마의 피해자는 갑자기 나타났다 사라지는 증
세 때문에 자주 의사를 찾는다. 사샤 역시 매트릭스 리임프린팅과 EFT를
통해 트라우마를 해결하기까지 이런 증상을 보였다. 그녀는 거의 6주에
한 번씩 감기와 독감에 걸렸고, 심한 피부 발진이나 갑자기 생겼다 사라
지는 부종을 앓았다. 그녀의 건강은 바람이 부는 것처럼 수시로 바뀌었
다. 의사들은 자주 그녀를 미심쩍은 듯 치료했고 건강염려증을 의심했
다. 그러나 매트릭스 리임프린팅과 EFT를 발견한 뒤로 그녀는 몇 년간
사소한 문제 외에는 건강에 아무런 문제가 없었다.

　불면증이나 악몽은 트라우마에 자주 수반되며 두 가지 다 몸의 방어
기제를 활성화한다. 피로감 역시 단순히 수면 부족 때문이 아니라 빈번
한 HPA축의 활성화와 코티졸 수치의 증가 때문에 생기는 증상이다. 이
렇게 되면 쉽게 초조하고 불안해지며 가슴이 자주 두근거리고 잘 놀라
게 된다. 이렇게 긴장된 상태가 지속될 때 건강에 심각한 문제가 생기는
것은 어쩌면 당연한 일일 것이다. 그러나 다행히도 매트릭스 리임프린
팅으로 미결된 트라우마의 부정적인 에너지를 깨끗하게 정화하면 건강
이 다시 회복될 수 있다.

《힐 유어 바디Heal Your Body》라는 저서에서 루이스 헤이는 삶에 대한 우리의 태도와 언어가 특정 질병을 유발할 수 있다고 설명한다. 이 놀라운 책은 그녀가 스스로 암을 치유하고 여러 사람들의 케이스를 공부하고 나서 얻은 직관으로 쓰여졌다. 흥미롭게도 그녀의 직관을 증명하는 과학 연구 분야가 있다. 이 연구 분야는 메타-메디신META-Medicine®으로 알려진 게르만 뉴 메디신German New Medicine®에서 나온 것이다. 이것은 치료 요법이 아니라 스트레스와 트라우마, 그리고 질병과의 관계를 보여주는 진단 도구이다.

2004년 켄터키대학교의 심리학자인 세거스트롬Segerstrom과 밀러Miller 박사는 거의 모든 질병이 스트레스와 연관이 있다는 것을 밝혔다. 그러나 어떤 질병이 어떤 스트레스와 구체적 연관이 있는지는 서양 의료 모델에서 밝혀지지 않았다. 메타-메디신에 의하면 뇌의 각 특정 부위가 특정 장기와 연결되어 있다고 한다. 발반사요법에서 발에 연관된 인체 여러 장기가 그려진 도표와 비슷하다고 생각할 수 있다. 메타-메디신에서는 어떤 사람이 특정 스트레스를 받으면, 그 문제를 풀기에 가장 적합한 장기가 기능을 변화시켜 스트레스를 극복할 수 있게 도와준다고 인식한다. 그러는 동안 정서 정보를 담은 에너지가 장기와 상응하는 뇌의 특정 부위에 갇히게 된다. 흥미롭게도 메타-메디신에서는 뇌의 CT 스캔 영상을 보면 특정한 정서 정보 에너지가 영향을 받은 장기와 상응하는 뇌의 특정 부위에 고리 모양으로 나타난다고 한다. 메타-메디신 CT 스캔 판독 장치는 어떤 장기가 스트레스를 받는지 혹은 회복하고 있는지 알 수 있게 해준다.

이렇게 정확한 진단 도구 덕분에 우리는 어떤 트라우마가 어떤 질병을 불러왔는지 알 수 있게 되었고, 매트릭스 리임프린팅으로 해결할 수 있게 되었다. 영국의 메타-메디신 연구소장이자《나는 왜 아픈가Why Am I Sick?》의 저자인 리차드 플룩Richard Flook은 메타-메디신과 매트릭스 리임프린팅은 '천생연분'이라고 말하기 좋아한다. 왜냐하면 메타-메디신은 트라우마의 근원을 찾을 수 있게 도와주고, 매트릭스 리임프린팅은 트라우마를 해결하는 가장 좋은 방법이기 때문이다(메타-메디신에 대한 정보는 참고 자료를 읽어보기 바란다).

유년기 트라우마가 어떻게 질병 주기를 유발하는가

수년간 '중병을 위한 EFT'를 가르친 칼은 병의 진행 과정에서 하나의 주기를 발견하게 되었고, 매트릭스 리임프린팅의 실습생과 의뢰인들이 이에 대해 공감했다. 물론 이 주기는 사람마다 편차가 있고, 일정한 주기도 아니며, 고정 주기도 확정 주기도 아니다. 무엇이든지 모형으로 단순화하면 어느 정도 일반화가 되기 마련이다. 그러나 이 주기는 이제까지 다루어본 대부분의 질병 진행 과정과 일치하는 것으로 보인다.

우리는 질병의 진행이 6살 때까지 형성된 부정적인 핵심 신념에서 시작된다고 믿는다. 우리는 앞서 6살 때까지의 경험이 얼마나 중요한지 설명한 바 있다. 이 시기에 받은 스트레스, 이 시기에 갖게 된 세계관과 그 속에서 자기의 위치, 압박, 트라우마, 자존감이나 자긍심을 훼손한 모든 일이 미결된 채 남으면, 나중에 건강과 행복에 영향을 미치게 된다. 또한 우리는 ECHO에 저장된 트라우마 주변에 에너지 막이 형성되어 우리를 보호하지만 시간이 지나면 보호 효과가 사라지게 된다는 것 또한 배웠다. 이것이 우리가 나이가 들수록 병의 진행이 빨라지는 이유이다.

많은 아이들이 어릴 때 버릇없고, 수줍고, 바보 같고, 자격이 없고, 이

기적이고, 단정하지 않고, 게으르다는 말을 듣는다. 이것은 부정적인 성향의 독백을 만들며, 스트레스가 지배적인 삶의 특징이 되게끔 한다. 많은 아이들이 자기가 부족하며, 예쁘지 않고, 똑똑하지 않으며, 빠르지 않고, 특별하지 않다는 믿음을 형성하게 된다.

그리고 급변하는 세상에서 안 좋은 식습관과 생활 습관을 피하기 어려운 것 역시 고려해야 한다. 안 좋은 식습관은 어릴 때 시작되거나 어른이 되어서 생기지만, 이것은 우리 건강에 큰 압박을 줄 수 있다.

어릴 때 갖게 된 부정적인 신념은 성장해온 환경과 생활의 압박에 의해 강화된다. 대개는 부정적인 신념을 심어준 사람이 정기적으로 그 신념을 보강한다. 하지만 그들을 탓할 수만은 없다. 왜냐하면 그 사람 역시 살면서 비슷한 경험을 했으며 행동장에 특정 행동을 하도록 각인되어 있어서 그러는 것이기 때문이다.

우리가 만일 어릴 때 운 좋게 병을 앓지 않았다 하더라도, 나이가 들면서 질병 주기에 걸려든 사람은 자주 병에 감염되고, 감기나 독감에 걸리는 성향이 있다. 문화적으로 우리는 이런 질병에 항생제와 약을 복용하도록 권장해왔다. 하지만 이는 몸의 산성도를 높이고 장내 유익균을 파괴하며 칸디다균에 감염될 확률을 높인다. 칸디다균이 득세하게 되면, 장내 유익균이 영양소를 흡수하는 능력을 잃게 되고, 독소가 쌓여 면역 체계가 더 약해진다. 이럴 경우 대부분의 사람들은 알레르기나 음식 과민증이 생긴다.

그렇게 되면 몸은 지속적인 스트레스를 받는다. 대표적인 증세가 HPA 활성화의 증가와 부신의 과부하, 그리고 코티솔 수치의 증가이다. 결국에는 체력과 정신력이 저하되고 증세마저 악화된다.

만약 이 모든 것이 절망적으로 보이더라도 실망하지 말기를 바란다.

왜냐하면 해결책이 있기 때문이다. 매트릭스 리임프린팅으로 당신은 트라우마를 극복하고 스스로를 제한하는 믿음을 바꾸어 당신의 삶을 치유할 수 있다.

Matrix Reimprinting Using EFT

2 / 부

에너지 심리학

TFT와 EFT

4장

에너지 심리학에 해당하는 치료 기법은 여러 가지가 있다. 여기서 우리는 구체적으로 TFT와 EFT에 초점을 맞출 것이다. 왜냐하면 이 기법은 칼이 매트릭스 리임프린팅을 만들도록 인도한 기법이기 때문이다. 당신은 매트릭스 리임프린팅 기법을 사용하기 위해 EFT에 대한 기본적인 지식만 알고 있으면 된다.

만약 당신이 이미 EFT 또는 TFT 전문가라면 이 장은 건너뛰어도 좋다.

TFT에서 EFT까지 간략한 역사

1980년대에 미국의 최면술사이자 심리치료사인 로저 칼라한Roger Callahan은 TFTThought Field Therapy 기법을 개발하게 된다. 이것은 그가 우연히 환자의 공포증을 직감적으로 해결하면서 만들어졌다.

칼라한은 중국의 침술에도 쓰이는 경락 체계를 공부하고 있었다. 당시 그는 물공포증 환자를 치료하고 있었는데, 그녀가 위통을 호소했다. 칼라한은 직관적으로 위의 혈자리인 눈 밑을 찾아 두드려보았다. 잠깐 두드리자 그녀는 물공포증을 극복했다고 소리치며 상담실 밖의 수영장에서 시험을 해보겠다고 뛰어나갔다. 그녀는 곧바로 자신이 치유되었음을 확인했다.

칼라한은 그가 엄청난 것을 발견했다는 것을 눈치챘다. 그는 공포증과 정서적 문제가 경락 체계에 어떤 연관이 있는지 연구하기 시작했다. 그래서 TFT가 만들어졌다. 그는 일종의 처방처럼 불편한 부위에 따른 혈자리를 두드리는 일련의 알고리즘을 만들었다.

칼라한에게는 몇 명의 제자가 있었다. 그중 한 명이 게리 크레이그였다. 그는 스탠포드 공과대학을 졸업했지만 자기개발에 대한 열정이 커서 자기개발 코치가 되었다. 그는 칼라한의 연구에 심취해 있었고, 그 이론을 스스로 실험해보았다. 그는 TFT를 더 간단하고 접근하기 쉽게 만드는 방법이 없을까 고민했다.

크레이그는 여러 가지 알고리즘을 실험하는 데 시간을 보냈다. 그는 하나의 기본적인 방법으로 응축시키려고 여러 가지 시도를 해보았고, 그 결과는 늘 비슷하다는 느낌을 받았다. 이 방법의 장점은 사람들이 스스로 터득할 수 있고 TFT의 알고리즘에는 없는 다양한 문제에도 사용할 수 있다는 것이다. 그래서 게리 크레이그는 그가 만든 EFTEmotional Freedom Technique를 세상에 알리게 됐다.

그가 EFT에 대한 책을 쓸 때쯤, 100만 명이 넘는 사람들이 세계 각지에서 웹사이트를 통해 EFT 매뉴얼을 다운로드 했다. EFT는 전 세계적으로 의료 서비스 기관, 학교, 그리고 치료실에서 사용되었다. EFT는 디팩 초프라Deepak Chopra와 놈 쉴리Norm Shealy, 에릭 로빈스Eric Robbins와 같이 세계적으로 잘 알려진 의사들도 사용하고 있다. 자연건강산업 웹사이트 중에서 가장 인기 있는 웹사이트를 운영하는 조지프 머콜라Joseph Mercola 박사도 EFT를 사용한다. 분자생물학자 브루스 립튼도 EFT를 추천한다. EFT의 인기가 치솟았던 건 빠르고 쉽게 사용할 수 있고 난치병에도 효과를 볼 수 있기 때문이었다.

게리 크레이그와 도슨 처치는 외상 후 스트레스 장애PTSD: post-traumatic stress disorder를 갖고 있는 참전 용사에 대한 몇 가지 중요한 연구를 했다. 이 환자들은 단 여섯 번의 EFT 세션으로 상태가 크게 개선되었다.

EFT의 원리

우리는 여기서 EFT를 간소화한 버전으로 가르쳐줄 것이다. 매트릭스 리임프린팅을 하기 위해서는 EFT에 대한 기본 지식만 필요하기 때문에 EFT 과정을 간소화하는 것이다. 우리가 소개하는 EFT는 게리 크레이그의 방식과 별개이니 전통적인 EFT에 대해 공부하고 싶다면 책 뒤의 참고 자료를 읽어보기 바란다.

EFT는 중국 한의학에 근간을 두고 있으며 손가락으로 경락을 두드리는 치료법이다. 혈자리를 가볍게 두드리는 동안 부정적인 기억 때문에 생긴 신체적 증상을 말로써 구체적으로 표현한다. 이것은 스트레스와 신체적 문제를 해소하여 정서적 건강과 신체적 건강을 되찾도록 도와준다.

어떻게 작용하는 것일까? 당신이 건강한 상태에 있을 때, 에너지가 경락 체계를 통해 원활하게 흐른다. 이것은 수천 년 동안 태극권과 기공, 경락 마사지 등을 통해서 알려졌으며 이 기법은 에너지의 흐름을 도와주도록 설계되어 있다. 트라우마와 스트레스는 여러 가지 형태로 에너지 흐름을 차단한다. 만약 에너지가 제대로 흐르지 않고 있다면 신체의 중요 기관까지 에너지가 도달하지 않기 때문에 병에 걸리게 된다.

감정이 몸에 주는 영향

우리는 이미 부적절한 정서 반응이 건강에 악영향을 준다는 것을 배웠다. 이 반응은 우리 경험과 연관된 잠재의식에 의해 촉발된다. 따라서 당신이 어떤 일을 겪을 때 특정한 반응을 보인다면 잠재의식에 의한 것이거나 그 일이 과거의 경험을 떠올렸기 때문이다. 우리는 각자 다른 경험을 하면서 다른 촉발제를 만들었기 때문에 우리는 특정 상황에 제각기 다른 반응을 보이게 된다.

흥미로운 점은 우리가 트라우마를 기억할 때, 우리 잠재의식이 그 사건이 현재 일어나는 것인지 아니면 과거에 일어났던 일인지 구분하지 못한다는 것이다. 두 경우 다 몸에서 똑같은 화학 반응이 일어난다. 우리는 이 상황을 생각보다 자주 겪는다. 부끄러웠던 일을 떠올리면 움츠러들거나 얼굴이 붉어지지 않는가? 이것은 정신이 몸을 지배하는 현상이며, 당신의 몸이 마치 지금 일어나는 일처럼 창피함을 경험하고 있다는 증거이다.

EFT로 바꿀 수 있는 것

EFT를 통해서 당신은 부정적인 감정, 신체 증상, 사고방식 또는 행동을 떠올린 다음 그것을 해소할 수 있다. EFT가 당신이 삶에서 겪을 수 있는 일에 대한 자연적 반응을 바꾸는 것은 아니지만 건강에 좋지 않은 반응은 개선할 수 있다. 예를 들어 가까운 사람이 세상을 떠났을 때 느끼는 자연스러운 슬픈 감정을 없애지는 않을 것이다. 하지만 그 사람을 떠나보내기 싫어서 슬픔을 계속 간직하는 일을 끝낼 수 있게 도와줄 것이다.

EFT에 대한 오해

EFT는 플라시보가 아니다. EFT는 당신이 EFT를 믿는지의 여부에 관계없이 효과적이기 때문이다. 우리는 문구를 반복적으로 말하면서 경혈을 두드리면 정서적·육체적 건강을 개선할 수 있다는 것이 서양 의학 모델에서는 설득력이 없다는 것을 알고 있다. 그렇지만 이제는 이것을 뒷받침할 증거가 많이 있다(참고 자료를 보기 바란다).

EFT에 대한 많은 오해가 있다. EFT가 주의분산 요법이 아니라는 것을 확실하게 짚고 넘어가고 싶다. 주의분산 요법은 문제로부터 주의를 돌리지만 EFT는 그 문제에 집중한다.

이것은 노출 요법Exposure Therapy도 아니다. 노출 요법은 내담자가 자기의 두려움에 직면하게 만들지만, EFT는 긴장을 풀고 문제를 상쇄시킨다. EFT가 증상을 대체하는 것도 아니다. 증상 대체는 한 가지 문제를 새로운 문제로 대체함으로써 없애는 것이다. EFT는 문제를 대체하는 것이 아니라 해결하는 치료 요법이다.

또한 EFT는 대화치료법이 아니다. 대화치료는 의식이 있는 상태에서만 이루어지지만, EFT에서는 의식과 잠재의식 두 가지 모두 다룬다. 대화치료를 통해 고쳤다고 생각한 문제도 혈자리를 두드리기 시작하면 다시 격렬한 감정을 불러일으킬 수 있다. 당신이 의식적으로 문제를 해결했을지 몰라도 잠재의식에서는 해결되지 않았기 때문이다.

성공률

충분한 경험과 자격을 갖춘 EFT 전문가들은 치료에 거의 95퍼센트 성공 확률을 보인다. 초보자들도 약 50퍼센트의 성공 확률을 보인다. 따라서 EFT 요법을 사용해서 자기에게 맞는지 확인한 다음 원하는 결과를 얻지 못하고 있다면 자격을 갖춘 전문가와 상담하기를 권한다.

EFT 기본 지침

1단계 | 문제 확인하기

당신이 다루고 싶은 문제가 신체적인 문제이거나 정서적인 문제일 수 있다. 당신이 생각하는 습관이나 행동 패턴을 다룰 수도 있다. 우리가 EFT에서 문제를 다루는 이유는 그 문제 속에 몸 에너지의 혼란이 있기 때문이다. 문제를 해결함으로써 에너지 혼란을 해소할 수 있다.

문제를 구체적으로 다룰수록 효과적인 결과를 거둔다. 예를 들어 두려움에 관한 것이라면, 두려움의 여러 가지 다른 요소들로 나누어볼 수 있다. 두려움을 느낄 때 가슴이 두근거린다거나, 위가 메스껍다거나, 가슴이 무겁게 느껴지는 등 구체적인 증상으로 나누어보자. 그다음 각 요소를 한 번에 하나씩 EFT 지침을 통해 해결해본다. 가장 어려운 부분을 먼저 다루기 바란다.

2단계 | 고통 지수 측정하기(10점 만점에 몇 점)

다루는 증상이나 문제에 대해 1에서 10까지 고통 지수를 매긴다. 문제가 전혀 없는 상태를 0, 가장 견디기 힘든 정도를 10으로 한다. 이 측정 방법은 SUDSSubjective Unit of Discomfort Scale(불편함에 대한 주관적인 측정값) 수치라고 알려져 있다.

이 수치는 반드시 현재에 느끼는 고통의 정도를 말해야 한다. 예를 들어 메스꺼운 증상이 있다면 지금은 어느 정도인가? SUDS상으로 10은 상상하기 힘들 정도로 아픈 정도이고, 1은 거의 느끼지 못하는 정도이다. 다루는 문제에 값을 매기는 이유는 EFT 지침을 반복할수록 문제가 개선되는 것을 확인하기 쉽게 해주기 때문이다.

3단계 | 수용 확언 만들기(자기 문제를 인정하기)

수용 확언은 변화에 대한 거부 반응을 극복하기 위한 방법이다. EFT에서 변화에 대한 저항을 '심리적 역전'이라고 부르며 수용 확언은 무의식적으로 문제나 사건을 붙들고 놓아주지 않으려는 경향을 극복하도록 도와준다.

손날에 있는 타점을 가볍게 두드린다(102쪽의 그림을 참고하도록 한다). 이 타점은 새끼손가락과 같은 선상에 있는 살집 많은 부분에 위치한다. 반대쪽 손의 검지와 중지 끝으로 두드린다. 두드리는 동시에 수용 확언을 크게 말한다. 수용 확언은 다음과 같다.

나는 비록 [구체적인 증상 또는 문제가] 있지만, 이런 나를 마음속 깊이 받아들이고 사랑합니다.

예시:

- 나는 비록 배가 아프지만, 이런 나를 마음속 깊이 받아들이고 사랑합니다.
- 나는 비록 가슴이 두근거리지만, 이런 나를 마음속 깊이 받아들이고 사랑합니다.

손날 타점을 가볍게 두드리면서 수용 확언을 세 번 반복해서 말한다. 이것은 심리적 역전을 둘러싼 에너지를 분산시킨다.

항상 심리적 역전이 있는 것이 아니기 때문에 수용 확언은 필수 조건이 아니다. 초심자는 수용 확언을 포함시킬 것을 추천한다. 경험이 쌓이면서 수용 확언을 쓰지 않고도 같은 효과를 거두는지 실험해보기 바란다.

수용 확언의 어순이나 단어에 어느 정도 변화를 줄 수 있다는 것을 유념해주기 바란다. '나 자신을 온전히 사랑하고 받아들입니다'라고 말하든지, '나 자신을 마음속 깊이 사랑하고 받아들입니다', '나 자신을 사랑하고 받아들이도록 노력할 것입니다', 혹은 '나는 괜찮습니다'라고 말할 수 있다. 개인의 선택의 문제이므로 자기가 옳다고 느끼는 표현을 쓰면 된다.

4단계 | EFT 과정: 연상 어구와 함께 가볍게 두드리기

연상 어구(문제의 요약)

연상 어구를 만든다. 연상 어구는 문제에 계속 주의를 기울일 수 있도록 도와준다. 이것은 수용 확언의 요약형이다. 만약 당신의 수용 확언이 '나는 비록 가슴이 두근거리지만, 나 자신을 온전히 받아들이고 마음속 깊이 사랑합니다'였다면, 연상 어구는 '두근거리는 가슴'이 된다.

가볍게 두드리기

EFT 타점을 가볍게 두드리는 것은 경락 체계의 에너지 순환을 회복시킨다. 102쪽의 그림을 보고 타점을 확인한다. 각 타점을 순서대로 검지와 중지 끝으로 두드린다(정수리 타점을 칠 때는 한 쪽 손의 네 손가락으로 두드린다). 각 타점을 두드리면서 연상 어구를 반복해서 말한다.

두드리는 강도는 개인의 취향대로 조절하면 된다. 이때 타점에 자극이 가도록 어느 정도 힘을 주되, 불편함을 느낄 정도로 세게 두드리지는 말자. 칼과 사샤는 아주 부드럽게 두드리는 것을 좋아한다.■

정수리부터 시작하여 몸 아래로 가볍게 두드리고 마지막은 손날 타점을 두드리면서 마무리한다. 각 타점을 약 일곱 번 정도 두드린다. 횟수가 더 많거나 적어도 크게 상관은 없다. 그리고 어느 한 점을 놓치더라도 크게 신경 쓰지 말자.

코 밑이나 턱의 타점을 제외한 나머지는 모두 몸의 양쪽에 위치

■ 두드리기는 부드럽게 하면서 자기의 감정 혹은 불편함에 마음을 집중하는 것이 더 효과적이다.

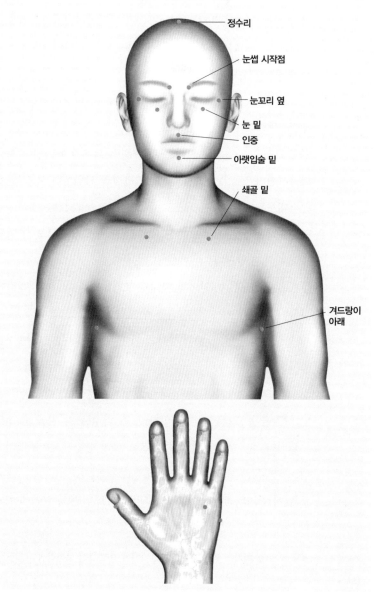

EFT 두드리기 타점

- 정수리
- 눈썹 시작점
- 눈꼬리 옆
- 눈 밑
- 인중
- 아랫입술 밑
- 쇄골 밑
- 겨드랑이 아래

한다. 왼손이나 오른손을 사용해도 되고, 몸의 한쪽만 두드리거나 몸의 좌우를 둘 다 두드려도 상관없다. 타점을 좌우 교차로 두드려도 괜찮다.

다음 순서와 같이 타점을 가볍게 두드리면서 연상 어구를 반복해서 말한다.

• 먼저 정수리를 손가락 모두 이용해서 두드린다.
• 그다음 눈썹이 시작되는 안쪽 타점을 두드린다.
• 그다음 눈 바깥쪽 뼈 모퉁이에 있는 눈꼬리 옆을 두드린다.
• 그다음 동공에서 손가락 한 마디 정도 아래에 있는 눈 밑을 두드린다.
• 그다음 코 아래 인중을 두드린다.
• 그다음 아랫입술의 중간 바로 밑을 두드린다.
• 그다음 쇄골 타점을 두드린다. 쇄골이 만나는 지점의 'U'자 모양을 찾는다. 보통 넥타이를 멨을 때 매듭이 있는 부분이다. 'U'자 모양 아래 양쪽 옆 움푹 들어간 부분이 쇄골 타점이다(K-27이라고도 알려져 있다).
• 그다음 팔 아래 겨드랑이 밑 부분을 두드린다. 이 타점은 남성의 경우 젖꼭지와 같은 선상에 있으며 여성의 경우 브래지어가 둘러진 부분이다.
• 추가로 손목 앞 가운데 쪽 타점을 두드려도 된다.
• 나머지 타점은 각 손가락마다 있다. 손바닥을 마주 봤을 때

손톱의 각 귀퉁이를 두드린다.

• 마지막으로 손날 타점을 두드린다.

이것으로 EFT 타점 두드리기 과정이 끝난다.

두드리기 과정이 한 번 끝난 다음 증상에 변화가 있는지 확인하기 위해 고통 지수를 다시 측정한다. 증상이 완전히 사라졌거나 완화된 것을 느낄 수 있을 것이다. 아직 불편함이 남아 있거나 증상이 심해졌다면 두드리기 과정을 반복한다.

고통 지수가 0이 될 때까지 두드리기 과정을 반복한다. 만약 같은 증상을 다루고 있다면 매회 수용 확언을 얘기할 필요가 없다. 하지만 만약 증상이 몸의 다른 부위로 옮겨 가거나 새로운 문제를 다루기 시작하면(예를 들어 가슴 두근거림에서 메스꺼움으로 바꿀 때), 새로운 수용 확언을 만들어야 한다.

만약 문제가 0으로 해소되었고, 더 이상 다른 증상이 없다면 해결 여부를 확인하기 위해 원래 느꼈던 감정이나 고통을 떠올려본다. 눈을 감고 문제를 생생하게 연상해본다. 만약 아무런 고통이 남아 있지 않다면 특정 부분의 증상이나 문제가 완전히 해소된 것이다. 만약 아직 약간의 고통이 남아 있다면 아직 작업이 끝난 것이 아니다.

8단계 | 반복하기

결과를 확인해봤는데 문제가 남아 있다면, 없어질 때까지 두드리기 과정을 반복한다.

EFT 지침
다지기 과정

EFT를 다지는 과정은 기초 과정을 단련하고 결과를 향상시키기 위함이다.

수용 확언 다지기

문제에 더 집중하려면 수용 확언에 감정을 실으면서 소리 내어 말해야 한다. 또한 EFT로 효과적인 결과를 거두려면 수용 확언이 구체적이어야 한다. 만약 수용 확언이 너무 추상적이면 문제에 제대로 집중할 수 없다. 예를 들어보자.

- 광범위한 수용 확언: 비록 남자들이 나를 거부하지만…
- 구체적 수용 확언: 비록 글렌이 발렌타인데이에 나를 떠났지만…
- 광범위한 수용 확언: 나는 비록 걱정이 많지만…

- 구체적 수용 확언: 나는 비록 가슴이 두근거리지만…

통증 따라가기

EFT를 하면서 특정한 증상이나 문제를 연상하며 두드리기 시작하면, 통증 부위가 몸의 다른 부위로 옮겨 가는 것을 자주 겪게 된다. 부위에 따라 강도도 달라질 수 있다. 이것을 색깔과 모양, 크기로 생각해본다면 몸속을 돌아다니면서 변화하는 것처럼 보일 수 있다. EFT에서는 이것을 '통증 따라가기chasing the pain 기법'이라고 표현한다. 통증 부위가 바뀔 때마다 새로운 수용 확언과 연상 어구를 만든다. 따라서 '다리의 묵직함'이 '위의 더부룩함'으로 바뀔 수 있다. 새로운 증상이 나타나면 그 통증을 따라가면서 수용 확언과 연상 어구에 묘사하고 증상이나 문제가 해결될 때까지 두드리기 과정을 반복한다.

결과 시험하기

성공 여부를 확인하기 위해 항상 문제를 재측정한다. 문제가 해결된 것처럼 보이기 때문에 이 과정이 불필요해 보일 수 있다. 하지만 결과를 확인하면서 문제가 정말 해결됐는지 판단할 수 있다. 사건을 생생하게 떠올리면서 결과를 확인한다.

인내심 가지기

EFT 과정을 금방 끝내는 사람도 있지만, 때때로 어떤 사람은 시간이 더 오래 걸리기 때문에 인내심을 갖고 해야 한다. EFT의 목적은 문제의 강도가 0이 될 때까지 하는 것이기 때문에, 성공할 때까지 반복해서 두드려야 한다. 고통 지수를 다시 평가하고 EFT 과정을 필요한 만큼 반복한다.

인지 변화에 유의하기

인지 변화는 과거 상황에 대한 생각의 변화가 있을 때를 말한다. 인지 변화가 일어나면 기억이나 사건을 다른 방식으로 경험하게 된다. 변화된 증거가 단어 선택에 나타날 수 있다.

- 과거에 일어난 일일 뿐이다.
- 이미 지나간 일이다.
- 나는 안전하다.
- 나는 그 일을 통해 배운 점이 있다.
- 나는 다음 단계로 넘어갈 준비가 됐다.

인지 변화는 EFT 과정이 효과적이라는 것을 입증해준다. 따라서 만약 생각이나 단어 선택에 긍정적인 변화가 있다면 EFT가 효과적이라는 것을 깨닫게 될 것이다.

문제 해결하기

EFT는 예를 들어 불안함에 수반되는 가슴 두근거림과 같이, 어떤 사건에 수반되는 증상을 떠올리며 쓸 수 있다. 그러나 EFT의 목적은 문제의 핵심을 파악하여 불안함이 애당초 왜 생겼는지를 알아내어 해결하는 것이다.

삶의 한 경험이 그 문제를 만들어냈을 수도 있다. 불안함을 예로 들자면, 한 가지 트라우마가 너무 충격이 컸기 때문에 불안한 상태가 여러 상황에서 쉽게 나타날 수 있다. 그러나 대부분의 문제는 복잡하고 여러 가지 원인이 있을 수 있다. EFT에서는 복합적인 원인을 다양한 양상

aspect이라고 표현한다.

문제의 여러 곁가지가 모두 하나의 양상이고, 문제의 핵심을 파악하기 위해 때로는 여러 양상을 해결해야 한다. 우리는 한 가지 습관을 반복하기 쉽기 때문에 여러 가지 비슷한 상황을 끌어당겨 문제를 더 복잡하게 만든다. 따라서 같은 주제를 다루더라도 얽힌 사건이 많이 있을 수 있다.

거미공포증에 대해 한번 알아보자. 어쩌면 거미공포증이 엄마가 거미를 보고 비명을 지르는 것을 목격하면서 시작된 것일 수 있다. 이것은 한 가지 양상이다. 하지만 관련된 양상이 더 많이 있을 수 있다. 예를 들어 누군가 당신의 등 뒤에 거미를 떨어뜨리는 장난을 쳤거나, 침대보를 갈 때 거미가 튀어나왔거나, 계단 위의 거미 때문에 위층으로 올라가기가 겁난 적이 있을 수 있다. 따라서 문제가 완전히 해결되기까지 거미공포증에 얽힌 기억을 모두 되짚어야 할 수 있다.

같은 문제에도 다양한 양상이 있을 수 있다. 당신의 등 뒤에 거미를 떨어뜨리던 일을 다시 떠올려보자. 한 가지 기억이지만 당신이 공포를 느낀 순간이 몇 가지 있을 수 있다. 하나는 반 친구가 거미를 집어 올리는 순간이고, 다음은 거미를 집은 채 당신 앞으로 달려오는 순간, 세 번째는 얼굴에 거미를 들이미는 순간, 그리고 네 번째는 등 뒤로 거미를 떨어뜨리는 순간일 수 있다. 각 양상이 해결돼야 고통의 강도가 완전히 사라질 수 있다. 각 양상은 다른 감정이 떠오를 때마다 새로운 수용 확언이 필요하다.

모든 양상을 짚고 넘어가면 문제가 해결될 것이다. 따라서 EFT의 효과는 영구적이더라도 만약 모든 양상을 살펴보지 않았다면 문제가 해결되지 않은 것처럼 보일 수도 있다.

만약 문제가 개선되는 것 같지 않다면, 한 가지의 양상에 끝까지 집중하지 않았기 때문일 수 있다. 예를 들어 불안함이 가슴을 두근거리게 하고 위가 더부룩하게 만든다면, 각 양상마다 EFT 과정을 거쳐야 한다. 만약 한 가지 양상을 다루던 도중 다른 양상으로 넘어가버리면 결과의 효과를 보지 못하고 문제가 전혀 개선되지 않는 것처럼 보일 수 있다. 각 양상을 따로따로 다루고, 매듭을 하나씩 풀어나가야 한다.

예를 들어, 선생님에게 꾸중을 듣고 교실 밖에 서 있던 기억이 있다고 가정해보자. 기억을 다룰 때도 다양한 양상을 되짚어보면서 유사한 과정을 거쳐야 한다. 선생님이 소리를 지를 때 느낀 충격, 교실 밖으로 쫓겨날 때의 부끄러움, 혼자 복도에 서 있으면서 느낀 고립감과 같은 양상이 있을 수 있다. 각 양상은 효과적인 결과를 거두기 위해 개별적으로 다루어야 할 필요가 있다. 각 양상마다 반드시 새로운 수용 확언을 만들고 두드리기를 반복해서 해결해야 한다.

일반화 효과

어떤 경우에는 각 양상을 해결하는 일이 불필요할 수 있다. EFT에는 '일반화 효과generalization effect'라고 알려진 현상이 있다. 비슷한 주제의 기억을 몇 가지 해결하다 보면, 다른 관련된 기억들도 당신에게 아무런 영향을 미치지 않게 될 수 있다. 만약 같은 주제와 관련된 기억의 고통 지수가 9에서 10인 경우, 고통 지수가 높은 기억을 몇 가지만 해결해도 다른 연관 기억을 아무렇지 않게 떠올릴 수 있다.

문제의 극치

EFT는 종종 놀랄 만큼 빠른 결과를 거둘 때가 있다. 가끔은 너무 빠르고 쉽게 해결되어버려서 다른 것이 도움이 되어 해결된 것이라고 생각하게 된다. 누군가 EFT의 효과로 좋아진 것을 다른 무엇인가가 도움이 되어 일어난 결과라고 주장할 때, 이것을 '문제의 극치'라고 말한다.

이 문제를 극복하기 위해서는 처음에 문제 확인을 할 때 분명하게 소리 내어 말하고, 원하는 결과를 종이에 적어서 EFT가 끝난 다음 원하는 결과를 획득했는지 확인한다.

EFT 심화 과정

EFT의 기초를 어느 정도 익혔다면, 다음 두 기법으로 문제 해결 능력을 향상시키자. 이 기법은 구체적인 문제를 다룰 때 효과적이고 매트릭스 리임프린팅 기법을 사용하는 데 좋은 발판을 마련할 것이다.

만약 충격이 심한 트라우마가 있다면 이 기법을 참고만 하고, EFT 전문가(만약 매트릭스 리임프린팅을 공부하고 싶다면 매트릭스 리임프린팅 전문가가 좋다)와 상담하거나 EFT 및 매트릭스 리임프린팅 훈련 과정을 수강하기를 권한다(세부 사항은 참고 자료를 보라).

하나의 장면 바꾸기

EFT 기초 과정을 잘 익혔다면, 이것을 과거의 기억을 바꾸는 데 사용할 수 있다. 기억의 어느 한 순간, 이미지 또는 장면을 바꾸어볼 것이다. 누군가가 했던 말이나 기억하고 있는 소리도 바꿀 수 있는 대상이다.

작은 사건을 고르자. 다시 말해서 극심한 트라우마가 아니어야 한다. 하지만 어느 정도 신경이 쓰여서 그 일을 떠올릴 때면 몸이나 감정의 변화가 있을 정도의 사건이어야 한다.

1단계 | 감정 확인하기

어떤 감정인가? 몸의 어디에서 느끼고 있는가? EFT의 기본 과정을 반복하여 그 감정에 대한 느낌이 없게 만든다. 예를 들어 당신이 슬픔을 느끼고 있다고 가정해보자. 먼저 슬픔의 정도를 1에서 10까지의 고통 지수로 정한다. 그다음 손날 타점을 두드리면서 수용 확언을 세 번 소리 내어 반복한다. '나는 비록 슬프지만, 이런 나를 마음속 깊이 받아들이고 사랑합니다.' 그다음 모든 타점을 정수리부터 시작하여 몸 아래로 내려오면서 연상 어구를 반복한다. '이 가슴속의 슬픔.' 그리고 고통 지수가 0이 될 때까지 이 과정을 반복한다.

2단계 | 오감으로 확인하기

다시 같은 장면을 떠올려보자. 무엇을 보고, 느끼고, 들었으며, 어떤 냄새와 어떤 생각이 떠올랐는가? 이중 어떤 건 몸에 화학 반응을 일으킬 정도의 감정을 느끼게 할 것이다. 다음과 같은 예가 있다.

- 피를 본 순간을 기억할 때마다 발끝이 오그라든다.
- 도망치지 못했을 때 다리에 두려움이 느껴졌다.
- 비명을 들었을 때 가슴이 두근거렸다.
- 탄 냄새를 맡을 때 속이 메스꺼워졌다.
- '견딜 수 없었다'는 생각을 떠올릴 때 숨이 턱턱 막힌다.

위의 증상에 대한 수용 확언은 다음과 같다.

- 나는 비록 피를 볼 때 발끝이 오그라들지만, 나 자신을 온전히 받아들이고 마음속 깊이 사랑합니다.
- 나는 비록 다리에 두려움을 느끼지만…
- 비록 그 비명은 내 가슴을 두근거리게 하지만…
- 비록 그 타는 냄새가 속을 메스껍게 하지만…
- 나는 비록 견딜 수가 없어서 숨이 막히지만…

한 장면의 모든 감정 양상의 충격이 0이 되어 기억을 떠올려도 아무런 고통이 없을 때까지 이 과정을 반복한다.

기억을 통째로 바꾸기(영화관 기법)

어떤 사건을 다루더라도, 그 사건과 관련된 핵심 문제를 파헤쳐야 한다. 항상 '이 사건과 관련된 최초의 기억은 무엇인가?' 질문해보아야 한다. 앞서 보여준 기법은 한 가지 이미지 또는 장면에 집중하여 관련된 모든 양상을 해결하는 기법이다.

하지만 만약 여러 가지 다양한 양상을 갖고 있는 긴 내용의 기억이면 어떻게 해야 할까? 가장 효과적인 방법은 전통적인 EFT의 영화관 기법이다.

눈을 감고 구체적인 기억을 떠올린다. 반드시 한 가지 사건이어야 한다.

영화의 길이는 어느 정도면 좋을까? 실제 시간은 2분에서 몇 시간이 될 수 있겠지만, 하루의 아침이나 오후, 저녁, 아니면 한밤중과 같이 짧은 단위의 시간이어야 한다. 만약 며칠 혹은 몇 주에 걸친 기억이라면, 여러 편의 단편 영화로 나눈다.

사샤는 자신의 개를 안락사시키는 기억을 바꾸고 싶은 내담자에게 이 기법을 사용했다. 내담자는 이 기억이 하나의 사건이라고 말했지만, 자세히 살펴보니 세 개의 단편 영화로 나누어볼 수 있었다. 첫 번째 단편 영화는 수의사가 개를 안락사시켜야 한다고 말했을 때이고, 두 번째는 그녀가 안락사를 시키기 전 개와 마지막으로 산책했을 때, 그리고 세 번째는 최종적으로 개를 안락사시키던 때였다. 어떤 경우에는 가장 힘든 기억을 해결하는 것만으로 다른 연관 기억에 정서적 공명을 사라지게 할 수 있지만, 좋은 결과를 거두기 위해 하나의 기억을 여러 편의 단편 영화로 나누어 다루기 바란다.

영화의 제목은 뭐가 좋을까? 자주 하는 실수는 〈대부The Godfather〉

처럼 이미 있는 영화의 제목을 선택하는 것이다. 제목은 영화의 내용을 반영하는 것이 좋다. 예를 들면 '해변에서 버림받다' 또는 '생애 최악의 일' 정도가 좋다.

4단계 | 영화 제목에서 느끼는 고통 지수 측정하기

영화 제목에서 느끼는 고통 지수(1점에서 10점까지의 고통의 강도)를 확인한다. 그리고 고통 지수의 강도를 완화시키자. 예를 들면,

나는 비록 〈해변에서 버림받다〉라는 영화를 기억하고 있지만, 나 자신을 마음속 깊이 온전히 받아들이고 사랑합니다.

고통 지수가 2 이하가 될 때까지 이 과정을 반복한다.

5단계 | 영화 묘사하기

고통이 다시 생기지 않으면 영화를 상영해본다. 소리 내어 영화를 묘사해보자. 중간에 감정이 격해질 때마다 멈추고, 그 부분을 EFT를 통해 개별적으로 해결한다. 관련된 생각이나 감정, 느낌을 한 가지 장면을 바꿀 때 사용했던 기술을 사용하여 해소시킨다. 이 기법은 다른 모든 양상이 해소될 때까지 반복해서 사용한다.

영화를 끝마친 다음, 다시 한 번 머릿속에서 영화를 상영해보고 남은 감정이나 고통이 있는지 확인해본다. 만약 놓친 양상이 있거나 아직까지 고통이 남아 있다면 EFT를 한다. 그다음 영화를 다시 생생하게 상영해본다. 만약 아무 고통 없이 영화 상영이 끝났다면 영화관 기법을 마쳐도 좋다.

다른 이와 연습하기

위의 기법들을 혼자 해도 좋고, 두 명이 짝지어 연습해도 좋다. 대개는 상대가 있을 때 더 효과적이다. 다른 이와 연습할 때는 다른 이가 이 과정을 이끌면서 자기의 타점을 직접 두드린다. 연습 중에 당신의 감정이 격렬해지면 상대방이 당신을 두드려주어도 좋다.

- 리더가 정해지면, 리더가 손날 타점을 두드리면서 당신의 수용 확언을 말해줄 것이고, 당신도 손날 타점을 두드리면서 그 말을 따라 하면 된다. 다른 이와 연습할 때는 수용 확언을 짧게 부분부분 나누어 상대방이 쉽게 따라 할 수 있도록 만드는 것이 좋다.
- 그다음 리더가 타점을 두드리면서 당신의 연상 어구를 말하면, 당신도 타점을 두드리면서 그 말을 따라 한다.

수용 확언을 만들 때 문제를 가지고 있는 사람이 직접 쓰는 표현을 사용하는 것이 중요하다. 따라서 리더는 받는이(치유를 받는 사람)가 하는 말을 귀 기울여 듣고 수용 확언으로 피드백을 주어야 한다. 예를 들어 보자.

받는이 | 그가 문밖을 나갈 때 가슴속에 너무 많은 슬픔이 느껴져요.

리 더 | 지금 느끼는 감정에 1에서 10까지 점수를 매긴다면 몇 점인가요? 1은 '거의 느껴지지 않는 정도'이고 10은 '견디기 힘들 정도'입니다.

받는이 | 7입니다.

리 더 | (자기 손날 타점을 두드리며) …그가 문밖으로 나가버리던 것을 생각하면…

받는이 | (자기 손날 타점을 두드리며) …그가 문밖으로 나가버리던 것을 생각하면…

리 더 | (여전히 손날 타점을 두드리며) 가슴속에 슬픔이 있지만…

받는이 | (여전히 손날 타점을 두드리며) 가슴속에 슬픔이 있지만…

리 더 | (여전히 손날 타점을 두드리며) …나 자신을 마음속 깊이 온전히 받아들이고 사랑합니다.

받는이 | (여전히 손날 타점을 두드리며) …나 자신을 마음속 깊이 온전히 받아들이고 사랑합니다.

이 수용 확언을 같은 방법으로 세 번 반복한다.

리　더 | (자기 정수리를 두드리며) 가슴속의 슬픔.

받는이 | (자기 정수리를 두드리며) 가슴속의 슬픔.

리　더 | (눈썹을 두드리며) 그가 문밖을 나섰어.

받는이 | (눈썹을 두드리며) 그가 문밖을 나섰어.

리　더 | (눈 옆을 두드리며) 가슴속의 슬픔.

받는이 | (눈 옆을 두드리며) 가슴속의 슬픔.

리　더 | (눈 밑을 두드리며) 그가 문밖을 나섰어.

받는이 | (눈 밑을 두드리며) 그가 문밖을 나섰어.

증상의 강도가 0이 될 때까지 반복한다.

• 그다음 다른 양상도 고통 지수가 0이 되도록 해결한다. 아무 고통 없
 이 기억을 떠올릴 수 있을 때까지 이 과정을 반복한다.

매트릭스 리임프린팅

(5장)

새로운 정보와 연구 결과가 나옴에 따라, 변하는 시대에 발맞추어 새로운 기법이 나오는 것은 불가피한 일이다. '끌어당김의 법칙'과 양자역학에 대한 이해가 깊어졌지만 직접적으로, 그리고 의도적으로 통합장을 다루는 기법은 소수에 지나지 않는다. 그러나 매트릭스 리임프린팅은 정확히 통합장을 다룬다. 매트릭스 리임프린팅은 호주에서 시작되었다.

매트릭스 리임프린팅의 역사

2006년 칼이 호주에서 EFT를 가르치던 중 한 내담자가 어린 모습의 자신과 만나게 됐다. 칼은 내담자에게 "기억 속의 어린 여자아이가 보이나요?"라고 질문했다. 그녀는 "너무 생생해서 그녀에게 두드리기를 할 수 있을 것 같아요"라고 대답했다. 그 순간 칼은 영감을 얻어, 자신이 그녀에게 두드리기를 하는 동안 그녀가 어린 자신에게 두드리기를 하도록 권유했다. 내담자는 놀라울 정도로 빠른 성과를 보였고, 이렇게 매트릭스 리임프린팅이 시작되었다!

다음 2년 동안 칼은 이 새로운 방법을 실험하는 데 열중했다. 아직 이 기법에 이름이 없었고, 트라우마를 해소하기 위해 전문가가 내담자에게 두드리기를 하는 동안 내담자가 기억 속의 자기에게 두드리기를 하며 대화하는 수준에 머물렀다.

칼은 이 치료 방법과 신과학, 그리고 영자역학과의 연결 고리를 찾기 시작했다. 칼은 EFT 전문가 중에서도 중병을 다루고 있었고, 브루스 립튼의 신생물학 이론을 치료에 적용하고 있었다. 그는 시간이 갈수록 어릴 때 겪은 부정적인 트라우마가 현재의 우리 믿음을 형성하고 있다는 확신이 들었다. 트라우마로부터 보호하기 위해 떨어져 나간 우리 자아의 일부가 트라우마의 기억뿐만 아니라 트라우마를 겪던 순간 생긴 믿음도 붙들고 있었다. 그리고 이 믿음이 결국 우리 생체에 영향을 주고 있었다.

또한 인간의 힘으로 어쩔 수 없는 큰 트라우마보다도 일상에서 겪는 작은 트라우마가 우리 삶에 더 깊은 영향을 미친다는 것을 깨달았다. 특히 우리가 어릴 때 너는 부족하다, 충분히 똑똑하지 못하다, 특별하지 못하다, 예쁘지 않다, 사랑받을 수 없다는 말을 들었다면, 그 사소한 말들이 쌓여서 우리의 전 인생에 영향을 미치는 부정적 신념이 될 수 있다.

그는 ECHO가 담고 있는 트라우마에 대한 정보를 EFT만으로 해소하기 어렵다는 것을 알게 되었다. 기억 속의 영상 자체가 바뀌지 않으면 안 되었다. 이것은 일어난 사건을 부정하는 것이 아니라, 단순히 장에 비춰진 영상을 바꾸는 것이다. 왜냐하면 우리가 떠올리는 영상이 우리 몸에 부정적인 느낌을 주는 것이기 때문이다.

칼은 잘 알려진 '끌어당김의 법칙'에 대해 공부하면서 장 속의 영상이 이 법칙과 깊은 연관이 있다는 것을 깨달았다. 만약 당신이 자기 국소장에 부정적인 영상을 간직하고 있다면, 당신은 계속 같은 영상을 끌어당기게 된다. 그 영상과 지속적으로 공명하여 당신 스스로 그 주파수에 진동하게 되고, 결국에는 같은 주파수의 경험을 불러들이게 되는 것이다. 칼은 그의 내담자와 수련생이 장 속의 영상을 바꿀 수 있게 도와주면서 그들의 삶이 긍정적으로 바뀌는 것에 보람을 느꼈다.

루퍼트 셸드레이크의 얘기를 듣고, 칼은 형태장과 형태공명에 대한 셸드레이크의 연구가 자신이 한 연구와 일치한다는 것을 알게 되었다. 그는 특히 형태장에 습성이 있으며 반복할수록 강화된다는 셸드레이크의 주장에 매료되었다. 우리는 행동 형태장 때문에 스스로 도움이 안 되는 행동을 반복해서 자기 자신을 파괴한다는 것을 이해할 수 있게 되었다. 또한 셸드레이크는 기억이 매트릭스에 저장되어 있다는 가능성을 제시했으며, 이는 칼이 주장한 ECHO가 장 안에 머물러 있다는 이론과 맞물려 있었다.

비슷한 주제를 다룬 브루스 립튼의 DVD 〈프랙탈 진화Fractal Evolution〉에서도 아이디어를 얻게 되었다. 립튼 박사는 세포는 기억을 담을 수 있을 만한 의식이 없지만, 세포 벽은 매트릭스 속에 있는 '자아'와 연결할 수 있는 안테나가 있다고 주장했다. 그의 이론은 칼에게 ECHO가 장에 저장될 수 있다는 확신을 주었다. 그리고 마침내 그는 우리 세포와 DNA가 매트릭스에 저장된 무의식 EHCO가 갖고 있는 잘못된 믿음에 적응한다는 것을 깨달았다. 우리는 이로 인한 변화를 육체적·정신적 질환이라고 부른다.

칼은 하트매스 연구소에서 진행하는 연구 결과도 공부했는데, 심장의 자기장이 몸의 사방 3미터 밖에서 감지될 수 있다는 것에 특히 주목했다. 그는 심장이 매트릭스와 이런 방식으로 통신이 된다면 이 방법을 매트릭스에 새로운 영상을 발송할 때도 사용할 수 있음을 알아차렸다.

매트릭스 리임프린팅은 육체적인 질병의 정서적 원인을 찾을 때 쓰는 진단도구인 메타-메디신의 영향도 받았다. 메타-메디신을 통해 칼은 각 질병이 특정한 트라우마에 기인한 것이라는 확신을 얻었고, ECHO의 위치를 찾아 갈등 시점의 트라우마를 해소하면 육체적 질병을 치료하는 데 도움이 된다는 것을 깨달았다.

트라우마 전문가인 로버트 스캐어 박사의 동결 반응freeze response에 대한 연구의 영향도 있었다. 가장 중요한 사실은 대부분의 사람들은 동결 반응을 푸는 동작을 취하지 않는다는 것이었다. 스캐어 박사는 동결 반응을 일으키는 순간 '트라우마 캡슐'을 만들게 된다고 언급한 적이 있다. 이것은 ECHO가 트라우마 발생 시점에 생긴다는 칼의 이론과 일치했다.

칼은 처음에 ECHO를 심리치료사들에게 친숙한 용어인 '내면의 아이'라고 표현했다. 그러나 방송 프로듀서 카린 데이비슨Karin Davidson은 칼이 진행하는 수업을 녹화하던 중, 매트릭스 속에 분리된 자아가 항상 어린아이는 아니므로 '내면의 아이'는 부적절한 표현이라고 지적했다. 그래서 '에너지 의식 홀로그램ECHO'이라는 용어를 만들게 된 것이다.

그다음 칼은 '매트릭스 리임프린팅'이라는 이름을 만들었다. 매트릭스는 그가 통합장을 표현할 때 선호하는 용어였고, 리임프린팅은 어린아이가 부모의 특성을 관찰과 모방으로 자신에게 각인imprinting시키기 때문에 오래된 것을 새로운 프로그램으로 교체한다는 의미로 사용한 단어였다.

칼은 EFT 마스터였을 때 1000명이 넘는 EFT 전문가를 교육했으며,

자신에게 자주 돌아와 자문을 구하고 심화 과정 훈련을 원하는 전문가들을 모아 단체를 만든 뒤 2년간 자신이 개발한 기법을 그들과 나누었다. 그는 그의 훈련생들로부터 성공적인 EFT 효과에 대한 피드백을 들었고, 인생을 바꾼 경험도 자주 들었다. 하지만 매트릭스 리임프린팅을 경험한 훈련생들은 더 놀라운 결과를 거두었다. 그들 대부분은 EFT를 하면서 자연스럽게 적용되는 순간이 많았고, 그 효과도 항상 좋았다고 보고했다.

그중 한 명이 바로 사샤다. 매트릭스 리임프린팅을 통해 만성피로증후군과 양극성 장애를 극복한 그녀는 칼의 기법을 중병과 유년기 트라우마를 해결하는 데 사용했고, 경이로운 결과를 목격했다. 비록 그녀는 다양한 자격 조건과 직장 경험이 있지만, 다른 모든 분야를 제쳐두고 매트릭스 리임프린팅에 집중했다. 그녀는 칼이 기법을 개발하고 훈련하는 데 몰두하느라 그것을 기록할 시간이 전혀 없다는 것을 알게 됐다. 하여 사샤는 그녀의 첫 책을 쓴 다음 칼에게 이 책을 공동 집필해보지 않겠냐고 제안했다.

2008년 7월 이 책을 쓰기 시작했을 때는 매트릭스 리임프린팅 기법(매트릭스 장면 리임프린팅)은 한 가지밖에 없었지만 지금은 두 가지 기반 기법이 있고, 특히 트라우마, 관계, 공포증, 알레르기 등을 다루는 데 쓰이는 다양한 지침이 만들어졌다. 이 지침을 정의하고 다듬는 것을 도우면서 사샤는 중독을 다루는 그녀만의 지침을 만들었다. 다른 전공 분야들도 생기기 시작했다. 샤론 킹Sharon King은 출산에 관련된 훈련 경험을 살려 매트릭스 출산 리임프린팅 지침을 만드는 데 기여했고, 이 지침을 쓰는 사람이 점점 늘어나고 있다. 매트릭스 리임프린팅은 계속 발달하고 성장하고 있다.

매트릭스 리임프린팅의
기본 원리

매트릭스 리임프린팅은 트라우마에 대한 대중적인 심리치료 이론에 기반을 두고 있다. 트라우마는 우리가 무력하게 느껴지고 생존의 위협을 느끼는 상황에 처하기만 해도 생긴다. 생존의 위협은 나이와 대처 능력에 따라 상대적으로 평가된다. 어른에게 있어 트라우마는 자동차 사고나 구타 또는 성폭행과 같은 큰 사건이 될 수 있다. 어린아이는 부모로부터 나쁘다, 멍청하다, 못생겼다, 게으르다 등의 말을 듣는 것이 트라우마가 될 가능성이 있다.

트라우마가 생기는 시점에 투쟁하거나 도피하지 못한 채 고립된 느낌을 받고 헤어날 길이 없다는 판단이 서면 동결 반응을 보이게 된다. 우리의 화학적 반응은 우리가 정서적으로, 그리고 육체적으로 압도되는 것으로부터 보호하며, 우리 의식이 얼어붙게 되면 자아의 에너지가 분리되어 떨어져 나간다. 이 지점에서 ECHO가 만들어진다.

ECHO는 분리될 때 매트릭스 속에 저장된다. ECHO는 외상성 사건의 모든 정보를 담고 있으며, 그 사건은 우리 의식 속에서 마비되어 아무 일이 없었던 것처럼 보인다. 하지만 그 사건은 우리의 잠재의식 속에 이미지로 남아 미래 상황에서의 반응을 결정짓는다. 비슷한 사건은 비슷한 반응을 불러일으키기 때문에 스트레스, 불안, 공포증 등을 앓게 되고, 일상 속 상호 작용에 영향을 주어 몸에 무리가 오게 된다.

더 큰 문제는 트라우마에 대한 모든 정보를 매트릭스에 보관하는 데 많은 에너지가 소비된다는 것이다. 따라서 우리가 나이 들수록 ECHO가 트라우마를 가두어놓기가 힘들어진다.

또 하나는 트라우마가 남긴 영상들이 세포 단위에서는 아직 현재 진행 중인 사건이라는 점이다. 의식 속에서 기억은 단지 기억일 뿐이지만,

잠재의식 속에서는 현재 진행되고 있는 사건이다. 어떤 '현재 사건'들이 치료를 방해하고 불행하게 만드는지 스스로에게 물어보자.

매트릭스 리임프린팅은 트라우마의 에너지를 방출하고 장 안의 영상을 바꾸어서 영구적으로 완치시킬 수 있다. 만약 당신이 과거의 부정적인 영상을 가지고 있다면, 그것을 긍정적인 영상으로 바꿀 수 있다. 기본 원리를 아래에 설명했다.

ECHO 다루기

영상을 바꾸려면 ECHO에 트라우마가 저장된 시점부터 다루어야 한다. 매트릭스 리임프린팅에서는 ECHO가 상담을 위해 찾아온 새로운 내담자다. 그래서 우리는 그들에게 트라우마를 보관하느라 애쓴 것에 감사하고 트라우마를 내보낼 수 있도록 두드리기를 한다. 잠재의식 속 자기에게 두드리기를 해주는 것과 동시에 실제 우리 몸에도 두드리기를 한다.

기억의 결과도 새로운 자원을 끌어들이면 바뀔 수 있다. 나를 지지해주는 힘 있는 등장인물을 투입하고 당시에 하고 싶었지만 못했던 말이나 행동을 성취하게 함으로써 그것이 가능하다. 또한 우리는 기억 속에서, ECHO가 외상 사건을 겪기 전 상태에서 미리 대비시킬 수 있다.

과거에 일어난 일을 부정하는 것이 아니다. 오래된 영상을 현재의 행복에 도움이 되도록 바꾸는 일이다. 기억을 날조하는 것도 아니다. 단순히 부정적인 기억을 긍정적인 기억으로 대체하는 것이다. 양자역학의 관점에서 보면 우리는 무수히 많은 과거와 미래의 가능성을 지닌다. 이것은 우리가 과거 경험을 통해 얻은 교훈을 인정함과 동시에 두드리기로 다른 과거를 찾아 들어가는 것과 같다.

사건의 모든 트라우마와 스트레스를 해소하고 나면, 새롭고 긍정적인 영상이 생겨난다. ECHO가 원하는 새로운 곳으로 데려가거나 머물러 있으면서 새롭고 긍정적인 결과를 보이기도 한다. 규칙이 따로 있는 것은 아니지만, 큰 트라우마가 있는 경우 ECHO는 대개 숲 속이나 해변과 같이 새로운 장소로 이동하기를 원한다. 예를 들어 무대에서 넘어졌던 외상의 기억이 훌륭한 공연의 긍정적인 영상으로 다시 쓰여졌다면, 이런 경우에는 새로운 장소로 이동하지 않아도 괜찮다.

유대감 형성하기

새롭고 긍정적인 영상을 만드는 한 가지 목적은 ECHO가 공동체 의식을 형성할 수 있도록 도와주는 것이다. 스캐어 박사의 DVD 〈외상, 변형, 그리고 치유Trauma, Transformation and Healing〉에서 그는 트라우마가 치유되려면 유대감을 형성해야 한다는 점을 강조했다. 이것은 우리 뇌가 트라우마에 반응하는 방식 때문이다. 위협을 감지하면 뇌의 전방대상회가 위협의 심각성을 판단한다. 만약 심하지 않다고 판단하면 상황의 정서적 내용을 판단하는 편도체를 비활성화시킨다. 이것은 우리가 위협에 균형적으로 대응하도록 만든다. 트라우마를 굉장히 많이 겪은 사람은 위협에 대한 감각의 균형이 깨져 있다. 그러나 우리가 유대감을 형성하면 편도체가 억제되어 뇌는 트라우마로부터 회복될 수 있다.

따라서 매트릭스 리임프린팅은 ECHO가 새로운 영상에서 가상의 인물을 초대하여 공동체를 형성하도록 한다. 가족이나 친구, 존경하는 사람을 초대하거나, 예수님, 부처님, 천사와 같은 종교적 인물이나 영적 존재, 또는 애완동물이나 좋아하는 야생동물 등을 초대하여 치료를 돕게 하는 것이다. 대부분의 경우 내담자는 성장한 모습의 자기를 초대해서 도와주는 것만으로도 회복할 수 있다.

마음속에 새로운 영상 만들기

우리는 마음을 재프로그램하기 위해 마음속에 새로운 영상을 가져온다. 우리는 이 과정이 뇌에 새로운 신경망을 만들어 치료 효과를 보게 한다고 믿고 있다. 유년기 트라우마는 뇌의 해마에 있는 신경 회로를 끊어서 우리가 기억하지 못하도록 막는다. 하지만 이 경험은 재생되어 신경발생neurogenesis을 일으킬 수 있다. 우리가 새로운 경험을 하거나 놀라움, 감탄, 무아지경에 이르거나 강력한 긍정적 정서를 경험할 때 신경발생이 일어난다. 우리는 매트릭스 리임프린팅을 통해 기억의 다른 결과를 도출하여 ECHO가 새로운 경험을 할 수 있는 기회를 주는 것이 신경발생을 일으킨다고 믿는다. 물론 아직까지 실험으로 입증된 것은 아니지만, 미래에 매트릭스 리임프린팅이 신경발생을 일으킨다는 것을 밝힐 수 있을 것이다. 정신이 육체에 영향을 준다는 것에 이미 많은 관련 증거들이 있다. 이 주제와 관련하여 가장 포괄적인 내용을 담고 있는 책은 데이비드 해밀턴 박사의 《마음이 몸을 치료한다》이다.

우리가 새로운 이미지를 마음속으로 받아들이면, 그 영상과 영상 주변의 빛깔도 강화된다. 색은 중추신경계의 언어라고도 알려져 있으며, 색이 생생해질수록 오감으로 더 생생하게 느낄 수 있다. 매트릭스 리임프린팅은 영상과 관련된 긍정적인 정서를 강화시켜 영상에 대한 정서 반응을 재프로그램하는 것이다.

세포에 새로운 영상 전송하기

브루스 립튼의 연구를 통해 우리는 생각이 세포에 영향을 준다는 것을 알게 되었다. 따라서 우리는 우리 몸에 새로운 영상을 전송하여 이제 트라우마가 끝났다는 것을 알려야 한다. 이것은 매트릭스 리임프린팅 기법을 통해 얻은 긍정적인 결과를 보강하는 역할을 한다. 만약 트라우마로 인해 장기가 병들었다면, 긍정적인 이미지를 병든 장기에도 보내준다. 예를 들어 트라우마가 위궤양을 가져온 것이라면, 병든 위에 긍정적인 이미지를 전송한다.

심장 속으로 영상 가져오기

새로운 이미지를 심장에 들여보내면, 이미지의 색과 관련된 긍정적인 감정이 살아나서 강화된다.

심장으로부터 영상 전송하기

우리는 2장에서 심장이 매트릭스와 소통하는 아주 강력한 발신기라는 것을 배웠다. 이제 새로운 영상을 심장으로부터 매트릭스로 전송하면 된다.

매트릭스 리임프린팅과 EFT와의 차이점

EFT, TFT, 그리고 매트릭스 리임프린팅은 모두 에너지 심리학 기법에 속하며, 경혈을 다룬다. 가장 큰 차이점은 EFT는 과거 트라우마의 부정적 에너지를 없애는 반면 매트릭스 리임프린팅은 과거에 일어난 일을 긍정적인 것으로 바꾼다는 점이다.

ECHO 두드리기

비록 매트릭스 리임프린팅에서 사용하는 두드리기 기법은 EFT의 두드리기 기법과 동일하지만, EFT는 ECHO를 다루지 않는다. 매트릭스 리임프린팅에서는 내담자가 지닌 ECHO가 또 하나의 내담자이다. 또한 EFT는 기억이 매트릭스에 저장되는 것이 아니라 정신과 육체에 있다고 가정한다.

빈 공간 채우기

많은 사람들이 EFT를 사용하여 부정적인 에너지를 없애기만 하고 긍정적인 것을 채우지 않았기 때문에 마음에 빈틈이 생긴다. 몇몇 EFT 전문가는 명상을 통해 이 공백을 채운다. 어떤 사람들은 이것을 레이키 reiki(기 치료의 일종)로 채운다. 또 어떤 사람들은 PSYCH-K®를 선호한다. 매트릭스 리임프린팅은 새로운 영상으로 채워 넣기 때문에 다른 도구를 사용하지 않고도 이 빈틈을 메울 수 있다.

매트릭스 리임프린팅의 장점

매트릭스 리임프린팅은 사용하기 쉬우며 부드럽다. 사용자가 또 다른 정신적 외상을 입지 않고 트라우마를 해결할 수 있도록 도와준다. 그리고 다음과 같은 효과가 있다.

핵심 문제 해결과 긍정적인 믿음 불어넣기

매트릭스 리임프린팅으로 핵심 문제를 빠르게 파악하여 해결할 수 있다. 예를 들어 전통적인 EFT에서는 내담자가 '내가 완벽해져야 사랑받을 수 있어'라는 믿음을 갖고 있다면, 이 믿음과 관련된 가장 첫 번째 기억을 찾아 해결한다. 매트릭스 리임프린팅은 핵심 문제에 기여한 기억을 해결할 뿐만 아니라, 지지적인 믿음과 경험을 새롭게 불어넣는다. 이것은 결과적으로 현재의 신념 체계를 바꾸어놓는다.

전의식 트라우마 해결하기

매트릭스 리임프린팅은 자아가 형성되는 만 6세 이전의 전의식前意識, pre-conscious 트라우마도 다룰 수 있다. 전의식 속 기억을 다루는 심리치료는 매우 드물다. 하지만 세포 생물학자 브루스 립튼 박사의 연구를 살펴보면 이 시기의 트라우마가 자아상에 가장 큰 영향을 미친다는 것을 알 수 있다. 매트릭스 리임프린팅으로 당신은 자궁 속 기억까지도 거슬러 올라가 전의식 트라우마를 해결할 수 있다.

재구성과 의식의 변화

매트릭스 리임프린팅의 또 다른 효과는 관점과 사고방식의 변화를 준다는 것이다. 관점의 변화를 재구성reframe이라 하고, 사고방식의 변화를 인식의 변화cognitive shift라고 한다. 심리치료사의 입장에서 매트릭스 리임프린팅 기법은 내담자가 대부분의 일을 한다는 것이 큰 장점이다(물론 내담자가 중간에 막히면 전문가의 지도가 필요하다). 내담자가 직접 치료 과정을 주도하기 때문에, 그들 자신에게 맞는 최선을 선택하게 된다. 그들에게 능동적인 힘이 있기 때문에 상황을 재구성하거나 의식의 변화를 가져오기가 쉽다. 전문가로서 우리는 의식의 변화가 곧 해결과 치유가 성취되었음을 의미한다는 것을 잘 알고 있다.

용서

유사하게 매트릭스 리임프린팅은 많은 경우 내담자가 트라우마 속 가해자를 용서하게 된다. 심리치료의 목적이 용서에 이르도록 하는 것이라는 여러 학설이 존재한다. 용서는 강요되거나 가장되어서는 안 된다. 내담자가 의식적으로 가해자를 용서했더라도 잠재의식 속에서는 용서하지 못하는 사례가 많이 있다. 매트릭스 리임프린팅은 받는이가 자연스럽게 용서할 수 있도록 도와준다.

심리적 역전과 부가적 이익

매트릭스 리임프린팅은 심리적 역전(문제에 집착하는 잠재의식)을 자연스럽게 찾아낸다. ECHO와 소통함으로써 우리는 왜 잠재의식이 문제나 사건을 붙들어 계속 구습에 집착하게 되는지(부가적 이익을 얻어야 하는지) 이해하게 된다.

해리성 장애를 갖고 있는 내담자

매트릭스 리임프린팅의 또 다른 효과는 고통 지수를 전혀 못 느끼는 해리 상태의 내담자에게 효과적이라는 것이다(그들은 해결되지 않은 트라우마에 대해 아무런 감정을 느끼지 못한다). EFT 전문가는 이런 내담자를 다루기 힘들어한다. 그러나 매트릭스 리임프린팅은 ECHO의 감정을 몸에 가져오지 않는 방법이기 때문에, 해리 상태의 내담자를 다룰 때 더 성공적인 결과를 거둘 수 있다.

트라우마 해소

매트릭스 리임프린팅은 몸에 트라우마가 종결됐다는 것을 알릴 수 있기 때문에 아주 유용한 기법이다. 매트릭스 리임프린팅은 트라우마가 매트릭스에서 반복하여 재생되는 악순환을 끊을 수 있다. 이것은 몸이 더 건강한 방식으로 반응하여 치유가 가능하게 한다.

해결할 수 없는 것의 해결

매트릭스 리임프린팅으로 과거에는 해결할 수 없었던 일도 해결할 수 있다. 만약 당신이 가족이나 사랑하는 사람을 마지막 인사 없이 떠나보냈거나 갈등을 해소하지 못한 채 보냈다면, 이것 역시 해결할 수 있다. 매트릭스 리임프린팅을 사용하여 당신은 해결하지 못한 관계 때문에 생긴 감정을 내보내고 과거의 매듭을 풀 수 있게 된다.

끌어당김의 법칙

매트릭스 리임프린팅은 끌어당김의 법칙을 활용하기 때문에 더 효과적이다. 이전에 언급했듯이, 우리가 트라우마를 경험한 다음 매트릭스에 부정적인 영상을 저장하면 계속 비슷한 경험을 끌어당기게 된다. 그러나 트라우마가 완전히 해결되면, 우리의 유인점이 바뀌어 훨씬 더 성취감을 주는 경험을 끌어당기게 된다.

임계점

우리가 장 안에 있는 많은 이미지나 기억을 매트릭스 리임프린팅으로 해결하다 보면 임계점이 발견되곤 한다. 다시 말해서 EFT의 일반화 효과와 마찬가지로(109쪽) 매트릭스의 영상을 몇 개만 바꾸어도 다른 비슷한 영상들이 효력을 잃어 더 이상 공명하지 않게 된다. 긍정적인 영상의 공명은 부정적인 영상의 공명보다 몇 배는 더 강하기 때문이다(긍정적인 생각이 부정적인 생각보다 더 큰 진동을 갖고 있는 것과 마찬가지이다). 장 안에 새로운 영상을 재입력하게 되면, 모든 부정적인 영상을 일일이 바꾸지 않고도 긍정적인 경험을 끌어당기는 임계점을 만들 수 있다.

Matrix Reimprinting Using EFT

3/부

매트릭스 리임프린팅 기법: 과거 다시 쓰기, 미래 바꾸기

매트릭스 리임프린팅 기법의 핵심

(6장)

매트릭스 리임프린팅은 두 가지 핵심 기법과 구체적인 문제를 다룰 때 필요한 다양한 지침이 있다. 이 기술을 자기 자신이나 가족, 친구, 동료, 또는 내담자에게 사용할 수 있다. 소개될 지침에서, 우리는 문제를 갖고 있는 사람을 '받는이'(치유를 받는 사람)라고 한다.

다른 사람들에게 이 기술을 사용하기 위해 훈련된 심리치료사가 될 필요는 없다. 그러나 이 책을 읽는 것만으로 당신이 전문적인 치유 행위를 할 수는 없으며, 매트릭스 리임프린팅 훈련 과정을 이수해야 자격이 주어진다는 것을 유념해주기 바란다.

또한 이 장에서 소개된 기술은 중요한 부분만 요약해놓은 것이며, 사람의 특성은 모두 개별적이고 그들의 문제가 항상 책에서 소개된 것처럼 정형화되어 있지 않다는 것을 명심하자. 따라서 여러 가지 변형과 개량이 필요할 때도 있다. 이것은 8장에서 설명할 것이다.

만약 이 기법을 받는 사람인 가족 또는 친구가 뿌리 깊은 상처나 아픈 기억을 갖고 있다면, 당신 혼자 해결하려 하지 말고 매트릭스 리임프린팅 전문가에게 상담을 받도록 권해야 한다. 당신은 스스로 한 행동에 대해 전적으로 책임져야 하며, 이 기술을 조심해서 사용해야 한다.

기법

다음은 매트릭스 리임프린팅 기법의 요약본이며, 세부 지침은 다음 장에서 소개된다.

기반 기법

첫 번째 기법 매트릭스 장면 리임프린팅은 과거 기억의 어느 한 장면을 바꾸는 데 쓰이고, 두 번째 기법 매트릭스 기억 리임프린팅은 특정한 기억 전체를 바꾸는 데 쓰인다. 이 두 가지 기반 기법은 다른 모든 매트릭스 리임프린팅 지침의 바탕이 된다. 다른 지침을 사용하기 이전에 기반 기법을 제대로 익혀서 사용하는 데 어느 정도 자신감이 생겨야 한다.

인생 변화 지침

여기에는 부정적인 핵심 신념을 바꾸는 데 쓰이는 매트릭스 핵심 신념 리임프린팅, 현재의 삶의 문제를 다루는 매트릭스 일상 문제 리임프린팅, 그리고 유인점을 변화시키는 매트릭스 끌어당김의 법칙 리임프린팅이 포함된다.

관계 변화 지침

이 지침은 과거와 현재의 관계 문제를 해결하는 기법을 포함한다. 매트릭스 관계 리임프린팅은 지금 갖고 있는 관계 문제를 해결하고, 매트릭스 화해 리임프린팅은 더 이상 만날 수 없는 사람과의 부정적인 관계를 해결하는 데 사용된다.

중독과 습관적 행동 치유 지침

중독과 습관적 행동은 매트릭스 습관 리임프린팅 지침을 사용하여 변화시킬 수 있다. 이것은 초콜릿 중독부터 헤로인 중독까지 모든 종류의 중독에 쓰일 수 있다.

전생과 미래 리임프린팅 지침

매트릭스 전생 리임프린팅은 전생으로부터 떠오르는 기억을 바꾸는 데 사용된다. 매트릭스 미래의 자기 리임프린팅은 미래의 나로부터 배우고 미래에 생길 수 있는 두려움을 변화시키는 데 쓰인다.

출생과 유년기 리임프린팅 지침

매트릭스 전의식 리임프린팅은 전의식 속 기억을 찾고 바꾸는 데 쓰인다. 매트릭스 출생 리임프린팅은 출생 당시에 얻은 부정적인 경험을 다룬다.

매트릭스 리임프린팅으로
자기치유 실습하기

매트릭스 리임프린팅은 훌륭한 자기치유 도구이다. 그러나 이것은 혼자 실습하는 용도이며 일상에서 겪는 문제나 작은 트라우마를 다루는 데 적합하다. 어떤 경우라도 충격적인 기억이나 큰 트라우마 또는 극심한 스트레스를 주는 사건은 손대지 않을 것을 충고한다.

가장 좋은 방법은 전문가 또는 매트릭스 리임프린팅을 잘 아는 사람과 같이 작업한 이후에 혼자 실습해보는 것이다.

혼자 실습하기의 이득

혼자 실습하는 것은 비용 효율적이다. 이는 당신이 문제에 직면한 즉시 사용할 수 있으며 스스로에게 힘을 북돋아줄 수 있음을 의미한다.

혼자 실습하기의 한계

당신은 이 기법을 사용하여 많이 발전할 수 있다. 하지만 혼자 실습하는 데는 몇 가지 한계가 있다.

- 동기 부여의 어려움: 혼자 뭔가를 하는 것은 동기 부여가 쉽게 되지 않는다. 만약 당신이 바쁘고 빠른 일상을 보낸다면, 매트릭스 리임프린팅을 항상 마지막으로 미룰 수 있다.

- 자기 자신의 문제를 탐색하기의 어려움: 우리는 가끔 스스로 만든 미로를 빠져나오기 위해 타인의 도움을 필요로 한다. 매트릭스 리임프린팅 전문가의 도움을 받게 되면 스스로는 질문하지 못했던 문제점을 발견하게 된다.

- 잠재의식의 방어기제: 당신의 잠재의식은 종종 그 문제를 끌어안고 있는 것이 중요하다고 믿기 때문에 문제를 해결할 수 없도록 방해할 수 있다.

- 유대감: 유대감을 형성하는 것은 트라우마 해결에 매우 효과적이다. 다른 사람과 함께 작업하는 것은 유대감을 쉽게 형성할 수 있도록 도와준다. 만약 심리치료사가 되고 싶지는 않지만 해결되지 않은 문제를 많이 갖고 있다면, 매트릭스 리임프린팅 전문가 과정을 이수하는 것이 자기치유에 도움이 될 수 있다. 훈련 과정을 공부하는 사람들 중에는 일반인도 많이 있다. 그들은 자기치유 목적으로 교육을 받으며 훈련 과정 후에 서로 번갈아 치유해주기도 한다.

실습을 어디서부터 시작할까

혼자 실습하고 있다면 제일 먼저 매트릭스 장면 리임프린팅을 배우도록 한다. 일단 단일 장면이나 이미지를 변화시키는 연습을 하고 난 뒤 숙련이 되면 매트릭스 기억 리임프린팅 단계로 넘어간다. 두 가지 핵심 기법을 숙지하고 나면 현재 처한 상황에 적합한 지침을 사용할 준비가 된 것이다.

만약 어떤 문제부터 시작할지 방향을 잡지 못하겠으면, 스스로에게 질문하자. '지금 무엇이 나를 괴롭히고 있는가?' 그다음 그 주제와 관련하여 기억할 수 있는 가장 오래된 일을 떠올려본다.

다른 사람에게 매트릭스 리임프린팅 실습하기

같이 실습할 파트너를 구하면 서로 동기 부여를 할 수 있고, 같이 이야기하다 보면 문제를 구체화하고 다듬을 수 있게 된다는 이득이 있다. 그리고 서로 수련 과정을 이끌어줄 수 있다.

그러나 경험이 없는 사람과 실습하게 되면 문제를 직시하지 못하고 산만해질 수 있고, 리임프린팅의 과정에서 안내자 역할보다 간섭하는 역할을 하기 쉽다는 한계가 있다.

다른 사람과 실습할 때 필요한 지침은 다음과 같다. 초보자는 작은 문제부터 다루어야 한다는 것을 기억하자.

두드리기에 대해 받는이의 양해 구하기

실습을 시작하기 전에 먼저 받는이에게 그를 두드려도 되는지 양해를 구한다. 만약 두드리는 것이 불편하다면, 리더와 받는이 각각 자기 자신에게 두드리기를 하면 된다.

받는이를 두드리는 방법

만약 받는이에게 매트릭스 리임프린팅을 사용할 거라면, 받는이와 마주 보고 앉되 45도 각도로 비껴 앉도록 한다. 가까운 손으로 받는이의 한쪽 손을 잡고, 다른 한 손으로는 받는이의 혈자리를 두드린다. 다섯 번에서 일곱 번 정도로 각 혈자리를 부드럽게 두드려준다. EFT에서처럼 어느 한 지점을 놓치거나 순서가 틀려도 상관없다. 어느 쪽 손을 사용해도 상관없으며, 한쪽 혈자리만 두드려도 상관없다.

파트너와 실습 방향 잡기

만약 아직 기법 사용이 서툴다면, 매트릭스 장면 리임프린팅으로 먼저 연습해서 하나의 장면을 바꾸기를 권한다. 자신감이 생길 때까지 몇 번 연습해본다. 그다음 매트릭스 기억 리임프린팅 기법으로 진행한다. 이 두 가지 핵심 기술을 숙지하고 나면 다른 지침들을 연습해도 좋다.

숙련된 매트릭스 리임프린팅 전문가와 작업할 때의 이득은 아주 구체적이고 방향성 있는 질문을 받아 효과적으로 문제를 찾고 해결할 수 있다는 것이다. 그리고 실습 중에 막히거나 난관에 봉착해도 쉽게 극복할 수 있다.

매트릭스 리임프린팅 전화 상담

전화 상담을 통해서도 매트릭스 리임프린팅을 실습할 수 있다. 받는 이가 스스로 두드리기를 한다는 것만 다를 뿐 본질은 같다. 전화로 받는 이에게 가이드라인을 주면, 받는이는 스스로 두드리기를 하면서 동시에 자기 ECHO를 두드리는 상상을 한다. 전화 상담을 하기 전에 직접 만나서 많이 연습해야 한다.

사람들이 저마다 다른 지각 유형이 있다는 것을 이미 알고 있을 것이다. 청각이 발달한 사람은 청각 정보를, 시각이 발달한 사람은 시각 정보를, 그리고 체감각적인 사람은 느낌을 통해 정보를 잘 처리하는 사람이다. 이와 같이 주로 많이 사용하는 감각기관별로 나누는 것을 하위감각 양식이라고 부른다. 어떤 하위감각 양식이 발달한 사람이더라도 전화를 통해 매트릭스 리임프린팅을 적용하는 것이 가능하다.

하위감각 양식

사샤는 전형적으로 시각적 하위감각 양식이 발달했기 때문에 무슨 일이 있어도 전화 상담을 하지 않을 것이라 장담했다. 심지어 그녀는 전화하는 것 자체를 꺼려 할 정도였다! 하지만 해외 출장이 잦아지고 한군데 오래 머무를 수 없게 되자, 할 수 없이 전화 상담을 시작하게 됐다. 흥미롭게도 이제는 전화 상담을 통한 매트릭스 리임프린팅을 가장 반긴다. 그녀는 직접 만나서 하는 것보다 전화 상담이 훨씬 더 영향력이 있다고 생각한다. 내담자의 목소리에서 미세한 감정 변화를 관찰하는 것을 즐기게 되었고, 전화 상담이 오히려 더 깊은 대화를 유도할 수 있다는 것을 경험하게 되었다. 만약 전화 상담을 꺼리는 전문가라면, 이 방법을 묵살하기 전에 몇 번 시도해보기 바란다.

기반 기법

매트릭스 리임프린팅에는 매트릭스 장면 리임프린팅과 매트릭스 기억 리임프린팅, 두 가지 기반 기법이 있다. 나머지 매트릭스 리임프린팅 지침은 이 두 가지 기법을 바탕으로 만들어졌다. 따라서 이 기법을 잘 익히면 모든 지침을 다 활용할 수 있다. 만약 매트릭스 리임프린팅을 처음 접한다면 이 기법을 사용하기 전에 7장과 8장을 정독해주기 바란다. 17장에는 매트릭스 리임프린팅의 사례 전문이 자세히 기록되어 있기 때문에 실습 전에 참고하면 큰 도움이 될 것이다.

매트릭스 장면 리임프린팅

매트릭스 장면 리임프린팅은 한 편의 장면이나 이미지, 그리고 한 순간의 기억을 바꾸는 데 사용된다. 이 기억은 유년기가 될 수도 있고 과거 어느 한 시점이 될 수도 있다.

고치고 싶은 장면을 이미 알고 있을 수 있다. 어릴 적 어떤 상황에 대해 떠오르는 장면이 있을 것이다. 그럼 머릿속에 그 장면을 떠올린 다음 지침을 사용하자. 기억하고 싶지 않아서 봉인해둔 기억을 끌어내는 방법과 현재의 문제와 연관된 기억을 찾아내는 방법에 대해서는 뒤에서 알아볼 것이다.

기본 전제

매트릭스 장면 리임프린팅은 과거 트라우마나 힘들었던 기억의 한 가지 장면을 떠올리게 한다. 자기에게 두드리기를 하면서, 기억 속 어린 자신에게도 두드리기를 한다. 어린 자신이 바로 ECHO이다. ECHO에게 자기가 누구인지 소개하고, ECHO와 대화하면서 그 사건이 ECHO에게 어떤 의미를 주었는지 알아내고, ECHO가 트라우마를 해소할 수 있도록 도와준다. 이때 당신은 새로운 자원(필요로 하는 모든 것)이나 사람을 머릿속에 불러들여 치유를 돕게 할 수 있다. 그 사람은 당신이 신뢰하는 친구나 친인척일 수도 있고, 유명한 사람이나 영적 존재일 수도 있다.

상황이 해결됐다면, ECHO는 '새로운 기억'을 만들 새로운 장소를 선택해도 된다. 바닷가나 초원도 좋다. 이 '새로운 기억'에 다른 사람을 초대해도 좋다. ECHO가 기분 좋은 장소로 가면, 당신의 마음속으로 이 새로운 장면을 받아들인다. 그리고 이 기분 좋은 느낌을 온몸의 세포 하나하나에 전달해서 이제 트라우마는 다 끝났다고 알려준다. 그다음 이 장면을 심장 속으로 보내고, 다시 그것을 매트릭스로 전송한다.

매트릭스에 새 장면이 전송되면 두드리기를 멈추고 오래된 원래 장면을 부정적인 감정 없이 기억할 수 있는지 시험해본다(다음 장에서 부정적인 감정이 남아 있을 때 어떻게 대처하는지 더 설명할 것이다). 만약 원래 장면이 바뀌거나 부정적인 공명이 일어나지 않으면, 매트릭스 장면 리임프린팅이 완료된 것이다. (당신이 편하게 느낀다면) 전 과정 내내 눈을 감은 채 ECHO와 마음속으로 대화한다. 변화가 찾아오기까지 마음에 여유를 갖자.

하나의 장면으로 시작했지만, 그 장면이 전체 기억을 끌어낼 수 있다는 것을 유념해주기 바란다. 따라서 매트릭스 장면 리임프린팅을 하다가 매트릭스 기억 리임프린팅을 하게 될 수도 있다.

매트릭스 장면 리임프린팅: 혼자 실습하기

이 기술은 작은 트라우마를 다루는 데만 사용한다는 것을 명심하자. 극심한 트라우마는 매트릭스 리임프린팅 전문가를 만나 상담하자.

1단계 | 장면 고르기

당신이 다루고 싶은 장면을 머릿속에 불러온다. 그 장면 속 내가 되어 감정이입being associated을 하기보다, 제3자로서 상황을 관조한다being dissociated.

2단계 | 두드리기

눈을 감고 혈자리(102쪽 참고)를 두드린다. 결과를 확인하는 14단계까지 두드리기를 계속한다.

3단계 | 장면 속으로 들어가기

지금의 자기 모습으로 그 장면 속에 들어가는 상상을 한다.

4단계 | ECHO 만나기

ECHO에게 자기를 소개한다. 당신이 누구인지, 그리고 ECHO
가 상황을 다른 시각에서 볼 수 있도록 돕기 위해 미래에서 왔
다고 설명한다. 이 과정을 조용히 마음속으로 진행한다.

5단계 | ECHO에게 감사하기

ECHO는 대부분 트라우마를 오랫동안 끌어안고 있었다. 이제
까지 정말 고생했다고 감사의 말을 전한다.

6단계 | ECHO에게 두드리기를 해서 부정적 감정 해소시키기

ECHO에게 지금 무엇을 느끼고 있으며 몸의 어떤 부위에서 그
감정을 느끼는지 질문한다. 그다음 계속 자기 스스로 두드리면
서, EFT 지침을 ECHO에게 실행한다고 상상한다.

예를 들어, ECHO가 검은 두려움을 느끼고 있다면, 자신의 손
날 타점을 두드리면서 ECHO의 손날 타점을 두드리는 상상을
한다. 동시에 수용 확언을 소리내어 말한다. '당신은 비록 마음
속에 검은 두려움을 갖고 있지만, 당신을 사랑하고 받아들입니
다.' 만약 ECHO가 어린아이라면, 아이의 눈높이에서 수용 확
언을 만든다. '네가 비록 마음속에 검은 두려움을 갖고 있지만,

너는 정말 대단한 아이야.'

그다음 ECHO의 모든 혈자리를 두드린다(물론 자기를 두드림과 동시에). 일반 EFT와 마찬가지로 연상 어구를 사용한다. 위 예제의 경우 '이 검은 두려움'이 연상 어구이다.

ECHO가 어느 정도 정서적으로 안정될 때까지 이 과정을 반복한다.

7단계 | ECHO와 대화하기

ECHO와 마음속에서 대화한다. 그 상황이 ECHO에게 어떤 믿음을 갖게 했는지, 무엇을 배우게 했는지 질문하자. 당신도 혹시 ECHO와 같은 믿음을 가지고 있는지 확인해보자.

예를 들어 ECHO가 그 상황에서 자기가 '바보 같다'고 생각했다면, 당신도 가끔씩 자기가 바보 같다는 생각을 하는지 확인한다.

8단계 | 기억 바꾸기

ECHO에게 이 상황을 해결하기 위해 하고 싶은 일이 있는지 물어보자. ECHO는,

• 원하는 모든 것을 추가할 수 있다.
• 일어난 일을 바꿀 수 있다.
• 자기를 도와줄 물건이나 조력자를 초대할 수 있다.

- 당시에 하지 않았던 일이나 하고 싶었던 일을 마음대로 할 수 있다.

그에 맞춰 소원을 성취하는 장면으로 바꾼다.

9단계 | ECHO가 다른 장소로 갈 수 있도록 선택의 기회 주기

원래 기억을 해결했다면, ECHO에게 새로운 장소로 가서 새로운 장면을 만들고 싶은지 물어보자. 예를 들어 숲이나 해변 같은 장소도 좋다. 다른 장소로 가는 것은 ECHO의 선택이며 항상 필요하거나 적합한 것은 아니다.

ECHO가 선택한 새로운 장소에서 긍정적인 경험을 할 수 있도록 한다. ECHO가 초대하고 싶은 사람을 데려와 유대감을 형성하게 할 수 있다.

10단계 | 머릿속 장면 바꾸기

새롭고 긍정적인 장면 속에서 ECHO가 마음에 안식을 찾았다면, 머릿속에 떠올려 마음으로 받아들인다(반드시 갈등이 완전히 해소된 긍정적인 장면을 받아들이도록 한다).

오감으로 그 장면을 느껴본다. 무엇이 보이고 들리며, 무슨 냄새와 맛이 느껴지며, 어떤 기분이 드는가? 장면 속의 색과 관련된 기분 좋은 감정을 말한다.

뇌 속의 모든 신경세포가 새로운 장면과 연결될 수 있도록 한다.

몸의 모든 세포에 트라우마가 끝났으며 모든 것이 잘될 거라고 신호를 보내자. 만약 트라우마와 관련하여 병든 장기가 있다면(예를 들어 위궤양이라면), 그 부분에 치유의 메시지를 보낸다.

이 긍정적 장면을 심장에 보낸다. 이때 장면 속 모든 색이 생생하고 긍정적인 기운이 넘치게 만든다. 이 장면을 마음속으로 가져올 때 느껴진 감정과 장면 속 모든 색깔을 충분히 느껴보자.

심장 속으로 들여보냈던 영상을 매트릭스에 쏘아 보낸다. 심장으로부터 영상이 사방으로 퍼져나간다. 심장의 자기장이 몸 전체에 퍼져나가서 매트릭스로 영상을 보낸다. 이 긍정적인 감정을 충분히 느낄 수 있도록 스스로에게 시간을 주자. 이 감정을 느끼는 것은 기법의 중요한 부분이다.

두드리기를 멈춘다. 현재로 돌아와 준비가 되면 눈을 다시 뜬다. 이제 다시 눈을 감고 원래 장면을 떠올려본다. 아직도 그 장면을 떠올리는 데 불편함이 남아 있다면 EFT를 하거나 다시 장면으로 돌아가 장면 속 다른 양상을 해결한다. 그러나 대부분의 경우 원래 장면이 바뀌었거나 아예 사라져 있다.

매트릭스 장면 리임프린팅: 다른 사람과 실습하기

이 기법을 다른 사람에게 써도 좋다. 당신이 받는이를 두드리고 받는이가 자신의 ECHO를 두드린다는 것을 제외하면 혼자 실습하는 방법과 동일하다.

- 받는이에게 다루고 싶은 이미지나 장면을 떠올리라고 권한다.
- 무엇이 보이는지 설명해달라고 한다. 장면 속의 ECHO에 동화되지 않고, 장면 밖에서 ECHO를 보는 것이 중요하다. 받는이가 ECHO와 동화되지 않았다는 것을 확인하기 위해 다음과 같은 질문을 할 수 있다. 'ECHO가 어떤 옷을 입고 있나요?', 'ECHO의 생김새가 어떤가요?' 등.
- 받는이에게 눈을 감아달라 말하고, 당신이 받는이에게 두드리기를 해도 좋은지 허락을 받고 혈자리를 두드려준다.(102쪽 참고)
- 받는이가 현재의 모습으로 장면 속에 들어가 ECHO에게 받는이 자신을 소개하게 한다. ECHO에게 그가 왜 왔는지 설명하고 트라우마를 간직하느라고 애써줘서 고맙다는 말을 하도록 안내한다.
- ECHO가 어떤 기분을 느끼고 있는지 몸의 어디가 불편한지 물어보

게 한다. 그다음 받는이가 ECHO에게 수용 확언을 말하며 EFT를 하게 한다. '당신이 비록 [부정적인 감정]을 갖고 있지만, 당신을 사랑하고 받아들입니다.' ECHO가 아이라면 '…너는 대단한 아이야'라고 말한다. 그동안 당신은 받는이를 두드린다.

- 받는이는 ECHO의 모든 혈자리를 두드리는 상상을 한다(당신은 계속 받는이에게 두드리기를 해준다). 일반 EFT와 마찬가지로, 당신이 연상 어구를 말하면 받는이가 따라 말한다. 따라서 만약 검은 두려움이 있다면, 연상 어구는 '검은 두려움'이 된다. 당신이 받는이를 두드리는 동안 연상 어구를 반복해서 말한다. 받는이는 자기 ECHO를 두드린다. ECHO가 감정을 추스를 때까지 이 과정을 반복한다.

- 받는이에게 ECHO와 마음속으로 대화해보라고 권한다. ECHO가 그 상황에서 삶에 대하여 무엇을 배웠는지 물어보고, 받는이 역시 지금도 그렇게 믿는지 물어본다.

- 받는이에게 일어난 일을 바꾸라고 권한다. 적합하다면, 새로운 자원이나 사람을 데려온다. 이 과정은 대부분 침묵 속에서 이루어진다. 받는이를 계속 두드리면서 받는이가 이 과정을 끝낼 수 있도록 시간을 주겠다고 설명한다. 받는이는 동시에 자기 ECHO를 두드린다. 받는이에게 이 과정이 끝나면 당신에게 알려달라고 말한다.

- 문제가 해결됐다면, 받는이에게 ECHO가 새로운 곳으로 가고 싶어하는지 물어보라고 한다(적합하다면).

- 받는이는 머릿속에 새로운 영상을 떠올리고 그것을 오감으로 느낀다. 받는이가 무엇을 보고 듣고 있으며, 무슨 냄새와 맛을 느끼고, 어

떤 기분을 느끼는지 물어본다. 받는이에게 영상을 생생하게 떠올리라고 하고, 그 영상을 볼 때 어떤 긍정적인 기운을 느끼는지 물어본다.

- 받는이에게 트라우마가 끝났다는 것을 몸 안의 모든 세포에 알리는 신호를 보내라고 말한다. 그리고 치유가 필요한 장기나 부분에도 치유의 기운을 보내라고 말한다.
- 받는이가 영상을 심장 속에 보내도록 도와준다. 받는이가 장면과 관련된 긍정적인 감정과 느낌을 충분히 느끼도록 권한다.
- 받는이가 매트릭스로 영상을 내보낼 수 있도록 도와준다. 받는이가 긍정적인 감정을 충분히 느낄 수 있도록 시간을 충분히 준다. 끝나면 당신에게 알려달라고 한다.
- 받는이를 다시 현재로 초대하고 마음의 준비가 되면 눈을 뜨라고 말한다. 만약 받는이가 현재로 완전히 돌아왔다면, 다시 눈을 감고 머릿속에 원래 영상을 떠올려보라고 한다. 만약 아직도 불편한 감정이 남아 있다면, EFT를 해도 좋고 다시 장면 속으로 돌아가 다른 양상을 다루어도 좋다.

매트릭스 기억 리임프린팅

기본 전제

이 기법은 조금 더 긴 기억을 다룬다는 점을 제외하면, 매트릭스 장면 리임프린팅과 유사하다. EFT의 영화관 기법처럼, 몇 가지 양상이 있는 한 가지 사건만을 다룬다. 한 시간, 하루 아침이나 오후, 저녁 등 짧은 기억을 다루는 것이 좋다. 사건의 내용을 설명하는 데 10분이 넘지 않는 것이 좋다. 며칠 혹은 몇 주에 걸친 기억이라면, 여러 작은 부분으로 나누어 각자 다른 제목을 붙여주고 한 부분씩 차례로 다룬다.

매트릭스 기억 리임프린팅: 혼자 실습하기

일반적인 주의 사항이 적용되며, 깊은 상처나 큰 트라우마를 겪은 기억은 매트릭스 리임프린팅 전문가와 함께 해결하기를 권한다.

1단계 | 기억 불러오기

바꾸고 싶은 기억을 구체적으로 떠올린다. 반드시 한 가지 사건이어야 한다. 제목을 붙인다. 예컨대 '해변에서 버려지다' 또는 '생애 최악의 날' 등.

2단계 | 사건의 묘사

어떤 감정이 떠오르기 전에 기억을 소리 내어 묘사하거나 마음속에서 말해도 좋다. 감정이 올라오면, 기억을 잠시 멈춘다.

3단계 | 장면

감정이 올라온 장면을 생생하게 떠올려본다. 장면 밖에서 상황을 관조한다. 기억 속 어린 모습의 당신이 바로 ECHO다.

4단계 | 두드리기

눈을 감고 모든 혈자리를 두드리기 시작한다.(102쪽 참고) 첫 번째 감정의 고조를 해소한 시점인 10단계까지 두드리기를 계속한다.

5단계 | ECHO 만나기

장면 속으로 들어가 ECHO에게 자기를 소개한다. 당신이 누구인지, 그리고 ECHO가 상황을 다른 시각에서 볼 수 있도록 돕기 위해 미래에서 왔다고 설명한다. 이 과정을 조용히 마음속에서 생각하며 진행한다.

6단계 | ECHO에게 감사하기

ECHO는 대부분 트라우마를 오랫동안 끌어안고 있었다. 이제까지 정말 수고 많이 했다고 감사의 말을 전한다.

7단계 | ECHO 두드리기

ECHO에게 지금 무엇을 느끼고 있으며 몸의 어떤 부위에서 그 감정을 느끼는지 질문한다. 그다음 ECHO가 부정적인 감정을 극복할 수 있도록 수용 확언과 함께 ECHO를 두드린다. '당신은 비록 [부정적인 감정]을 갖고 있지만, 당신을 사랑하고 받아들입니다.' 만약 ECHO가 어린아이라면, '…너는 정말 대단한 아이야'라고 말한다. 두드리기를 계속한다. ECHO의 감정이 진정될 때까지 이 과정을 반복한다.

8단계 | ECHO와 대화하기

그 상황이 ECHO에게 삶에 대해 어떤 믿음을 갖게 했는지 물어본다. 당신도 혹시 ECHO와 같은 믿음을 가지고 있는지 확인한다. 예를 들어 ECHO가 그 상황에서 자기가 '사랑스럽지 않다'고 생각했다면, 당신도 여전히 자기가 사랑스럽지 않다고 생각하는지 확인한다.

9단계 | ECHO를 준비시키거나 결과 바꾸기

ECHO에게 이 상황을 해결하기 위해 하고 싶은 일이 있는지 물어보자. ECHO는,

- 앞으로 일어날 일에 대해 준비할 수 있다.
- 원하는 모든 것을 추가할 수 있다.
- 일어난 일을 바꿀 수 있다.
- 자기를 도와줄 물건이나 조력자를 초대할 수 있다.
- 당시에 하지 않았던 일이나 하고 싶었던 일을 할 수 있다.

이 과정은 보통 조용히 마음속으로 진행한다. 충분히 시간을 갖고 자기와 ECHO를 두드린다.

10단계 | 기억 묘사 이어서 하기

첫 번째 감정 고조가 변화되면 두드리기를 멈춘다. 이제 눈을
뜨고 멈추었던 부분에서 다시 시작하여 묘사한다.

11단계 | 나머지 감정 고조 해소하기

감정이 고조될 때마다 기억을 정지시키고, 눈을 감고 두드리
기를 시작한다. 각 감정의 고조를 위와 동일한 방법으로 해소
한다. ECHO를 두드리면서 앞으로 일어날 일에 대비하도록
하거나, 결과를 바꾸거나, 원하는 것들이나 조력자를 불러들
인다. 모든 감정적 갈등이 해소될 때까지 이 과정을 반복한다.

12단계 | ECHO가 다른 장소로 가고 싶은지 물어보기

기억의 모든 양상이 해결됐다면, ECHO에게 가고 싶은 곳이
있는지 물어본다. 예를 들어 숲이나 해변 같은 장소도 좋다.
새로운 장소를 찾아갈 필요가 없는 경우도 있을 수 있다.
ECHO가 선택한 새로운 장소에서 긍정적인 경험을 할 수 있
도록 한다. ECHO가 초대하고 싶은 사람을 데려와 유대감을
형성할 수 있다.

13단계 | 마음속 장면 바꾸기

ECHO가 마음의 안식을 찾았고 이 장면에 대해 밝고 긍정적
인 생각을 갖고 있다면 그 장면을 마음속에 떠올린다. 뇌의 모

든 신경세포가 새로운 장면과 연결될 수 있도록 한다. 장면 속 색깔과 새로운 감정을 강하게 떠올리면서 오감으로 그 장면을 생생하게 체험한다.

14단계 | 세포에 신호 보내기

몸의 모든 세포에 트라우마가 끝났으며 모든 것이 다 잘될 거라는 신호를 보낸다. 만약 트라우마로 인해 몸에 병든 곳이 있다면, 그 부분에 치유의 메시지를 보낸다.

15단계 | 심장에 장면 가져오기

장면을 심장 속에 불러온다. 이때 장면 속 모든 색이 생생하고, 밝고, 긍정적인 기운이 넘치게 만든다.

16단계 | 매트릭스의 장면 바꾸기

이제 심장 속 영상을 매트릭스에 쏘아 보낸다. 이 긍정적인 감정을 충분히 느낄 수 있도록 스스로에게 시간을 주자. 긍정적 감정을 충분히 누리게 하는 것이 이 기법의 일부분이다.

17단계 | 결과 시험하기

두드리기를 멈춘다. 현재로 돌아와 준비가 되면 눈을 다시 뜬다. 이제 다시 눈을 감고 원래 장면을 떠올려본다. 아직도 그 장면을 떠올리는 데 불편함이 있다면 EFT를 하거나 다시 장면으로 돌아가 장면 속 다른 양상을 해결한다. 그러나 대부분의 경우 원래 장면이 바뀌었거나 아예 사라져 있다.

매트릭스 기억 리임프린팅: 다른 사람과 실습하기

다른 사람과 실습하는 과정 역시 받는이를 두드리고 받는이가 ECHO를 두드린다는 것만을 제외하면, 혼자 실습하는 과정과 거의 유사하다.

- 받는이에게 구체적인 기억을 떠올리라고 말한다. 반드시 한 가지 사건이어야 한다. 사건에 제목을 붙인다.
- 받는이가 사건에 감정 이입을 하기 전에 무슨 일이 있었는지 물어본다. 감정적 갈등을 느끼는 지점에서 기억을 멈추게 한다.
- 받는이에게 갈등을 느낀 장면에 대해 설명하라고 말한다. 받는이가 장면 밖에서 보고 있는지 다음 질문으로 확인해본다. 'ECHO가 무엇을 입고 있나요?', 'ECHO의 생김새가 어떤가요?' 등. 기억 속의 어린 모습이 받는이의 ECHO이다.
- 받는이에게 눈을 감아달라 부탁하고, 당신이 받는이에게 두드리기를 해도 좋은지 허락을 받는다. 받는이의 혈자리를 두드려준다(102쪽 참고).
- 받는이가 현재의 모습으로 장면 속에 들어가 ECHO에게 받는이 자신을 소개하도록 한다. ECHO에게 자신이 왜 왔는지 설명하고 트라

우마를 간직해주어 고맙다는 말을 전할 수 있게 한다.

- ECHO가 어떤 기분을 느끼고 있는지 몸의 어디가 불편한지 물어보게 한다. 당신이 받는이를 두드리는 동안 받는이가 ECHO에게 EFT를 한다. ECHO가 감정을 추스를 때까지 이 과정을 반복한다.

- 받는이에게 ECHO와 마음속으로 대화해보라고 권한다. ECHO가 그 상황에서 무엇을 배웠는지 물어보고, 받는이 역시 그렇다고 믿는지 물어본다.

- 받는이에게 ECHO가 앞으로 일어날 일을 대비할 수 있게 하거나 일어난 일을 바꾸라고 권한다. 적합하다면, 내용을 새롭게 바꾸거나 조력자를 불러온다. 변화 과정은 대부분 침묵 속에서 이루어진다. 받는이를 계속 두드리면서 받는이가 이 과정을 끝낼 수 있도록 시간을 주겠다고 설명한다. 받는이는 동시에 자기 ECHO를 두드린다. 받는이에게 이 과정이 끝나면 당신에게 알려달라고 말한다.

- 첫 번째 감정 고조가 해소됐다면, 받는이 두드리기를 멈춘다. 이제 눈을 뜨고, 멈춘 부분에서 다시 기억을 묘사해보라고 권한다.

- 감정이 고조될 때마다 기억을 정지시키고, 전과 같이 눈을 감고 두드리기를 실시한다. 개별 갈등을 모두 같은 방법으로 해결한다. 모든 감정 갈등이 해소될 때까지 이 과정을 반복한다.

- 문제가 해결됐다면, 받는이에게 ECHO가 새로운 곳으로 가고 싶어 하는지 물어본다(적합하다면).

- 받는이에게 머릿속에 새로운 영상을 떠올리라고 말한다. 받는이가 그 장면을 오감으로 느낄 수 있게 해준다. 받는이가 무엇을 보고 들

고 있으며, 무슨 냄새와 맛이 느껴지고, 어떤 기분을 느끼는지 물어본다. 받는이에게 영상의 색깔을 더 밝고 선명하게 만들라고 하고, 그 영상을 볼 때 어떤 긍정적인 기운을 느끼는지 물어본다.

• 받는이에게 트라우마가 끝났다는 것을 몸 안의 모든 세포에 알리는 신호를 보내라고 말한다. 그리고 치유가 필요한 장기나 부분에도 치유의 기운을 보내라고 말한다.

• 받는이가 영상을 심장 속으로 보내도록 도와준다. 받는이가 장면과 관련된 긍정적인 감정과 느낌에 감응하도록 권한다.

• 받는이가 매트릭스로 영상을 내보낼 수 있도록 도와준다. 받는이가 긍정적인 감정을 충분히 느낄 수 있도록 시간을 충분히 준다. 끝나면 당신에게 알려달라고 한다.

• 받는이에게 두드리기를 멈추면, 받는이를 다시 현재로 초대하고 원래 기억을 떠올려보라고 말한다. 만약 아직도 불편한 감정이 남아 있다면, 다시 기억 속으로 돌아가 해결되지 않은 양상을 다룬다.

매트릭스 기반 기법 다지기

8장

이제까지 매트릭스 리임프린팅 기법의 기본을 다루었다. 그러나 이 기법은 개별 받는이에게 맞춰 조율할 필요가 있다. 깊은 상처나 트라우마를 다룰 때 항상 순서대로 일이 진행되지는 않으며, 때때로 ECHO가 트라우마와 관련된 감정적 혼란을 해결하는 과정 중 문제가 발생하기도 한다. 다음 지침은 기본기를 다지고 매트릭스 리임프린팅을 하면서 마주칠 수 있는 문제 상황에 대해 대처하게 해준다.

열린 질문

매트릭스 리임프린팅은 열린 질문을 하는 작업에 기초한다. 열린 질문은 비판적이지 않고, 내담자가 부정적인 믿음을 갖게 된 원인을 파악하고, ECHO가 감정적 혼란을 해소할 수 있도록 도와준다. 예를 들면,

- 이 문제와 관련하여 가장 오래된 기억은 무엇입니까?
- 영상 속 그녀는 어떤 모습을 하고 있습니까?
- 그는 그 말에 대해 어떤 기분을 느끼고 있습니까?
- 그녀는 그날 어떤 삶의 교훈을 얻었습니까?
- 아직도 그녀와 같은 믿음을 갖고 있습니까?
- 그녀가 하고 싶은 말이 있거나 바꾸고 싶은 일이 있나요?
- 그는 어떤 사람에게 도움을 받고 싶어 합니까?
- 더 이상 그녀가 아픔을 간직할 이유가 있습니까?

이것은 할 수 있는 질문의 완전한 목록은 아니다. 중요한 것은 문제를 해결하도록 인도할 수 있는 질문어야 한다는 것이다.

자발적 변화의 중요성

변화의 의지가 받는이와 ECHO에게서 자발적으로 나오는 것이 중요하다. 받는이와 처음 상담할 때 몇 가지 제안을 해도 좋지만, 문제의 해답은 받는이 본인이 제일 잘 알고 있기 때문에, 변화에 대한 그들의 생각과 감정을 존중해주어야 한다. 만약 당신이 ECHO의 표현할 권리를 부정한다면 문제를 완전히 해결할 수 없게 된다. 당신의 역할은 용납하는 것이지 판단하는 것이 아니다.

이따금 당신에게 더 나은 제안이 있다고 생각될 때가 있다. 특히 당신이 주도적인 사람이라면. 그러나 끌고 가려 하면 더 저항하기 마련이다. 상담사로서 당신은 안내자일 뿐이다. 어떤 것이 그 사람에게 제일 좋은지는 우리로서는 알 길이 없다. 우리의 판단은 우리 주관에 영향을 받고, 받는이는 우리와 다른 주관을 갖고 있기 때문이다.

어떤 경우에는 ECHO가 과거의 경험을 그대로 다시 하고 싶어 한다. 경험은 그대로 하되 받는이가 ECHO의 조력자가 되기를 원할 수 있다. 예를 들면, ECHO는 중요한 교훈을 얻었기 때문에 트라우마를 다시 겪고 싶어 할 수 있다. 하지만 이번에는 받는이, 사랑하는 사람, 친척, 친구, 가족 또는 영적 존재가 지켜보는 가운데 재현하게 도와준다.

받는이가 리임프린팅에 어려움을 느낄 때 도움 주기

위 주의 사항을 염두에 두고, 받는이가 문제를 스스로 해결하지 못하고 있을 때 어떻게 할지 알아보자. 당신의 역할은 받는이가 창의적인 사고를 할 수 있도록 도와주는 것이다. 가능하다면 몇 가지 제안을 해도 좋다. 받는이에게 여전히 선택권이 있기 때문에 괜찮다. 예를 보자.

받는이 │ 그녀가 이 상황을 어떻게 해결해야 할지 모르는 것 같아요.

전문가 │ 해결책이 있습니까?

받는이 │ 아뇨. 저도 그녀에게 무엇이 최선인지 모르겠습니다.

전문가 │ 그곳에서 벗어나고 싶어 하거나, 가해자와 맞서 싸우거나 도와줄 사람을 찾고 있나요? 그녀에게 무엇이 좋을지 물어보세요.

받는이 │ 그녀가 도망치고 싶지 않다고 말해요. 하지만 혼자 맞서 싸우기엔 너무 무서워해요. 그녀에겐 제가 있기 때문에 다른 사람을 더 불러올 필요는 없을 것 같아요. 그녀는 제가 자신을 돕길 원하고 있어요.

전문가 │ 그녀에게 당신이 계속 곁에 있을 거라고 알려주세요. 그녀를 계속 두드리면서 당신과 함께 뭘 하고 싶은지 물어보세요.

만약 받는이가 어려움에 직면한다면, 직관력을 사용하여 도와주는 것이 가장 좋은 방법이다. 길을 가로막지 않으면서 받는이가 앞으로 나아갈 수 있게 안내하려면 어느 정도 요령이 필요하다. 그러나 이것은 연습이 필요하고 초보자의 영역 밖인 경우가 대부분이다.

당신의 직관적인 제안은 당신의 생각이라기보다는 갑자기 외부에서 온 것같이 느껴질 것이다. 당신이 평소에 제안하는 것과는 대립되는 생각일 수 있다. 그러나 당신은 여행의 안내자일 뿐이며, 여행을 어떻게 할지 결정하는 것은 받는이의 몫이다. 따라서 열린 마음으로 제안을 받아들이고, 자기 생각과 다르다 느껴져도 받는이의 선택을 존중한다.

받는이가 아무 방해 없이 침묵 속에서 변화 과정을 체험할 수 있는 시간을 주어야 한다. 받는이가 먼저 도움을 요청하지 않는 이상 말을 걸지 않는다. 이 침묵 속에서 상당한 치유가 일어난다. 침묵 속에서 받는이가 해야 할 일을 설명하는 것 역시 중요하다.

전문가 | 이 부분에서 어린 당신은 무엇을 하는 것이 좋을까요?

받는이 | 자기 의사를 분명히 밝혀야 해요. 그녀는 그 남자에게 소리 지르고, 아저씨는 나빠요, 하고 말해줘야 해요.

전문가 | 계속 그녀를 두드려주세요. 그녀가 충분하다고 생각할 때까지, 하고 싶은 일을 할 수 있게 해주세요. 이 과정이 끝나면 저에게

알려주시고, 혹시 도움이 필요하면 언제든지 말씀하세요. 저 역시 계속 당신을 두드릴 것입니다. 시간을 가지세요.

그러나 종종 받는이가 소리 내어 말해야 할 때가 있다. 특히 그 사람의 문제가 침묵을 강요당했던 적이 있었거나 무력감을 느끼게 했던 사건 때문이라면, 크게 소리 내어 말할 필요가 있다. 따라서 항상 받는이에게, 조용히 말없이 마음속에서 하든 소리 내어 말하든 그들에게 선택권이 있다고 알려준다.

ECHO를 대신하여 수용 확언과 연상 어구 말하기

변화 과정은 침묵 속에서 진행하지만, ECHO에게 수용 확언이나 연상 어구를 말할 때는 소리 내어 말해야 한다.

전문가 | 그는 지금 어떤 기분인가요?

받는이 | 많이 불안해하고 있어요.

전문가 | 불안함이 어디에서 느껴지고 있나요?

받는이 | 그의 가슴에서 느껴져요.

전문가 | 어떤 색깔인가요?

받는이 | 파란색입니다.

전문가 | 좋습니다. 어린 당신의 손날 타점을 두드려주세요(전문가는 받는

이의 손날 타점을 두드린다). 두드리면서 제가 하는 말을 따라서 하세요. '네가 비록 가슴에 파란 불안함을 느끼고 있지만, 그래도 너는 굉장한 아이야.'

받는이 | '네가 비록 가슴에 파란 불안함을 느끼고 있지만, 그래도 너는 굉장한 아이야.'

수용 확언을 세 번 반복한다.

전문가 | 이제 모든 혈자리를 두드려주세요. 머리 위에서 점점 아래로 두드립니다. '가슴속의 파란 불안함.'

받는이 | '가슴속의 파란 불안함.'

전문가 | '파란 불안함.'

받는이 | '파란 불안함.'

전문가 | '가슴속.'

받는이 | '가슴속.'

받는이는 계속 두드리기를 해서 ECHO의 감정을 모두 해소시켜준다.

전문가 | 이제 좀 어떤가요? 좀 편안해졌다고 하나요?

받는이 | 네. 좀 편안해합니다.

ECHO를 대신하여 수용 확언을 소리 내서 말하는 것은 ECHO가 감정적 혼란을 해소하는 데 도움을 준다.

ECHO의 연령대

분명히 해두고 싶은 점은, 대부분의 경우 어릴 때 부정적인 믿음이 생긴 시점으로 돌아가지만 ECHO의 나이가 정해진 것은 아니라는 것이다. 예를 들어 60세 노인이 크게 넘어진 적이 있다면, 도움이 필요한 60세의 ECHO가 있다. ECHO는 엄마 뱃속에서도 생길 수 있다. 따라서 나이에 특별한 제한은 없다.

호전 반응

다른 심리치료와 마찬가지로, 매트릭스 리임프린팅을 하는 중에 호전 반응(호전되기 전에 증상이 심해짐)을 겪는 경우가 가끔 있다. 큰 트라우마 주제는 매트릭스 리임프린팅 전문가와 상담해야 하는 또 다른 이유다. 호전 반응이 매트릭스 리임프린팅에서는 드물게 나타나지만, 일어날 가능성이 있다는 것을 명심하자.

매트릭스 장면 리임프린팅과 기억 리임프린팅 다지기

다음 행동 지침은 당신이 매트릭스 리임프린팅으로 더 좋은 성과를 내기 위함이다. 아래의 예제는 다른 사람과 함께 실습할 경우에 해당한다. 혼자 실습할 때도 크게 다르지 않다. 이미 앞에서도 언급했지만, 다른 사람과 함께한 만큼의 결과를 내지 못할 수 있다.

눈 감기

받는이가 항상 눈을 감고 매트릭스 리임프린팅을 할 필요는 없다. 어떤 사람은 눈을 감을 때보다 뜬 상태에서 더 집중을 잘한다. 따라서 눈을 뜨고 할 때 더 편하다면 뜨고 있어도 좋다.

장면 밖에서 보기

매트릭스 리임프린팅을 할 때는 장면을 밖에서 바라보는 것이 중요하다. ECHO가 진정한 내담자이기 때문에, ECHO와 분리된 상태로 있어야 제대로 도움을 줄 수 있다. 만약 받는이가 ECHO에 동화된다면, 다시 말해 ECHO의 눈으로 장면을 바라본다면, 받는이에게 어린 자신의 모습을 마주할 수 있게 ECHO의 몸속에서 나올 것을 권유한다. 예를 보자.

전문가 | 당신의 기억 속 어린 모습이 보이나요?

받는이 | 네, 지금 그 아이는 혼자 외롭게 서 있어요.

전문가 | 어떤 옷을 입고 있나요?

받는이 | 빨간 치마를 입고 학교 가방을 메고 있어요.

전문가 | 그 아이는 어떤 얼굴을 하고 있나요?

받는이 | 슬퍼 보여요. 머리가 축 처져 있어요.

전문가 | 한 가지만 확인해볼게요. 지금 당신 몸속에 있나요? 아니면 몸 밖에 있나요?

받는이 | 아, 지금 제가 그 아이예요. 그 아이의 눈을 통해서 보고 있어요.

받는이를 다시 방 안으로 불러오는 것도 ECHO와 분리시키는 방법
중 하나이다. 눈을 뜨게 한 다음, 발과 맞닿아 있는 바닥을 느끼게 한다.
그다음 다시 눈을 감고 장면에 서서히 다가가는 상상을 한다. 거리를 두
고 ECHO에게 서서히 접근한다.

마찬가지로 혼자 실습할 때도 어린 자기 모습을 이런 방법으로 바라본다.

ECHO에게 자기소개하기

ECHO에게 받는이가 누구이며, 왜 왔
는지 반드시 알려주어야 한다. ECHO가 마음의 고통을 덜 수 있게 미래
에서 왔다고 설명한다. 예를 보자.

받는이 | 그녀가 혼란스러워합니다. 제가 왜 여기 있는지 모릅니다.
전문가 | 그녀가 안전하다고 알려주세요. 그녀를 돕기 위해 미래에서 왔
다고 말합니다. 그렇게 해도 좋은지 물어보세요.
받는이 | 네, 이제 괜찮아 보입니다. 제가 와서 정말 기뻐하고 있어요. 너
무 오랫동안 혼자 있었어요.

이제 더 이상 혼자가 아니라고, 도와주러 왔다고 안심시켜주세요.

혼자 실습할 때도 ECHO에게 자기가 누군지 소개하며 왜 왔는지 설명하는 것이 매우 중요하다.

그러나 이 작업을 자주 하다 보면, 당신이 누군지 알리지 않아도 ECHO가 당신을 알아보게 된다.

ECHO에게 감사하기

ECHO에게 감사의 말을 하는 것이 중요하다. 그들은 트라우마를 오랫동안 힘들게 지켜왔기 때문이다. 당신이나 받는이를 트라우마의 고통으로부터 보호하고 있었던 것이기 때문에, 이것을 반드시 인정해주어야 한다. ECHO의 역할을 인정해주는 것은 치유의 중요한 부분이다.

최대한 빨리 ECHO 두드리기

ECHO와 만났을 때, 최대한 빨리 두드려주는 것이 좋다. ECHO가 괴로워하고 있을 가능성이 높기 때문에, 이것을 해소하기 위해 두드리기를 한다는 것을 기억해두자. 통상적인 EFT와 마찬가지로 두드리기를 할 때 변화가 일어난다.

ECHO가 두드리기를 거부할 때

가끔 ECHO가 두드리기를 거부할 수 있다. 이럴 경우, 받는이에게 조력자를 불러와 두드리기를 도와주게 할 수 있다는 것을 알려준다. 그러나 어떤 조력자를 불러올지는 ECHO와 협의해야 한다. 다음 질문을 하여 이 상황을 유도할 수 있다. '어린 당신이 안전하다고 느낄 수 있게 다른 사람을 초대할 수 있을까요? ECHO가 원하는 사람을 아무나 불러올 수 있습니다. 친구, 친척, 선생님이나 안내자도 좋습니다.' 조력자의 역할은 받는이가 ECHO를 두드릴 수 있도록 ECHO를 달래는 일이다. 받는이와 ECHO가 대화를 해야 문제를 해결할 수 있다.

가끔은 인내심을 가져야 할 때도 있다. 초창기 매트릭스 리임프린팅 세션에서 칼은 받는이의 ECHO가 두드리기를 허락할 때까지 거의 한 시간을 작업해야 했던 적이 있다. 6살 정도의 ECHO는 받는이가 두드리는 것이 싫어서 계속 주변을 빙글빙글 돌아다녔다. 결국에는 가만히 서 있게 설득했지만, ECHO가 받는이를 신뢰하기까지 정말 긴 과정이었다.

만약 혼자 실습하다가 당신의 ECHO가 두드리기를 거부한다면, 매트릭스 리임프린팅 전문가 또는 이 기법을 잘 아는 사람에게 도움을 받아야 할 수도 있다.

케이티와 유령

칼이 케이티와 매트릭스 리임프린팅을 하고 있을 때였다. 케이티는 그녀의 ECHO를 곧바로 두드리지 못하고 있었다. ECHO를 두드리려고 하는 순간 유령이 케이티 앞을 가로막았다. 그 유령은 바로 어린 시절 케이티가 트라우마를 견디기 위해 만들어낸 상상 속 친구였다.

칼은 케이티에게 ECHO가 유령으로부터 무엇을 얻었는지 물어보게 했다. ECHO는 그 유령이 그녀에게 사랑과 관심을 주었고, 같이 놀아주었다고 말했다. 케이티가 ECHO에게 "유령과 나, 두 명에게 사랑받고 싶지 않아?"라고 물어보자 유령이 옆으로 비켜주었다. 케이티가 유령을 대신하여 ECHO에게 필요한 것을 줄 수 있기 때문이었다.

받는이가 진정 ECHO의 문제를 해결하고 싶다는 의지

매트릭스 리임프린팅의 목적은 받는이와 ECHO에게 마음의 평화를 가져다주는 것이다. 그러나 때때로 받는이가 ECHO가 변하지 않기를 원할 수 있다. 가끔은 ECHO가 트라우마로부터 얻은 행동 방식을 바꿀 준비가 되어 있지 않기 때문이다. 이런 문제는 초보자보다 매트릭스 리임프린팅 전문가가 다루는 것이 좋다. 매트릭스 리임프린팅의 목적은 트라우마를 해결하고 받는이가 더 나은 자원과 전략을 새로 찾게 해주는 것이다. 받는이와 ECHO가 서로 신뢰를 쌓아야 문제 해결의 실마리를 찾을 수 있다.

ECHO와 받는이가 대립할 때

ECHO와 받는이가 항상 처음부터 협동해서 트라우마를 해결하는 것은 아니다. 가끔은 ECHO가 받는이를 거부한다. 꼬마 여자아이에게 왜 계속 주변을 돌아다니기만 하고 두드리기를 받고 싶어 하지 않냐고 물었다. 그녀는 "난 저 사람(받는이)이 나 만지는 거 싫어. 엄마랑 똑같이 생겼어!"라고 대답했다. 그녀의 어머니가 문제의 원인 중 하나였던 것이다. 받는이는 어린 자신에게 그녀는 어머니가 아니고, 어린 자신이 어른

이 돼서 그녀를 돕기 위해 미래에서 온 것이라고 설명해야 했다. 이것을 ECHO가 납득하자 두드리기를 시작할 수 있었다.

조금 더 드문 경우이지만, 받는이가 ECHO를 원망하고 있을 때도 있다. 이것은 예전에 학대를 받았던 받는이가 일어난 일에 대해 책임을 느끼고 있거나, 어린 자신을 탓하고 있을 때 일어날 수 있다. 이 경우 받는이가 ECHO에게 강하고 경멸하는 발언을 할 수 있다. 특수한 경우이기 때문에 반드시 자격이 갖추어진 숙련된 매트릭스 전문가의 도움이 필요하다.

만약 당신이 자격을 갖춘 전문가라면, 모든 상담 치료가 그러하듯이 받는이가 ECHO를 용서하게 하는 것이 치료의 목적이다. ECHO가 잘못을 한 것이 아니기 때문에 받는이가 그것을 깨닫도록 하는 것이 궁극의 목적인 것이다. 그러나 이것을 강요해서는 안 된다. 먼저 받는이와 ECHO를 연결시켜줄 다리를 찾아 연결해야 한다.

받는이의 성향에 따라서 몇 가지 할 수 있는 일이 있다. 한 가지 방법은 받는이의 '상위 자아'와 대화하는 것이다. 물론 '상위 자아'라는 개념을 받는이가 납득할 경우에 한해서이다. '당신이 갖고 있는 모든 지식과 지혜로, 당신의 상위 자아나 핵심 자아 또는 진정한 자아에게 도움을 청한다면, 비슷한 상황에 처한 다른 아이에게 어떤 말을 해줄 수 있을까요?'

만약 이것이 실패한다면, 받는이에게 그 상황을 도울 수 있는 다른 사람을 불러오라고 말해보자. 받는이가 계속 눈을 감은 채 ECHO에게 집중하여, 받는이와 ECHO 사이의 간극을 좁힐 수 있는 사람이 누구인지 물어보게 한다. 그 사람이 친구, 사랑하는 사람, 선생님, (긍정적인 관계를 맺고 있는) 종교적 인물, 빛의 존재, 천사 또는 그들이 존경하는 사람 누구든지 될 수 있다고 설명한다. 어떤 사람은 아주 현실적인 선택을 한다. '저는 오빠 톰을 데려오고 싶어요. 톰은 사람이 좋고 잘 받아주는 성격을 갖고 있어요.' 어떤 사람은 조금 더 영적이다. '저는 사랑의 천사가 왔으면 좋겠어요. 제 어린 자신을 볼 때마다 화가 나요.' 모든 대답은 받는이가 갖고 있기 때문에, 그들의 생각을 존중해주어야 한다. 만약 당신이 천사를 좋아하지만 받는이는 현실적인 것을 좋아할 경우, 받는이에게 내 생각을 강요해서 그들의 선택권을 제한하면 상황에 전혀 도움이 되지 않을 것이다. 따라서 항상 그들이 원하는 것을 선택할 수 있게 해주어야 한다.

받는이가 조력자를 선택한다면, 조력자가 어떻게 받는이와 어린 자신의 간극을 좁힐 수 있는지 물어본다. 만약 관계 형성을 강하게 거부한다면 몇 가지 제안을 해서 중재할 수 있지만, 먼저 받는이 스스로 답을 찾을 수 있게 도와준다.

만약 직접 중재해야 한다면, 중재 방법에 정해진 답이 없기 때문에 매우 창의적으로 진행할 수 있다. 사샤는 초대된 조력자가 ECHO와 받는이를 동시에 두드려서 두 사람의 기운이 연결될 수 있도록 한다(당신이 이 과정 내내 받는이를 직접 두드리고 있다는 것을 잊지 말자). 받는이가 ECHO에 대한 부정적인 감정을 털어내면, 조력자가 계속 두드리는 동안 받는이와 ECHO가 서로 손을 잡게 한다. 받는이가 그것을 편안하게 받아들인다면, 받는이가 ECHO를 두드리기 시작한다. 이 단계를 빨리 해야 한다는 부담감을 느끼지 않았으면 좋겠다. 받는이가 장기간 학대를 받은 경우에는 이 과정을 세션 내내 해야 할 때도 있다.

만약 당신이 혼자 실습하던 중 당신이 ECHO를 원망하고 있다는 것을 발견했다면 그 문제를 해결하기 위해 매트릭스 리임프린팅 전문가와 상담하는 것이 좋다.

ECHO가 고통을 내려놓지 않을 때

가끔씩 ECHO 혹은 받는이가 고통을 내려놓고 싶어 하지 않을 때가 있다. 칼과 사샤는 내담자가 이런 말을 하는 것을 수도 없이 들어왔다. '그는 고통을 내려놓고 싶어 하지 않고 있어요. 만약 고통을 내려놓게 된다면, 그를 아프게 한 사람에게 면죄부를 주는 것 같아요.' 또는 '만약 그녀가 지금 내려놓게 되면, 가해자가 처벌을 면하게 되는 것이잖아요.' 그런 식으로 고통을 끌어안고 있는 것은 자기가 독을 먹으면서 다른 사람이 아프길 바라는 것과 같다고 받는이에게 알려줄 필요가 있다. 예를 보자.

> **받는이** | 그는 아직 분노를 내려놓을 마음이 없어요. 계속 간직하고 싶어 해요.
>
> **전문가** | 그 분노를 왜 담아두고 있는 건가요?
>
> **받는이** | 만약 이 분노를 내려놓게 되면, 삼촌을 용서하게 되는 거잖아요. 아직 삼촌을 용서할 준비가 되지 않았어요.
>
> **전문가** | ECHO에게 당신과 자기 자신을 위해 분노를 내려놓는 것이지, 삼촌을 위한 것이 아니라고 알려주세요. 그 편이 당신과 ECHO에게 훨씬 좋다고 안심시켜주세요.

ECHO의 연령대에 맞는 언어 사용하기

받는이가 ECHO의 연령대에 맞게 말하는 것은 중요하다. 만약 ECHO가 5살이라면, 받는이는 5살에게 말하고 있는 것이다.

만약 ECHO가 말을 하기 전이라면, 예를 들어 자궁에 있을 때라든가 1~2살이라면, 몸짓으로 소통할 수 있는 방법을 찾아야 한다. 그런데 생각보다 이 문제는 간단한 지시로 쉽게 해결될 수 있다. '당신의 어린 모습이 보이나요? 좋습니다. 그가 알아들을 수 있는 방법으로 소통해보세요.' 혼자 실습할 때도 위와 동일하다.

트라우마가 생긴 당시에 불렸던 이름 사용하기

만약 받는이가 트라우마가 생긴 당시에 애칭이 있었다면, ECHO에게도 애칭을 불러주는 것이 좋다.

> **전문가** | 꼬마 크리스가 서 있는 모습이 보이나요? 그에게 두드리기를 해주면서 대화를 시작해보세요. 그런데 혹시 당시에 크리스라고 불렸었나요? 아니면 크리스토퍼라고 불렸었나요?
>
> **받는이** | 생각해보니 그때도 저는 항상 크리스토퍼라고 불렸어요.
>
> **전문가** | 좋습니다. 어린 크리스토퍼를 두드리면서 당신이 누군지 알려주고 왜 오게 됐는지 설명해주세요.

받는이의 모국어 사용하기

만약 받는이가 당신과 다른 모국어를 사용하고 있다면, 받는이의 모국어를 ECHO에게 사용할 것을 권한다. 칼과 사샤는 한 내담자의 ECHO가 당시에 배우지 않은 언어를 사용하기 때문에 못 알아듣는 것을 발견하고, 모국어를 사용했더니 의미가 전달됐다.

받는이가 ECHO에게 당시 사건을 겪으면서 얻게 된 믿음이나 교훈이 무엇인지 알아내는 작업은 치료 과정의 중요한 부분 중 하나이다. 대부분의 경우 그 생각이 받는이가 현재까지도 믿고 있는 핵심 신념일 수 있다. 만약 당시 ECHO가 했던 생각이 '나는 완벽하지 않으면 사랑받을 수 없어', '나는 멍청해', '나는 쓸모 없는 존재야' 또는 스스로 파괴하는 믿음이라면, 현재 받는이도 그 믿음을 갖고 있는지 확인해야 한다.

받는이는 현재 자기의 가치관과 ECHO의 가치관이 크게 다르지 않은 것을 보고 놀란다. 이것은 그 자체로 큰 깨달음이 될 수 있다. 깨달음의 눈물을 흘리는 사람도 있고, 이제까지 자신이 한 행동이 한 가지 사건에서 기인한 것을 보고 안도하는 사람도 있다.

> **전문가** | 그 일을 겪고 나서 세상에 대해 어떤 생각을 하게 되었나요?
>
> **받는이** | 이 세상이 아주 위험하다고 생각했습니다.
>
> **전문가** | 아직까지 그렇다고 생각하고 계신가요?
>
> **받는이** | 네, 저는 해가 떨어지고 나면 절대 밖을 혼자 나가지 않습니다. 항상 가까운 데 위험이 도사리고 있다고 생각해요. 이 모든 것이 그 사건 때문인 줄 정말 몰랐습니다.

게리 크레이그가 EFT에서 자주 쓰는 질문이 있다. '당신은 아직도 7살의 말을 믿고 있습니까?'

이 문장을 조금 변형해서 당신의 입맛에 맞게 고쳐 써보아도 좋다. '당

신은 7살의 조언을 들을 건가요?!'

이것은 세션의 긴장된 분위기를 풀기 위한 표현이라는 점을 명심하자. 따라서 이 말을 할 때는 적당히 유머러스하게 전달하는 것이 좋다.

혼자 실습하고 있다면, 아직도 당신이 ECHO와 같은 생각을 하고 있는지 시간을 갖고 돌이켜보자.

다른 사람과 실습할 때는 문제를 다른 관점에서 볼 기회가 있다. 만약 그 관점이 옳다고 생각하면, 받는이에게 어떤 긍정적인 교훈을 얻었는지 물어보자. 받는이가 만약 그 상황에서 아주 훌륭하게 대처했다면, 받는이가 이 부분을 ECHO에게 알려주라고 권한다.

> 전문가 | 그날 또 무엇을 배웠나요? 긍정적인 결과는 없었나요?
>
> 받는이 | 사실 저는 그날 아주 잘 이겨냈어요. 고통스러웠지만, 그 일을 겪고 나서 독립심을 키울 수 있었어요. 이제 그걸 알 수 있을 것 같아요.
>
> 전문가 | 그녀에게 정말 잘 이겨냈다고 말해주세요.

당신이 혼자 실습할 때도, 긍정적인 교훈이 없었는지 또는 ECHO가 정말 훌륭하게 대처하지는 않았는지 시간을 갖고 돌이켜본다.

일어난 일
바꾸기

당신은 다르게 행동하고 싶었던 적이 얼마나 자주 있었는가? 하지 못했던 말이나 하지 못했던 일 때문에 스스로를 얼마나 자주 괴롭혀왔는가? 그때 상황을 몇 번이나 후회하고 떠올리면서 고통을 간직해왔는가? 이렇게 자책하는 것이 당신의 정서와 육체적 건강에 매우 해롭다는 것은 알고 있었는가?

'내려놓는 것'이 답이라는 것을 이미 알고 있더라도 그것은 생각처럼 쉽지 않다. 특히 당신의 잠재의식이 기억을 계속 재생하고 있다면 더욱 내려놓기 힘들어진다. EFT는 이 부분에 대해 많은 사람들의 고통을 덜어주었다. 그러나 그 기억을 아무렇지 않게 떠올릴 수 있다 하더라도, 그 영상은 항상 그대로이다. 대부분은 우리 기억 속에서 점차 잊혀지지만, 여전히 매트릭스 안에 저장되어 있다. 만약 이 영상들을 긍정적인 영상으로 바꿀 수 있다면 어떨까? 그렇다면 당신이 더 건강하고 행복해지지 않을까?

이것은 사건이 일어난 사실을 부정하는 것과는 매우 다르다는 것을 기억하자. 자신이 겪은 과거를 존중하고 인정하면서 새로운 과거를 만드는 것과 같다. 당신의 과거는 당신의 관점에서 바라본 기억들이 아닌가? 어떤 한 사건에 대해서도 모두 다 다르게 기억하는 것처럼, 사람들은 각자의 관점에서 사건을 기억한다. 따라서 당신은 기억을 부정하지 않아도 그 기억을 바꿀 수 있다. 이것을 할 수 있는 방법들을 몇 가지 제시한다.

새로운 자원 동원하기

당신이 쓸 수 있는 자원은 끝이 없고, ECHO가 상황을 다르게 경험할 수 있도록 도와줄 수 있는 것을 제한 없이 포함시킬 수 있다. 받는이가 그 상황에서 도망칠 수 있게 마법의 양탄자를 사용할 수도 있고, 안전거리를 확보하여 상황을 지켜볼 수 있게 유리 벽을 설치해도 좋다. 호신용으로 칼을 차도 좋고, ECHO의 손끝에서 번개가 나와 가해자가 무서워 도망칠 수 있게 만들어도 좋고, 불안감을 해소하기 위해 곰인형을 가지고 오게 해도 좋다.

받는이는 문제를 해결하기 위한 도구를 이미 알고 있을 수 있다. 왜냐하면 잠재의식 속에서 트라우마를 극복하기 위해 무진장 애를 써왔기 때문이다. 어쩌면 받는이의 직업 선택에도 영향을 주었을지 모른다. 예를 들어 부당한 일을 당한 여자아이가 대법원 판사가 된 경우도 있고, 자기 말을 귀 기울여 듣지 않았다고 생각한 남자아이가 대학교 강사가 된 경우도 있다.

사샤와 성냥개비

사샤는 칼로부터 EFT 전문가 과정 첫 수업을 듣던 중, 새로운 자원을 사용하여 정동장애를 극복할 수 있었다. 그녀는 어릴 적에 부적절한 사진을 찍힌 적이 있다.

비록 그 사진을 모두 회수하여 태워버렸지만, 그 사진은 여전히 그녀의 머릿속에 각인되어 있었다. 사샤의 ECHO가 그 사진을 태우자 신기한 일이 일어났다. 갑자기 발현됐던 정동장애가 순식간에 사라진 것이다. 보통은 며칠, 아니 몇 주까지도 우울 증세를 겪었기 때문에, 그녀에게는 정말 놀라운 일이었다. 따라서 처음에는 매트릭스 리임프린팅이 평소의 자기 모습으로 돌아올 수 있게 해주는 좋은 도구라고 생각했다. 하지만 수개월이 지나 그녀의 정신이 안정됐을 때, 그녀는 트라우마를 해소함으로써 정동장애도 해결된 것임을 알게 됐다.

칼 도슨과 메타-메디신의 연구소장 리차드 플룩이 정동장애를 치료하는 과정이 〈메타-메디신과 EFT META-Medicine® and EFT〉 DVD에 나온다(참고 자료를 보라).

조언자 초대하기

ECHO가 두드리기를 거부하거나 받는이와 ECHO가 서로 대립한다면, ECHO를 도와줄 조력자를 초대해도 좋고, 추가로 다른 사람을 초대할 수도 있다. 이 사람 역시 ECHO가 선택한다. 대부분의 경우 물리적인 힘이나 영적인 힘을 상징하는 사람을 생각해낸다. 어떤 사람은 '이 사람이 누군지 잘 모르겠지만 테레사 수녀님 같아요'라고 말할 수도 있고, 또 어떤 사람은 '그는 어린 간디예요'라고 말할 수도 있다.

비록 ECHO가 선택한 사람을 불러와야 하지만, 받는이에게 선택의 폭이 넓다는 점을 인지시켜주는 것이 도움이 될 수 있다. 사샤가 잘 쓰는 방법은 리스트를 제시하는 것이다. 'ECHO가 도움을 받고 싶어 하는 사람이 있나요? 친구, 친척, TV 인물, 팝스타, 슈퍼히어로, 천사, 또는 영적 존재, 누가 되든 상관없습니다.'

ECHO가 선택하는 조력자는 대부분 ECHO의 나이에 따라 특징이 다르다. 어린 ECHO는 동화 속 인물이나 할머니, 할아버지, 또는 아끼던

개를 조력자로 선택한다. 10대의 ECHO는 슈퍼히어로, 가수, 혹은 존경하는 선생님이나 친구를 선택하고, 조금 더 나이 든 ECHO는 가족, 신뢰하는 친구, 영적 존재, 혹은 천사를 선택한다. 사샤가 가르치던 수련생은 아주 온화한 성격의 신사였지만, 그의 14살 ECHO는 〈에이특공대A Team〉라는 드라마 속 인물 '미스터 T'를 선택했다!

ECHO가 조력자로 선택한 사람은 대부분 그 상황을 해결할 어떤 물건을 들고 온다. 이 부분에서 받는이와 ECHO는 창의력을 십분 발휘할 수 있다. 예를 들면 천사장 미카엘이 나타나 검으로 받는이와 가해자 사이의 연결 고리를 끊어내거나, 할머니가 나타나 불을 밝혀 ECHO가 어둠 속에서 빠져나올 수 있게 도와주거나, 아니면 요정이 나타나 받는이를 놀리던 무리들을 그물에 가둘 수 있다. 방법은 끝도 없이 많으며, ECHO가 스스로 생각해내면 된다.

ECHO가 꼭 하고 싶어 했던 일 성취하게 하기

만약 받는이가 기억 속에서 동결 반응을 보인 적이 있다면, 어쩌면 이 부분이 가장 강력한 치유 과정이 될지도 모른다. 또한 물리적·성적·정서적 학대를 받으면서 자신의 분노를 드러낼 수 없었던 이에게도 강력한 치유 효과가 있다.

제이콥과 막대기

제이콥은 흑인이다. 그는 어릴 때 인종 차별을 당했다. 한번은 백인 우월주의자들이 그를 둘러싸고 침을 뱉고 욕을 했다. 그의 ECHO는 힘의 균형을 맞추기 위해 가해자들을 막대기로 때려눕혔다. 이렇게 하고 나서야 그는 다시 힘을 되찾을 수 있었고, 오랫동안 묵힌 부정적인 감정을 내보낼 수 있었다.

몇 명의 매트릭스 리임프린팅 수련생들은 이런 식으로 분노를 표출하는 것이 폭력성을 키우게 되는 것이 아니냐는 우려의 목소리를 냈다. 만약 당신이 영적이고 평화를 사랑하는 사람이라면, 분노를 표출하는 것이 면역력을 약화시킨다는 생각에 부딪힐 수 있다. 그러나 이 기법을 좀 더 자세히 살펴보면, ECHO가 부정적인 에너지와 동결 반응을 풀기 위해서 분노를 표출할 필요가 있다는 것을 알 수 있다. 너무 오랫동안 가슴속에 묻어둔 감정이기 때문에, 마음의 평화와 용서에 도달하기 위해서는 먼저 화를 내서 떨쳐낼 필요가 있다.

한 가지 더 고려해야 할 문제는 ECHO가 폭력을 행사해 보복하고 싶어 한다면, 그 사건이 일어났을 때부터 앙심을 품어왔을 가능성이 높다. ECHO가 이 분노를 표출할 수 있도록 해주면, 다시 평정심을 찾을 수 있게 된다.

당신이 분노를 표출하는 것에 반대한다 하더라도, 받는이가 하고 싶은 일을 존중해주기를 바란다. 마음의 평화를 찾기 위해 때로는 분노를 먼저 강하게 터뜨려야 할 필요가 있는 것이다.

다시 제이콥과 막대기 이야기로 돌아가보자. 이 세션은 칼의 EFT 전문가 수업에서 있었던 일이다. 세션 이후에 학생들 중 한 명이 제이콥에게 막대기를 쥐어주는 것이 과연 옳은 행동이었냐고 질문했다. 여기서 중요한 점은 제이콥의 ECHO가 힘이 없었기 때문에 막대기를 쥐어 힘의 균형을 되찾을 필요가 있었다는 것이다. 우리는 ECHO가 이런 방법으로 문제를 해결해서 분노를 다시 느끼게 한 것이 아니라는 점에 초점을 맞추기 바란다. 반대로 우리는 제이콥이 본능적으로 행동할 수 있게 해준 것이다. 대부분의 어린아이는 어른이나 친구들이 자신을 억압했을 때 이렇게 하고 싶어 했을 것이다. ECHO가 이렇게 분노를 표출하게 하면 현재의 받는이는 마음의 평화를 찾게 되고, 매트릭스에 저장되어 있던 부정적인 에너지도 사라지게 된다.

ECHO가 만약 살인을 저지르려 할 때

아주 드물지만, 어떤 ECHO는 자신을 학대한 가해자를 죽이고 싶다고 생각할 수 있다. 매트릭스 리임프린팅을 하던 중 이런 일이 발생한 적은 손에 꼽는다. 한번은 한 받는이가 자신의 어머니를 살리지 못한 간호사를 모두 죽이고 싶어 했다. 이 상황에서 이 사람이 가진 분노는 지나친 것이었기 때문에 받는이에게 가장 바람직한 질문은, '처음으로 누군가를 죽이고 싶을 정도로 분노를 느낀 적은 언제입니까?'였다. 그러자 그런 핵심 문제가 시작되었던 시점의 기억으로 돌아가서 그 당시의 문제를 다룰 수 있었다.

또 어떤 경우에는, ECHO가 어릴 때 성적으로 학대한 가해자를 죽이고 싶어 했다. 아동 성폭력 피해자들은 대부분 가해자를 죽이고 어딘가로 가서 치료받고 싶어 했다. 즉 ECHO는 가해자를 진짜 죽이고 싶은 것이 아니라 어린 ECHO가 이해하기에 가해자로부터 해방될 수 있는 방법은 그것밖에 없는 것이었다.

ECHO가 죽은 사람을 다시 살리고 싶어 할 때

때때로 ECHO는 죽은 사람을 살리고 싶어 하고, 이것은 매트릭스 리임프린팅 기법이 만들어졌을 초기에 풀어야 했던 문제 중 하나였다. 죽은 사람을 되살리거나 그들이 죽지 않았다고 생각하는 것이 과연 윤리적으로 옳은지에 대해 의견이 분분했다. 그러나 칼은 ECHO와 영spirit이 비슷한 차원에 머물러 있을 가능성을 고려하게 됐다. 따라서 만약 ECHO가 죽은 사람을 되살리고 싶어 한다면, 마음속 한 공간에 죽은 사람을 언제든지 만날 수 있는 장소를 만들도록 했다.

새로운 장면 만들기

만약 문제를 완전히 해결했다면, 이제 머리 꼭대기에서 마음속으로 온전히 새롭고 긍정적인 장면만을 가져온다. 그 장면 속에 분노, 폭력, 불만 또는 원망이 담겨서는 안 된다. 평화롭고 사랑이 넘치는 장면이어야 한다.

유대감이 치유를 일으킨다는 것을 기억하자. 장면 속에 ECHO와 조력자가 함께하는 것이 바람직하다. 원래의 장면은 혼자 두려움 속에 고립되어 있는 경우가 많기 때문에, 정반대의 장면은 안정감과 소속감이 느껴져야 한다.

원래 기억을 재생하기 전에 눈 뜨기

혼자 실습하거나 다른 사람과 실습할 때도 결과를 확인하기 전에 먼저 눈을 뜨는 것이 중요하다. 우리가 눈을 뜰 때, 과거의 기억으로부터 완전히 분리될 수 있고, 결과를 조금 더 객관적으로 판단할 수 있다. 만약 눈을 계속 감은 채 원래 기억을 재생하게 되면, 새로 만든 기억과 섞

일 위험이 있다. 따라서 원래 기억을 재생하기 전에 반드시 눈을 뜨자.

원래 기억 재생하기

매트릭스 리임프린팅이 끝난 뒤에, 원래 기억을 재생함으로써 결과를 확인하는 작업을 반드시 해야 한다. 원래 기억을 재생했을 때 다음 세 가지 현상이 일어날 수 있다.

1. 받는이가 원래 기억을 떠올려보지만, 새 기억만 떠오르는 것이 가장 일반적이다. 이것은 수년간 오래된 기억을 간직했던 받는이에게 즐거운 경험이 될 수 있다. '이 상태가 지속될까요?'라고 묻는다면, 그럴 것이라고 안심시켜도 좋다.

2. 두 번째로 일어날 확률이 높은 현상은, 받는이가 오래된 영화를 재생하려 했는데 빈 공간을 발견하게 되는 것이다. 그 공간은 받는이가 채우고 싶은 것들로 채우면 된다. 그다음 아름답고 긍정적인 영상을 머릿속으로 떠올리고, 심장으로 보내어, 매트릭스로 내보내는 과정을 반복하면 된다.

3. 가장 일어날 확률이 적은 상황은 기억을 떠올릴 때 아직도 한이 많이 남아 있는 경우다. 이것을 다시 매트릭스 리임프린팅으로 바꾼다. 몇 번이고 다시 매트릭스로 돌아가서 이 과정을 반복해도 된다는 것을 기억하길 바란다.

매트릭스 기억 리임프린팅
기법 다지기

매트릭스 기억 리임프린팅은 몇 단계가 더 추가된 것이기 때문에 사용할 때 몇 가지 고려해야 할 사항이 있다.

안전한 장소에서 회상하기

받는이는 어떤 감정적 갈등을 느끼기 전에 안전한 장소에서 기억을 묘사할 수 있어야 한다. 만약 이미 감정이 격해져서 기억을 묘사하게 된다면, 투쟁-도피 반응을 보여 트라우마의 기억을 몸속으로 다시 불러들이게 된다. 만약 감정이 올라오기 전에 시작하면, 부드럽게 기억 속에 들어가서 침착하게 할 수 있다. 이것은 결과의 성공률을 높여줄 것이다.

기억을 정지시킬 구간 찾기

매트릭스 리임프린팅을 몇 번 하고 나면, 어디서 기억을 정지시킨 다음에 매트릭스로 들어가야 하는지 감을 잡을 수 있게 된다. 감정적 반응이 강한 시점이 바로 그 첫 구간이다. 기억을 몇 번 정지시키거나 단 한 번만 멈추게 될 수도 있다.

기억을 여러 번 정지시켰을 때 매트릭스로 영상 전송하는 시점

만약 기억을 회상하던 중 여러 번 감정의 고조를 느껴 정지시켜야 했다면, 최종 영상만을 매트릭스에 보낸다.

만약 매트릭스로 영상을 보낸 뒤에도 아직 갈등이 남아 있다면, 매트릭스로 돌아가서 나머지 양상을 해결한다. 해결이 됐다면 다시 새 영상을 매트릭스로 보내거나, ECHO를 새로 해결한 양상으로부터 이미 전송한 매트릭스의 영상 속으로 데려갈 수 있다.

다른 이와 매트릭스 리임프린팅 실습 다지기

아래의 내용은 다른 사람에게 매트릭스 리임프린팅을 할 때 결과를 향상시킬 것이다.

누구 또는 무엇이 진짜 원인인가

만약 누군가 최근에 화가 났던 일에 대해 당신에게 이야기를 하고, 당신이 그들에게 매트릭스 장면 리임프린팅 혹은 매트릭스 기억 리임프린팅을 한다면 가장 먼저 다음 질문을 받는이에게 해야 한다. '누구 또는 무엇이 진짜 원인인가요?'

현재의 감정은 대부분 과거의 경험으로부터 비롯된다. 특히 유년기의 경험이 가장 큰 영향을 미친다. 따라서 현재의 문제는 대부분 과거의 문제와 연결되어 있고, 때때로 전혀 관련이 없을 것 같았던 기억이 같은 문제를 안고 있을 수 있다.

이것을 확인할 수 있는 방법 중 하나는 현재 가지고 있는 문제에 대한 감정이 언제 처음 느꼈던 감정인지 알아내는 것이다. 만약 최근에 받는이가 소외된 경험이 있다면, 받는이에게 다음 질문을 해보자. '처음 소외된 경험을 느낀 때가 언제인가요?' 이것은 문제의 출발점을 찾는 데 큰 도움이 된다.

받는이는 보통 이런 말을 한다. '그렇게 사소한 일이 이 문제와 관계가 있을 리가 없어요.' 그러나 만약 잠재의식이 받는이로 하여금 그 일을 기억나게 했다면, 정말 사소해 보이는 그 일이 관련되어 있을 가능성이 크다. 잠재의식은 지금 일어나는 일과 과거에 일어난 일을 구분하지 못한다는 것을 기억하자. 잠재의식은 시간이라는 개념이 없다. 따라서 어릴 때 있었던 사건이 아직까지도 진짜 같고 잠재의식을 짓누르고 있을 수 있기 때문에 그 사건을 해결해서 현재의 당신이 행복할 수 있어야 한다.

ECHO가 다른 ECHO로 당신을 인도했을 때

먼저 만난 ECHO에게 과거에 같은 일이 있었던 사건으로 데려가달라고 할 수 있다. 만약 같은 주제 안에 여러 기억이 얽혀 있다면, 이미 문제를 해결한 ECHO가 아직 도움이 필요한 ECHO에게 당신을 인도할 수 있다. ECHO의 기억을 다룬 다음 새로운 영상을 매트릭스로 보내고, 결과 확인 작업까지 끝마쳤다면, 받는이에게 새로운 장면 속으로 들어가 ECHO에게 관련 기억으로 안내해달라고 부탁한다.

다음은 사샤가 다루었던 케이스 중 하나이다.

진료실의 셜리

마음씨 고운 여성 셜리는 개인 병원에서 일을 하고 있었다. 그 병원은 마약 중독자 치료 센터의 맞은편에 위치해 있었고, 접수처 직원은 입원 환자에게만 화장실 열쇠를 줄 수 있었다. 왜냐하면 과거에 외래 치료 센터의 환자가 병원 화장실 안에서 헤로인을 투여한 적이 있기 때문이다.

바쁜 시간대에 셜리는 혼자 접수처를 지키고 있었다. 이때 두 남자가 찾아와 화장실 열쇠를 요구했다. 그들은 병원 환자라고 억지를 부렸다. 아이들이 뒤에 줄을 서 있었고, 두 남자 중 한 명은 화장실 열쇠를 주지 않는 것에 점점 화가 나고 있었다. 아이들을 먼저 보호하겠다는 생각이 앞섰기 때문에 어쩔 수 없이 남자에게 열쇠를 내주었다.

남자가 오랫동안 화장실에서 나오지 않자 셜리는 점점 긴장했다. 그 남자의 친구가 화장실로 가더니 그가 헤로인 과다 복용으로 쓰러졌다고 소리를 지르기 시작했다. 의사와 간호사, 구급차 요원 모두 남자를 살리기 위해 한바탕 소동이 일어났다. 남자는 소생되었고 병원을 나설 때 의식이 회복되었다.

사건 이후 셜리는 자신의 판단력을 의심하게 됐고, 일을 그만둘 생각을 하게 됐다. 일대일 세션에서 우리는 셜리에게 매트릭스 기억 리임프린팅을 사용했다.

셜리는 맨 처음 남자에게 열쇠를 넘겨줬을 때의 ECHO를 두드렸다. ECHO와 대화를 나누면서, 그녀가 옳은 판단을 했다는 것을 깨닫게 됐다. 그녀는 아이들을 지킬 의도로 남자에게 열쇠를 건네준 것이었다.

그다음 그녀가 감정적 갈등을 느낀 지점은 화장실의 남자가 마약을 과다 복용했다는 소리를 들었을 때였다. 그녀가 갖고 있는 핵심 문제 중 하나는 다른 사람이 한 행동에 책임을 느낀다는 것이었다. 그녀의 접수처에 앉아 있는 ECHO를 두드리면서 ECHO에게 다른 사람이 한 행동에 책임을 언제 처음 느끼게 됐는지 물어보았다. 가장 먼저 떠오른 기억은 셜리가 30대 후반에 알코올 중독자인 어머니의 전화를 무시했던 일이었다. 그녀는 기억 속의 ECHO를 두드리며 어머니에게 책임감을 느낄 필요가 없다고 말했다. 전화벨 소리가 더 이상 날카롭게 들리지 않고 음악 소리처럼 들렸고, 더 이상 그 소리가 그녀를 힘들게 하지 않았다. 그녀에게 평안이 찾아왔다. 당시에는 엄마에게 책임감을 느꼈던 순간에 대해 이보다 훨씬 과거의 기억을 떠올리지 못했다. 그러나 이 문제를 다시 살펴볼 필요가 있다는 판단을 했다.

우리는 다시 병원 장면으로 돌아왔고, 셜리는 원래의 ECHO를 다시 두드렸다. 그다음 그녀가 갈등을 느낀 지점은 의사와 간호사들이 몰려왔을 때였다. 나는 셜리에게 그때 ECHO가 어떤 생각을 했었는지 물었다. "나는 제대로 하는 일이 없다"라고 대답했다. 이것은 또 다른 핵심 믿음이었다. ECHO를 두드리며, 나는 ECHO가 처음 그 감정을 느꼈던 때가 언제인지 찾아보자고 했다. 이번에 그녀는 6살이었고, 그녀의 어머니는 그가 잘못한 일을 나열하고 있었다. 그녀는 항상 어머니의 마음에 들고 싶어 했지만, 셜리는 항상 네가 잘못했다는 말을 듣고 자랐다. 셜리가 ECHO에게 두드려도 된다는 허락을 받고 대화를 하기 시작했다. 그녀는 ECHO가 예쁘고 사랑스러운 아이라고 안심시켰고, 엄마가 잘못했다고 말해주었다. 그녀의 ECHO는 고립감을 느끼고 있었지만, 두드리기를 하면서 해소되었다.

갈등을 해소한 다음, 셜리의 ECHO는 해변으로 가고 싶어 했다. 그녀는 셜리와 함께 사랑과 안정감을 경험하고 싶어 했다. 나는 셜리에게 ECHO가 현재 셜리를 사랑하는 사람과 만나기를 원하는지 물어보라고 했다. 예를 들면 셜리의 아들이나 손주, 며느리, 친구 등등. 그러나 ECHO는 셜리와 함께 있고 싶어 했고, 셜리에게서 부모와 같은 완전한 사랑을 받고 싶어 했다. 이 과정이 끝난 뒤, 우리는 그 장면을 셜리가 떠올린 다음 심장으로 보내어 매트릭스로 보내도록 했다.

그다음 나는 셜리에게 병원의 ECHO에게 돌아가서, 그녀가 아직까지 일을 제대로 하지 못한다고 생각하느냐고 묻게 했다. 그녀는 잠시 멈추다가 감정에 복받쳐 대답했다. "아뇨, 저는 옳은 행동을 했어요. 제가 열쇠를 줬기 때문에 그를 살릴 수 있었어요. 제가 열쇠를 주지 않았더라면, 그는 다른 곳에서 마약을 했을 것이고, 도와줄 수 있는 사람이 없었을 겁니다."

원래 기억을 다시 재생했을 때, 그녀는 더 이상 그 사건에 영향을 받지 않았다. 오히려 마약을 한 그 남자에게 동정심을 느꼈다. 그녀는 몇 주 동안 열쇠를 준 사실에 대해 괴로워했지만, 그녀가 할 수 있는 최선이었다는 사실을 깨달았다. 이후에 그녀는 직원 회의 때 열쇠를 달라고 하는 사람을 대하는 방법과 직원의 안전을 위해 해야 하는 일에 대해 건의를 했다.

셜리는 병원에서 일하는 것을 좋아하게 됐고, 이 사건은 그녀의 자존심을 무너뜨리기보다 그녀가 하는 일의 긍정적인 면을 찾을 수 있게 해주었다.

과거 시점의 ECHO의 문제 해결하기

가끔은 다루고 있는 ECHO의 기억이 문제를 해결하기 전에, 훨씬 더 과거 시점의 ECHO의 문제를 해결해야 할 때가 있다.

해변의 제인

제인은 자기가 사랑스럽지 않다는 생각을 오랫동안 해왔다. 가장 먼저 떠오른 기억은 7살 때 해변에서 길을 잃었던 일이었다. 그녀의 ECHO는 엄마 아빠가 자기를 사랑하지 않았기 때문에 그녀를 잃어버린 것이라고 생각했다.

칼은 해변에서 제인의 ECHO와 함께 대화했지만, 그녀는 문제 해결을 거부했다. 그러더니 조금 더 과거 시점의 기억이 불쑥 떠올랐다. 그 기억은 2살 때 혼자 남겨진 기억이었다. 칼은 이 기억을 먼저 해결하는 것이 적합하다고 판단되어, 제인의 2살 ECHO가 사랑을 받고 있으며 안전하다는 것을 느낄 수 있게 해주었다.

제인이 해변의 ECHO와 다시 만났을 때 그녀는 웃고 있었다. 해변의 ECHO도 마음의 안정을 찾은 것이다. 그녀는 상황을 다르게 판단했고, 오랫동안 혼자 해변에 있지 않았다고 말했다. 새로운 장면을 매트릭스에 보낸 뒤 제인은 현재의 자신이 더 사랑스럽게 느껴졌다.

만약 당신이 현재 다루고 있는 ECHO의 문제가 잘 해결되지 않는다면, 문제와 관련하여 더 오래된 기억이 있는지 살펴보아야 한다. 만약 그렇게 해야 할 경우, 과거 시점의 기억을 해결한 다음 맨 먼저 다루었던 ECHO에게 돌아와야 한다. 제인의 7살 ECHO는 더 이상 갈등을 느끼지 않았지만, 항상 그렇게 되는 것은 아니다. 문제를 해결하기까지 몇 개의 기억을 더 살펴봐야 할 수 있다. 매트릭스 리임프린팅은 항상 직선적이지 않고 문제가 깊을수록 기억을 앞뒤로 많이 살펴보아야 하기 때문에, 매트릭스 리임프린팅 전문가의 도움을 받는 것이 좋다.

꽤 많은 사람들이 자기 ECHO를 머릿속에 그려내는 데 어려움을 느낀다. 이런 이들과 함께 작업할 때는(그리고 당신도 그런 사람들 중 하나라면), ECHO를 형상화하지 않고 느끼기만 하게 해도 좋다. 이 유형의 사람들을 다룰 때는 조금 다르게 상황을 구현해야 한다. 예를 보자.

전문가 | 당신의 어린 모습이 잘 보이나요?

받는이 | 아뇨, 선명하게 떠오르지 않습니다. 거의 형체가 보이지 않아요.

전문가 | 그러나 분명히 무언가 있습니까? 감지되나요?

받는이 | 네, 그가 확실히 느껴집니다.

전문가 | 좋습니다. 자기소개를 해주세요. 당신이 누군지 알려주세요. 그를 두드린다는 상상을 해주세요. 그가 보이지 않더라도 느껴집니까?

받는이 | 네, 그런 것 같아요.

전문가 | 좋습니다. 계속 당신 앞에 그가 있다고 상상해주세요.

항상 자기에 맞게 기법을 변형시키거나 받는이의 성향에 맞추어 변형시키자.

억압된 기억 찾기

억압된 기억은 가장 큰 트라우마를 갖고 있는 경우가 많다. 따라서 초보자는 억압된 기억을 찾아보지 않는 것이 바람직하다. 따라서 이 부분은 전문가를 위해 추가된 것이다.

당신은 매트릭스 회상 기법(202쪽) 또는 매트릭스 전의식 리임프린팅 (256쪽) 기법으로 억압된 기억을 찾을 수 있다. 받는이에게 억압된 기억의 에너지를 찾아보라고 말해도 좋다. 몸의 어떤 부위에서 느끼는가? 어떤 색깔인가? 어떤 형태인가? 만약 그 부분을 찾았다면, 그 감각에 두드리기를 하면서 기억의 조각을 모아본다.

기억의 한 조각을 발견하면, 그 장면 속으로 들어가 ECHO가 진정될 때까지 두드린다. 그다음 ECHO에게 나머지 기억을 보여달라고 부탁한다. 사샤는 억압된 기억을 다룰 때, 여러 가지 보호 기제를 만든다. ECHO를 안전한 장소로 옮긴 다음 받는이가 과거를 볼 수 있게 해준다. 사샤가 이 방법을 사용할 때면 항상 억압된 기억을 발견할 수 있었다. 심지어는 1~2살 때의 학대 기억도 찾아낼 수 있었다.

인생 변화 지침

9장

인생 변화를 위한 세 가지 지침으로는 매트릭스 핵심 신념 리임프린팅, 매트릭스 일상 문제 리임프린팅, 매트릭스 끌어당김의 법칙 리임프린팅이 있다. 이번 장에서는 추가로 매트릭스 회상 기법도 소개한다. 매트릭스 회상 기법은 당신의 핵심 신념이나 삶의 문제와 관련된 기억을 찾을 수 있도록 도와준다.

매트릭스 핵심 신념 리임프린팅

우리는 이미 핵심 신념이 당신의 건강과 삶의 태도, 행동, 타인과의 소통, 그리고 모든 생각과 감정에 영향을 준다는 것을 누차 강조해왔다. 그렇다면 만약 부정적인 핵심 신념을 바꿀 수 있다면 어떨까? 이것은 매트릭스 핵심 신념 리임프린팅으로 어렵지 않게 바꿀 수 있다.

이 기법은 다른 사람과 함께 실습할 때 가장 효과적이다. 핵심 신념을 살펴보는 과정은 에너지가 많이 필요하고, 부정적인 신념을 많이 가지고 있다면 그것이 해소될 때까지 무기력해질 수 있기 때문에 의지할 상대가 있는 것이 좋다. 따라서 좋은 마음 상태에 있을 때 이 기법을 사용하고, 스스로 해결하기 어려운 문제가 있다면 매트릭스 리임프린팅 전문가의 도움을 받자.

1단계 | 핵심 신념 선택하기

바꾸고 싶은 핵심 신념을 고른다. 스스로를 제한한다고 느끼는 핵심 신념을 이미 알고 있다면 그중 하나를 선택한다. 잘 모르겠다면 아래의 목록을 보고 평소 생각하던 문제와 가까운 부정적 신념을 고른다.

- 나는 사랑스럽지 않아.
- 나는 문제가 많아.
- 나는 보잘것없어.
- 사람들이 항상 나를 좋게 평가했으면 좋겠어.
- 나는 구제 불능이야.
- 삶에 희망이 없어.
- 모든 것이 내가 원하는 대로 되어야만 해.
- 난 할 수 없어.

- 나는 무능력해.

- 나는 나쁜 사람이야.

- 안 좋은 일이 일어날 거야.

- 세상은 위험한 곳이야.

- 사람들이 나를 이용하려 해.

- 사람들이 너무 예민해.

- 사람들이 나를 못 잡아먹어서 안달이야.

- 불공평해.

- 난 용서받을 수 없어.

- 괜찮아지려면 무언가 내가 반드시 변해야 해.

- 아무도 나를 도울 수 없어.

- 사랑받으려면 완벽해야 해.

- 나는 많이 부족해.

이것은 완전한 목록은 아니니, 평소에 자기를 괴롭히는 생각이
있다면, 그것을 선택한다. 만약 내담자와 일대일로 전문적인 상
담을 한다면, 위의 목록을 특별히 사용할 필요가 없다(물론 내담
자가 문제를 정확히 모른다면 목록을 사용해도 괜찮다). 일반적으로 내
담자가 쓰는 말이나 자신과 타인에 대해 설명하는 내용을 들어
보면 내담자의 문제를 파악할 수 있다. 조심스럽게 다음과 같은
질문을 해본다. '한 가지만 물어볼게요. 혹시 세상이 위험한 곳
이라고 생각하나요?' 만약 당신이 내담자와 좋은 관계를 갖고

있다면, 대부분의 내담자는 당신이 자신이 모르던 문제를 발견하게 해주었을 때 안도하고, 문제를 해결할 때 더 기뻐한다.

핵심 신념을 한 가지씩만 다루고, 해결이 될 때까지 그 문제만을 다루도록 한다.

2단계 | 인지 정도 측정하기

핵심 신념을 선택한 뒤, 핵심 신념의 인지 정도VOC level: Validity of Cognition level를 백분율로 측정한다. 인지 정도는 어떤 문제가 당신에게 주는 영향을 측정하는 방법이다. 인지 정도를 매회 측정하게 되면, 당신의 발전 정도를 눈으로 확인할 수 있다. 인지 정도가 100퍼센트라면 '나는 이것이 엄청난 문제라고 생각한다'이고, 10퍼센트라면 '나는 이것이 약간의 문제라고 생각한다'이다. 당신이 찾은 핵심 신념의 인지 정도를 측정하고 기록한다.

이 핵심 신념과 관련된 여러 가지 기억이 있을 수 있다. 관련 기억을 하나씩 해결할 때마다 인지 정도 수치가 줄어들 것이다. 가끔 단 한 가지 사건이 핵심 신념에 기여할 경우에는, 그 사건 하나만을 해결함으로써 핵심 신념을 완전히 사라지게 할 수 있다. 그러나 대부분의 경우 여러 사건이 있고, 한 가지 사건을 해결할 때마다 인지 정도 수치가 2~10퍼센트 줄어든다.

그러나 인지 정도가 미미하게 줄어들었다고 해서 그 영향력이 절대 작은 건 아니다. 인지 정도가 감소할 때마다 유인점이 변

화하고, 자존감이 회복되며, 부정적 신념이 당신에게 주는 영향
도 감소될 것이다.

3단계 │ 매트릭스 회상 기법

핵심 신념과 관련된 기억을 알고 있는 경우에는, 매트릭스 장면
리임프린팅 또는 매트릭스 기억 리임프린팅을 사용한다. 기억
을 하나씩 해결하고 난 다음 인지 정도를 측정한다. 관련 기억
을 하나씩 해결할 때마다 인지 정도가 줄어들 것이다.

만약 핵심 신념과 관련하여 떠오르는 사건이 없다면, 다음과 같
이 매트릭스 회상 기법을 사용한다(매트릭스 회상 기법은 실비아 하
트만Silvia Hartmann 박사가 만든 S-L-O-W EFT 기법을 각색한 것이다).
제일 먼저 핵심 신념을 반영한 수용 확언을 만든다. 그다음 손
날 타점을 세 번 두드리면서 다음과 같이 수용 확언을 말한다.

나는 비록 [스스로를 제한하는 핵심 신념을 말한다], 나 자신을 온전
히 받아들이고 사랑합니다.

예시:

• 나는 비록 내가 완벽하지 않으면 사랑받지 못한다고 생각하
  지만…
• 나는 비록 무언가 바뀌지 않으면 안 될 것 같지만…

이제 눈을 감는다. 타점을 한 군데 두드리면서 마음속으로 연상 어구를 지속적으로 생각한다. 당신의 수용 확인이 '나는 비록 무언가 바뀌지 않으면 안 될 것 같지만…'이라면 '내가 괜찮아지려면 무언가 변해야 해'라고 말한다. 정수리를 두드리고 있었다면, 정수리를 몇 분간 두드리면서 연상 어구를 반복한다. 그 다음 다른 타점으로 옮겨 간다. 기억이 떠오를 때까지 이 과정을 반복한다.

4단계 | 기억 해결하기

관련 기억이 떠오르면, 매트릭스 장면 리임프린팅 또는 매트릭스 기억 리임프린팅을 사용한다.

5단계 | 인지 정도 재측정하기

기억을 하나씩 다룰 때마다 인지 정도를 재측정한다. 인지 정도의 수치는 관련 기억을 하나씩 해결할 때마다 감소한다.

6단계 | 반복하기

핵심 신념의 인지 정도가 0이 될 때까지 3~5단계를 반복한다.

매트릭스 핵심 신념 리임프린팅은 사샤 본인과 그녀의 내담자와 워크숍 참가자들을 수년간 괴롭힌 파괴적인 신념으로부터 자유롭게 해주었다. 사샤가 2년 전 칼에게 처음 핵심 신념 리임프린팅 기법을 배웠을 때,

그녀는 자기가 사랑스럽지 않다는 생각을 80퍼센트 가지고 있었다. 그녀는 과거에 여러 번 연애에 실패했다. 한번은 남자친구가 도무지 그녀에게 사랑한다고 말하지 않았으며, 또 다른 한번은 '사랑하지. 하지만 충분히 사랑하지 않아'라는 말을 듣고 헤어진 적이 있다. 그러나 그녀의 남자 관계가 원만하지 않은 이유는 훨씬 더 과거로 거슬러 올라갔다. 그녀의 아버지는 알코올 중독자였기 때문에, 사샤는 유년기에 아버지와의 추억을 만들지 못했다. 매트릭스 리임프린팅으로 그녀는 아버지와의 즐거운 추억을 만들었고, 이 새로운 추억을 매트릭스로 내보낸 이후 자신은 사랑스럽지 않다는 믿음이 변했다. 그녀는 파트너와의 관계가 원만해졌고, 자기 자신에게 훨씬 더 만족하게 되었다.

매트릭스 일상 문제 리임프린팅

이 기법은 일상 속에서 자기 잠재력을 충분히 실현시키지 못한다고 생각할 때 사용한다.

1단계 | 일상 속 문제 선택하기

아래의 목록을 보고 어떤 분야에서 자기 잠재력을 충분히 발휘하고 있지 않은지 알아보자.

- 가족과 연애 관계
- 경제력

- 가정과 환경
- 직업과 직무
- 여가 활동
- 사교
- 영성
- 창의력

선택한 분야에서 제대로 풀리지 않는 문제가 구체적으로 어떤 것인가? 예를 들어,

- 경제력을 골랐다면, 돈을 너무 빨리 써버리거나, 충분히 벌고 있지 않거나, 항상 채무에 시달리는가?
- 연애 관계를 골랐다면, 항상 사랑에 운이 없다고 생각하는가? 항상 나쁜 파트너를 만나는가? 관계에 자신감이 부족한가?
- 영성을 골랐다면, 지금 영적으로 단절되어 있다고 생각하는가? 당신이 세계와 동떨어져 있다고 생각하는가? 항상 영적 삶에 집착해서 발을 땅에 딛고 있지 않다고 생각하는가?

당신이 안고 있는 삶의 문제들은 모두 과거 경험에서 기인한다. 따라서 매트릭스 리임프린팅을 할 때 항상 어떤 경험이 문제의

원인이 되었는지 찾아내는 작업을 한다. 그리고 매트릭스 장면 리임프린팅과 매트릭스 기억 리임프린팅으로 문제를 해결한다.

경제력과 관련된 문제 찾는 방법을 예로 들어보겠다. 당신의 가족은 돈에 대해 어떤 태도를 갖고 있었는가? 돈에 대해 배운 것이 무엇이며, 누구에게서 그것을 배웠는가?

이 주제와 관련된 여러 기억이 있을 것이다. 기억이 잘 나지 않는다면 매트릭스 회상 기법(202쪽)을 사용한다.

4단계 | 관련 기억 해결하기

인지 정도가 0이 되어 주제에 대해 부정적인 감정이 없어질 때까지 관련 기억을 해결한다.

매트릭스 끌어당김의 법칙 리임프린팅

이것은 지침이 아니라 과정이다. 앞서 우리는 끌어당김의 법칙을 통해 우리의 국소장에 있는 영상과 비슷한 경험들이 우리 삶에 실현된다는 것을 배웠다. 매트릭스 리임프린팅 관점에서, 부정적인 영상을 바꾸는 것은 우리의 유인점을 바꿀 수 있다는 뜻이다.

EFT의 창시자 게리 크레이그는 우리가 건강하고 행복하려면 과거에 있던 모든 부정적인 기억을 해결하는 것이 중요하다고 생각했다. 그는 EFT 영화관 기법으로 하루에 한 가지 기억을 다루는 내적평화과정

Personal Peace Procedure를 만들었다. 내적평화과정은 우리가 갖고 있는 모든 파괴적인 생각이나 부정적인 기억을 슬퍼하지 않고 기억할 수 있을 때까지 반복한다. 내적평화과정은 수천 명의 삶을 바꾸어놓은 강력한 도구이다.

매트릭스 리임프린팅은 그 과정을 더 발전시켰다. 매트릭스 리임프린팅은 단순히 나쁜 기억을 없애는 것이 아니라, 그것을 새로운 기억으로 바꾸어 매트릭스에 긍정적인 영상을 만들어놓는다. 이것은 우리의 유인점을 크게 바꾸기 때문에, 칼은 이 과정을 매트릭스 끌어당김의 법칙이라고 이름 지었다.

매트릭스 끌어당김의 법칙 리임프린팅을 통해 어떤 것을 바꾸어야 할지 모르겠다면, 먼저 우리가 현재 살면서 풀리지 않는 문제를 나열해보자. 그리고 목록에 있는 문제를 매트릭스 장면 리임프린팅(145쪽)과 매트릭스 기억 리임프린팅(154쪽)으로 하나씩 해결해나간다. 관련 기억을 찾는 데 어려움을 느낄 때는 매트릭스 회상 기법(202쪽)을 사용한다.

관계 변화 지침

10장

관계 변화 지침에는 매트릭스 관계 리임프린팅과 매트릭스 화해 리임프린팅이 있다. 이 간단한 지침이 당신의 과거와 현재의 관계를 강력하게 변화시킨다.

매트릭스 관계 리임프린팅

매트릭스 관계 리임프린팅은 최근의 관계 문제를 해결하도록 고안하였다.

바로 지금 제대로 풀리지 않는 관계가 있는가? 어려운 관계의 대상을 당신의 마음속에 데려온다. 배우자, 직장 상사, 동료, 친구 등 누구라도 좋다.

이 문제의 갈등 정도가 얼마나 되는지, 약간의 문제일 때를 10퍼센트, 심각하게 큰 문제일 때를 100퍼센트라 할 때 인지 정도(201쪽 참조)가 몇 퍼센트인지 정한다.

현재 갈등을 일으키는 사람이 문제의 원인인 경우는 드물다. 보통 당신의 어린 시절에 갈등하게 만들었던 사람이 원인인 경우가 많다. 그래서 현재의 갈등 상황의 느낌을 일으켰던 어린 시절 혹은 최초의 기억을 거슬러 올라가본다. 당신 자신에게 다음과 같이 물어보라.

- 이 사람이 기억나게 하는 사람은 누구인가?
- 그 기억이 어떤 느낌을 일으키는가?
- 내 몸속의 어느 부위에 그 기분이 느껴지는가?
- 지금과 같이 느껴졌던 처음 순간은 언제인가?

이 질문들을 하면서 두드리기를 하면 쉽게 기억을 떠올릴 수 있다.

4단계 | 이 주제에 관한 어린 시절의 기억 해결하기

문제의 느낌과 관련된 어린 시절의 기억을 매트릭스 장면 리임프린팅(145쪽 참조) 혹은 매트릭스 기억 리임프린팅(154쪽 참조)으로 해결한다.

5단계 | 작업한 결과 시험해보기

문제의 대상을 다시 마음속에 떠올려보거나, 실제로 함께 지내본다. 지금은 인지 정도가 몇 퍼센트인가? 이 사람과 어떤 상황에서 인지 정도의 퍼센트가 올라가는가? 그 대상과 편안하게 지낼 수 있을 때까지 해결 작업을 계속한다.

매트릭스 화해 리임프린팅

매트릭스 화해 리임프린팅은 더 이상 만날 수 없는 사람과의 관계를 해결하는 데 쓸 수 있는 간단한 기법이다. 고인이 되어 만날 수 없는 사람, 헤어진 옛 애인, 과거에 갈등이 있었던 사람과의 관계를 다룰 수 있다. 특히 사별한 사람과의 관계를 회복하는 데 가장 효과적이다.

1단계 | 화해하고 싶은 사람 선택하기

과거에 갈등이 있었던 사람을 선택한다.

2단계 | 구체적인 순간 선택하기

그 사람과 갈등이 있었던 순간을 떠올린다.

3단계 | 장면 속으로 들어가기

현재의 내 모습으로 갈등의 장면 속에 들어가 어린 자신에게 두드리기를 한다. 어린 자신에게 갈등을 해결할 수 있도록 도와주기 위해 왔다는 것을 알려준다.

4단계 | 어린 자기 자신의 감정 표출하기

어린 자신에게 당시에 하고 싶었던 일이나 하고 싶었던 말들을 표현할 수 있게 해준다. 이것은 감정의 표출, 또는 안녕을 고하거나 적합하다고 생각하는 모든 행동이 될 수 있다. 이 단계를 마칠 수 있도록 시간을 준다.

5단계 | 어린 자기 자신을 새로운 장소로 보내기

ECHO는 갈등이 있었던 사람과 함께 새로운 장면을 만들어낼 수도 있고, 그 사람이 없어도 상관없다. 어린 자신이 원하는 대로 하면 된다.

새로운 장면을 머릿속으로 떠올린 다음 몸의 세포와 심장에 보낸다고 상상한다. 심장 속 장면을 통상적으로 하듯이 매트릭스로 내보낸다.

원래 기억을 떠올린 다음 부정적인 감정이 있는지 확인해본다. 아직까지 남아 있다면, 매트릭스로 돌아가 그 감정이 없어질 때까지 4단계를 반복한다. 또는 같은 사람과의 다른 기억으로 들어가서 갈등을 해소한다.

에릭과 직장 상사

에릭은 장학사이자 교장으로 몇 년간 근무했다. 가장 성공한 위치에서 그는 부정적이고 지배적인 상사 밑에서 일했다. 그의 상사인 이사장은 그와 그의 동료들에게 폭언을 일삼았다. 에릭은 사샤와 함께 지금은 고인이 된 상사와의 갈등을 다루었다.

사샤 | 좋습니다. 과거의 어떤 시점으로 돌아가 과거 직장 상사와 대화를 할까요, 에릭? 가장 갈등이 심했을 때가 언제인가요?

에릭 | 한번은 실수로 미팅 장소를 착각했던 적이 있습니다. 그녀의 사무

실로 찾아가 제가 한 실수에 대해서 알려주자, 그녀는 저에게 "또 한 번 그러면 당신을 죽여버릴 거야"라고 말했습니다.

이 말을 하면서 에릭은 흐느꼈다.

사샤 | 그녀가 같은 실수를 하면 죽이겠다고 했을 때의 젊은 에릭의 모습이 보입니까?

에릭 | 네.

사샤 | 이제 그 장면 속으로 들어갑니다. 젊은 에릭에게 당신이 누구인지, 그리고 왜 여기에 왔는지 설명해주세요. 그리고 그에게 두드리기를 합니다. 그가 두드리기를 허락합니까?

에릭 | 네, 허락했습니다.

사샤 | 조금 진정하시고, 그가 하고 싶은 말을 하기 전에, 먼저 그가 그 감정을 어디에서 느끼고 있는지 알려주세요.

에릭 | 명치에 검붉은 두려움이 있고 메스꺼워요.

사샤 | 손날 타점을 두드리면서 제 말을 따라 해주세요. '나는 비록 검붉고 메스꺼운 두려움이 명치에서 느껴지지만, 나 자신을 온전히 받아들이고 사랑합니다.'

에릭은 고통이 줄어들 때까지 수용 확언과 연상 어구를 반복하면서 ECHO를 두드린다.

사샤 | 좋습니다. 그는 이제 무엇을 하고 싶어 하나요?

에릭 | 그는 그때 스스로 방어하지 못했어요. 그래서 이제 그녀에게 그가 느낀 기분을 말해주고 싶어 해요.

사샤 | 이것을 조용히 마음속으로 하고 싶으신가요? 아니면 그때 묵살됐기 때문에, 크게 소리 내서 말하고 싶으신가요?

에릭 | 마음속으로 해도 괜찮을 것 같습니다.

사샤 | 좋습니다. 시간을 갖고 해주세요.

에릭이 마음속으로 대화하는 동안 사샤는 계속 에릭을 두드린다. 에릭의 감정 변화가 얼굴에 나타나고 가끔 몸을 떨기도 한다.

에릭 | 이제 다 끝났습니다. 그는 상사에게 자신이 어떤 기분이었는지 말했습니다. 실은 그녀에게 정말 화를 냈습니다.

사샤 | 혹시 다른 일을 더 하고 싶은가요, 에릭?

에릭 | 아뇨. 이제 다 끝난 것 같습니다. 그가 하고 싶었던 말을 모두 했습니다.

사샤 | 이제 젊은 에릭은 어디를 가고 싶어 합니까?

에릭 | 아일랜드에 아주 평온한 곳이 있어요. 정말 고요하고 아름다운 곳입니다. 그곳에 가고 싶어 해요.

사샤 | 좋습니다, 이제 그곳으로 갑니다.

에릭은 ECHO와 함께 아일랜드로 가서 새로운 장면을 머릿속에 떠올린다. 그리고 갈등이 해소됐다는 것을 몸속 세포에 알린다. 그다음 그 새로운 장면을 심장으로 보내어 긍정적인 기운을 강화한 다음 매트릭스로 내보낸다.

사샤 | 자, 이제 원래 기억을 떠올려봅시다.

에릭 | 이제 괜찮습니다.

사샤 | 그녀가 당신에게 했던 말이 뭐였죠? "또 한 번 그러면 당신을 죽여버릴 거야." 그렇게 말했던가요?

에릭 | 네, 이제 그 말이 아무렇지도 않습니다.

사샤 | 이젠 명치에 검붉은 두려움이 없습니까?

에릭 | 아무것도 없어요. 완전히 사라졌어요. 고맙습니다. 정말 묵은 체증이 사라져버렸어요!

엘라와 옛 애인

엘라는 사랑하는 사람과 연애 중이지만, 옛 애인과 안 좋게 헤어졌다. 그때 그 상황으로 돌아가 옛 애인에게 잘잘못을 따지고 싶었지만, 다시 만날 일이 없었기 때문에 그녀의 기분을 말해줄 기회가 없었다.

그녀는 항상 그 관계의 끝맺음이 신경 쓰였기 때문에, 칼이 그녀에게 매트릭스 화해 기법을 사용하여 문제에 접근하였다. 엘라는 그녀의 ECHO가 그때 느꼈던 감정을 표현하는 동안 ECHO를 두드렸다. 그녀는 이 기법을 통해 그때의 트라우마를 해결할 수 있었다.

　며칠 뒤 그녀는 옛 애인과 길에서 마주쳤지만, 아무런 감정 없이 그를 지나칠 수 있었다. 더욱이 더 이상 옛 관계의 트라우마가 매트릭스에 남아 있지 않았기 때문에 현재 애인과의 관계도 개선되었다.

중독과 습관적 행동 치유 지침

11장

평생을 중독과 싸워온 사샤는 자신의 경험을 바탕으로 매트릭스 습관 리임프린팅 지침을 만들었다. 이 지침을 만들기 10년 전인 20대 후반에 그녀는 마약, 알코올, 카페인, 흡연 중독을 극복했다. 그러나 지침을 만들기까지 그녀는 초콜릿과 설탕에 여전히 중독되어 있었다. 매트릭스 습관 리임프린팅은 초콜릿부터 커피, 음식, 인터넷, 쇼핑, 섹스, 알코올, 담배, 대마, 코카인, 헤로인까지, 모든 종류의 중독을 극복할 수 있게 해준다. 그리고 부정적이거나 파괴적인 행동 습관을 고치는 데도 사용된다.

매트릭스 습관 리임프린팅 지침은 과정이다. 만약 심하게 중독되어 있거나 오랫동안 나쁜 습관을 가지고 있었다면, 단 한 번의 세션으로 개선되기 어렵다. 그리고 반드시 이 지침을 꾸준히 실천하기로 스스로 약속해야 한다. 경미한 수준의 중독이라면 7일에서 21일 동안, 심각한 중독은 3개월에서 6개월 동안 지침대로 실행한다. 마약이나 알코올에 의

존하고 있거나 파괴적이고 뿌리 깊은 정신적 문제가 있다면, 중독 분야를 전문으로 하는 매트릭스 리임프린팅 전문가에게 상담받을 것을 권한다.

이 기법의 효과를 보려면 반드시 중독을 극복하겠다는 굳은 결의가 있어야 한다. 사샤는 이 기법이 열정과 동기 부여 없이도 효과적인지 시험해보기 위해 중독을 극복하려는 태도가 건성인 사람들에게 지침을 적용해보았으나, 아직까지 단 한 번도 성공적이지 못했다. 따라서 중독을 극복하고 싶다면 문제 해결 의지가 반드시 있어야 한다. 아무리 주변 사람들이 간절히 원해도 본인 스스로 극복하고자 하는 의지가 없으면 아무 의미가 없다.

그렇다면 매트릭스 습관 리임프린팅의 원리는 무엇일까? 중독은 필연적으로 정서적 문제에 뿌리내리고 있다. 초콜릿, 커피, 알코올, 대마, 코카인, 헤로인 등 모든 중독성 물질은 사용했을 때 기분이 좋아지게 한다. 따라서 진짜 문제는 우리가 애초에 왜 기분이 안 좋았는가 하는 것이다.

사샤는 다수의 알코올 중독자를 매트릭스 리임프린팅으로 훈련했다. 그들은 이구동성 알코올이 문제가 아니라, 알코올이 감정을 차단하기 위해 쓰였다는 것이 진짜 문제였다고 말했다.

브렛 모란Brett Moran은 사샤의 제자 중 한 명이며, 이 분야의 전문가이다. 그는 매트릭스 리임프린팅으로 아주 많은 내담자의 중독을 치료했고, 대부분 성공적으로 중독을 극복했다. 브렛과 사샤가 함께 치료한 중독 사례와 중독에 관한 연구는 이 책 한 권에 다루기에는 양이 너무 방대하기 때문에, 추후에 중독을 주제로 후속편을 쓰기로 했다. 중독에 관련하여 더 배우고 싶다면 브렛과 사샤가 진행하는 전문가 훈련 과정을 수강해도 좋다. 지금까지 우리는 매트릭스 습관 리임프린팅 기법이 가장 극복하기 힘든 중독에도 효과적이라는 것을 확인했다.

매트릭스 습관
리임프린팅

이 기법은 세 부분으로 구성되어 있다. 첫째로 과거의 트라우마를 바꾸고, 둘째로 매트릭스 안에 있는 중독 물질 사용자로서 또는 습관적 행동을 하는 사람으로서 당신의 모습을 바꾼다. 그다음 셋째로 중독 행동과 관련된 새로운 행동장을 만든다.

1단계 | 습관 선택하기

제일 먼저 바꾸고 싶은 습관을 선택한다. 이것은 중독 물질, 그리고 중독과 자학, 자기 파괴 행동이 될 수 있다. 한 번에 한 가지 습관을 바꿀 것을 권한다. 한 번에 여러 가지 습관을 고치려고 하다 보면 스스로에게 큰 부담이 되기 때문에 성공할 확률이 낮아진다.

2단계 | 인지 정도 측정하기

현재 습관이 당신에게 주는 영향이 어느 정도인지 알아보기 위해 인지 정도(201쪽)를 측정한다. 10퍼센트는 사소한 문제이고, 100퍼센트는 당신의 삶을 지배할 정도의 큰 문제이다.

3단계 | 일반 EFT를 사용하여 금단 증상 해소하기

아직 EFT에 친숙하지 않다면(4장을 본다), EFT를 습득한 다음 금단 증상을 해소하는 데 사용한다. 몸에서 금단 증상이 나타날 때마다 갈증을 느끼는 곳을 두드린다. 예를 들어,

- 나는 비록 약을 하고 싶어서 가슴이 타는 것 같지만…
- 나는 비록 술을 마시고 싶어서 배가 뒤틀리는 것 같지만…

두드렸을 때 가장 시원한 타점, 즉 비상 타점emergency point을 찾는다. 비상 타점은 혈자리 어디라도 될 수 있다. 만약 금단 증상이 심하다면, 갈증이 줄어들 때까지 이 혈자리를 두드린다. 이 단계에서는 수용 확언이나 연상 어구에 대해 걱정할 필요가 없다. 수용 확언과 연상 어구는 문제에 집중할 수 있도록 도와주는 도구이고, 금단 증상이 나타났을 때는 이미 문제 가운데 있기 때문이다. 금단 증상이 수그러든 다음에 당신이 느끼고 있는 감정으로 수용 확언과 연상 어구를 만들어 EFT를 한다.

4단계 | 트라우마 해결하기

지침의 1부는 삶의 모든 트라우마를 해결하는 것이다. 시간이 많이 걸릴 수 있는 일이지만, 트라우마로 인한 고통스러운 감정이 중독의 원인일 수 있기 때문에 이 과정은 아주 중요하다. 만약 큰 트라우마를 갖고 있다면 전문가의 도움을 받기 바란다. 작은 트라우마는 매트릭스 장면 리임프린팅(145쪽) 또는 매트릭스 기억 리임프린팅(154쪽)을 사용해서 해결한다.

중독이 되기 시작한 시점의 트라우마나 스트레스는 반드시 해결하고 넘어가야 한다.

지침의 2부는 원래 습관과 관련된 기억을 다시 쓰는 과정이다. 예를 들면, 살면서 중독 물질을 사용했던 모든 기억이다. 중독에 대한 연대표를 만들어보자. 언제 처음 중독이 시작되었는지, 중독 물질을 사용하면서 있었던 중요한 사건들을 시간 순서대로 나열해본다. 그다음 사건을 차례로 다시 쓴다. 예를 들어 당신이 처음 마약을 했던 기억이 있다면, 매트릭스 장면 리임프린팅으로 과거로 돌아가 마약을 사용하는 대신 다른 방법으로 대처해보자. 우리는 현재의 당신이나 당신이 살아온 여정을 부정하는 것이 아니라는 것을 기억하자. 우리는 당신의 잠재의식과 매트릭스에 새로운 이미지를 만들어서 당신이 다른 방법으로 반응할 수 있도록 도와주는 것이다.

그다음 마약을 사용했던 기억을 모두 떠올린다. 특히 중독 상태가 가장 심했을 때의 결과를 바꿔보자. 예를 들어 매트릭스에 마약을 했던 장면을 마약을 거부하는 장면으로 대체하거나, 건강에 해로운 음식을 먹었던 장면은 건강한 음식을 먹는 장면으로 바꾼다. 만약 장기간 중독되어 있었다면 이 과정은 시간이 오래 걸릴 것이다.

만약 기억이 모두 떠오르지 않는다면, 떠오르는 기억만 매트릭스 리임프린팅으로 바꾸어도 좋다. 만약 당신이 전문가이거나 기법을 사용하는 데 익숙하다면, 한 ECHO에서 다른 ECHO로 옮겨 가면서(191쪽), 각 ECHO에게 관련된 기억을 더 깊게 파고들 수 있다.

만약 기억을 떠올리는 것이 힘들다면 매트릭스 회상 기법(202쪽)을 사용하여 기억을 찾아본다. 그다음 수용 확언을 사용해보자. '나는 비록 마약을 하게 된 원인을 기억할 수 없지만, 나 자신을 온전히 받아들이고 사랑합니다.'

6단계 | 중독장 비우기

지침의 3부는 하루에 5분씩 장 정화field-clearing 운동을 하는 것이다. 정화 운동은 중독 정도에 따라 하루에 한 번씩 3주에서 6개월까지도 할 수 있다. 6단계로 넘어오기 전에 4단계와 5단계(트라우마 해결하기와 원래 습관 리임프린팅)를 완성해야 한다. 그이유는 과거의 부정적인 행동장을 어느 정도 비우지 않으면 새로운 것으로 채울 수 없기 때문이다.

이 단계는 변화를 위해 정말 중요한 과정이다. 왜냐하면 특정 행동을 반복하게 되면 그 행동의 형태장이 강해지기 때문이다. 특히 중독의 경우, 중독 물질이 강한 감정을 불러일으키기 때문에 형태장이 훨씬 강해진다. 중독이 왜 극복하기 어려운지 짐작할 수 있을 것이다. 중독 물질이 세포에 금단 현상을 느끼게 하지만, 행동을 반복하는 것 자체가 형태장을 강화한다. 따라서 장 정화 기법은 당신이 더 긍정적이고 지지적인 장에 감응할 수 있도록 도와줄 것이다.

행동의 반복이 형태장을 강화시킬 뿐만 아니라 뇌의 신경망 또한 강화시킨다. 운동을 할 때 근육이 강화되는 것처럼, 어떤 생각을 반복해도 신경망이 강해져서 그 생각 패턴이 습관이 될 수 있다. 아마 당신도 부정적인 생각을 떨칠 수 없는 경험을 자주 했을 것이다. 그러나 장 정화 기법을 매일 반복하게 된다면, 긍정적인 생각 패턴을 만들 수 있게 된다.

장 정화 기법

장 정화 기법은 사샤가 고안해냈으며, 매트릭스 리임프린팅과 신경언어학 프로그래밍NLP: Neuro-Linguistic Programming, 그리고 몇 가지 에너지 심리학 기법을 결합한 것이다. 장 정화 기법은 최소한 21일 동안 매일 연습해야 하고, 심각한 중독이 있다면 3개월에서 6개월 동안 연습해야 한다. 뇌에 새로운 신경회로가 만들어지기까지 21일이 걸린다는 여러 연구 자료가 있다. 중독에 관한 많은 연구 자료에서 습관을 바꾸는 데 90일 프로그램을 제안하고 있다.

이미 당신이 싫어하는 습관이 있다. 그렇다면 어떤 새로운 습관을 만들고 싶은가? 만약 폭식을 한다면, 건강하고 균형 있는 식사를 하고 싶을 것이다. 만약 마약 중독자라면, 마약으로부터 자유로워지고 싶을 것이다. 만약 습관적으로 어지른다면, 정리 정돈을 잘하고 싶을 것이다. 따라서 먼저 당신이 갖고 있는 습관의 반대 행동을 알아낸 다음 그것을 수용 확언에 적용한다. 그다음 손날 타점을 두드리면서 수용 확언을 반복해서 말한다.

나는 비록 [긍정적인 행동]을 하지 못했지만, 나 자신을 온전히 받아들이고 사랑합니다.

수용 확언을 세 번 반복한다.

- 나는 비록 건강한 식습관을 갖고 있지 않지만…
- 나는 비록 마약에서 자유롭지 않지만…
- 나는 비록 정리 정돈을 잘 못하지만…

이 기법을 완수할 때까지 눈을 감고 있는다(눈을 감는 것이 불편하다면 뜨고 있어도 좋다). 다음 순서로 두드리면서 연상 어구를 반복한다.

- 정수리를 두드리면서 '나는 [긍정적인 행동]을 하지 못합니다' 라고 말한다.
- 눈썹을 두드리면서 '나는 [긍정적인 행동]이 하고 싶습니다'라고 말한다.
- 눈 옆을 두드리면서 '나는 [긍정적인 행동]을 할 것을 선택합니다'라고 말한다.
- 눈 밑을 두드리면서 '나는 항상 [긍정적인 행동]을 하기 좋아합니다. 왜냐하면…'이라고 말한 다음, 생각할 수 있는 이유를 모두 나열해본다. 마음속으로 얘기하거나 소리 내서 말해도

좋다.

- 코 밑을 두드리면서 긍정적인 행동을 했을 때 당신의 삶이 어떻게 바뀔지 상상해본다. 그 행동과 관련된 긍정적인 변화를 말로 표현하거나, 긍정적인 이미지를 머릿속에 떠올린다.

- 턱을 두드리면서 긍정적인 행동을 했을 때, 다른 사람들의 시선이 어떻게 바뀔지 생각해본다. 다른 사람들이 당신에 대해서 어떤 말을 할까? 스스로 어떤 말을 하고 있을까? 크게 말하는 것이 기분 좋다면 그렇게 해도 좋다.

- 쇄골을 두드리면서 긍정적인 행동을 어떻게 실천할 것인가 스스로에게 물어본다. 실천 방안을 소리 내어 말하거나 시각화하여 명상한다.

- 옆구리를 두드리면서 긍정적인 행동을 꾸준히 했을 때 어떤 기분일까 상상해본다. 긍정적인 행동이 가져오는 기분을 몸으로 느껴본다.

- 엄지를 두드리면서 긍정적인 행동과 관련된 이미지를 하나 선택하여 머릿속에 떠올린다.

- 검지를 두드리면서 머릿속에 떠올린 이미지를 현실로 만들기 위해 뇌의 모든 세포에 연결한다.

- 가운뎃손가락을 두드리면서 몸속 모든 세포에 긍정적인 행동이 당신의 현실이라는 것을 알린다.

- 넷째 손가락을 두드리면서 심장으로 그 긍정적 이미지를 보낸다.

- 새끼손가락을 두드리면서 이미지를 생생하게 떠올리며 이미지와 연관된 모든 긍정적인 기운을 느낀다. 오감을 통해 이미지를 느껴보자.
- 손목을 두드리면서 매트릭스에 이미지를 보낸다. 이미지가 밖에 있다는 느낌이 강하게 들 때까지 1분에서 2분 정도 이 과정을 반복한다.
- 손날 타점을 두드리면서 긍정적인 행동을 하게 됨으로써 감사하게 되는 것을 모두 머릿속에 떠올려본다. 이것을 소리 내어 말하거나 조용히 명상할 수 있다. 기쁨의 춤으로 장 정화 과정을 마친다. 정말로 춤을 추어도 좋고 머릿속으로 상상만 해도 좋다.

기쁨의 춤에 대한 영감을 준 《마음이 몸을 치료한다》의 저자 데이비드 해밀턴에게 감사한다.

예시:
- 손날 타점을 두드리면서 '나는 비록 1주일에 세 번에서 여섯 번 운동하지 못했지만, 나 자신을 온전히 받아들이고 사랑합니다'라고 말한다. 이것을 세 번 반복한다.
- 눈을 감고 정수리를 두드리면서 '나는 1주일에 세 번에서 여섯 번 운동하지 못했습니다'라고 말한다.
- 눈썹을 두드리면서 '나는 항상 1주일에 세 번에서 여섯 번 운

동하고 싶습니다'라고 말한다.

• 눈 옆을 두드리면서 '나는 항상 1주일에 세 번에서 여섯 번 운동할 것을 선택합니다'라고 말한다.

• 눈 밑을 두드리면서 '나는 항상 일주일에 세 번에서 여섯 번 운동하는 것이 좋습니다. 왜냐하면 운동은 삶에 활력을 가져 다주고, 건강하게 해주며, 운동을 하고 나면 머리가 개운해지 고, 건강한 몸을 갖고 싶기 때문입니다'라고 말한다.

• 코 밑을 두드리면서 '나는 매일 오후 5시 반에 헬스장에 가서 심근 강화 운동과 웨이트 트레이닝을 합니다. 나는 건강하고 탄력 있는 몸을 갖고 있습니다. 훨씬 더 활력 있게 일하는 내 모습이 보입니다'라고 말한다.

• 턱을 두드리면서 '다른 사람들이 내가 체격이 좋고 건강해 보인다고 말합니다. 나는 내 탄력 있는 몸매가 좋고 에너지 가 넘치는 것이 좋습니다'라고 말한다.

• 쇄골을 두드리면서 '운동을 꾸준히 하려면 스케줄을 잘 짜서 운동할 시간을 항상 비워놔야 하고, 오후에 에너지가 넘치려 면 건강하게 먹어야 합니다'라고 말한다.

• 옆구리를 두드리면서 '나는 1주일에 세 번에서 여섯 번 운동 을 하고 나면, 강하고 에너지가 넘치는 것을 느낄 수 있습니 다. 심장에서 그 기운이 느껴지고, 그 기운이 몸 전체에 퍼지 는 것이 느껴집니다'라고 말한다.

• 엄지를 두드리면서 '1주일에 세 번에서 여섯 번 운동하는 내

모습을 떠올릴 때면 러닝머신 위에서 뛰고 있는 건강한 내 모습이 보입니다'라고 말한다. 이 이미지를 조용히 머릿속에 떠올린다.

- 검지를 두드리면서 마음속으로 조용히 내가 러닝머신 위에서 뛰는 것을 보면서 뇌의 신경세포가 재구성되는 것을 느낀다.
- 가운뎃손가락을 두드리면서 마음속으로 조용히 내가 1주일에 세 번에서 여섯 번 운동한다는 것을 몸속 세포에 신호를 보내어 알린다.
- 넷째 손가락을 두드리면서 마음속으로 새로운 이미지를 심장으로 보낸다.
- 다섯째 손가락을 두드리면서 마음속으로 이미지 주변에 눈부신 하얀빛이 있는 것을 상상하며 심장에서 힘과 에너지를 느낀다.
- 손목을 두드리면서 마음속으로 관련된 색깔과 감정을 이미지와 함께 매트릭스로 내보낸다.
- 손날 타점을 두드리면서 '나는 운동을 위해 필요한 모든 것이 갖춰져 있다는 것에 감사합니다. 가끔씩 저와 함께 운동하는 파트너가 있어서 감사합니다. 건강해지기 위해 무엇을 하면 되는지 알고 있다는 것에 감사합니다. 운동을 할 수 있는 힘이 있어서 감사합니다'라고 소리 내어 말한다.
- 기쁨의 춤으로 마무리한다.

사샤의 체험

자기개발 사업에 10년을 몸담아오면서 나는 파괴적인 행동을 극복하는 노하우를 어느 정도 터득했다. 마약, 알코올, 담배, 카페인 중독과 더불어 일련의 파괴적인 관계 패턴을 극복하는 데 성공했다. 그러나 몇 가지 습관은 아무리 두드리고, 확언하고, 재프로그래밍을 해도 바뀌지 않았다. 나는 이제 그것이 행동장이 너무 강했고 꾸준히 바꾸는 방법을 몰랐기 때문이라는 것을 알고 있다.

이 책을 쓰기 시작했을 때, 나는 식습관과 운동 습관을 고치려고 애를 쓰고 있었다. 10대 초반부터 나는 3주 동안 건강하게 먹고 꾸준히 운동하고, 6주 동안 엉망으로 살기를 반복했다.

건강한 생활 습관으로 돌아올 때마다, 나는 '이번에는 해냈다'는 확신이 들었다. 3주 동안 절제된 생활을 하고 나면, 초콜릿바 한 개를 먹어도 된다는 생각이 들었고, 정신이 들기 전에 이미 케이크와 초콜릿을 산더미처럼 쌓아놓고 먹고 있었다!

그러나 이 음식은 내 건강에 전혀 도움이 되지 않았다. 몸이 굉장히 예민하다 보니 설탕은 나에게 마약과도 같았고, 트랜스지방은 몸을 쉽게 피곤하고 무기력하게 만들었다. 운동을 안 하는 동안 몸이 빠르게 안 좋아졌고, 에너지가 방전된 것 같은 경험을 할 때면 다시 이 과정을 반복하게 됐다.

나는 매트릭스 리임프린팅으로, 이 생활 습관이 시작된 시점으로 돌아가 어린 나에게 자신감을 심어주었다. 그녀가 외모에 집착하지 않아도 되며, 엄격한 식사 조절과 운동을 하지 않아도 된다고 했다. 식사 조절에 관한 기억을 모두 살펴본 다음, 운동에 관한 기억을 살펴보았다. 10대 때의 트라우마를 이미 해결했기 때문에, 매트릭스 습관 리임프린팅 지침의 1부는 생략했다. 지침의 2부를 진행하면서, 간헐적 운동 습관 대신 1주일에 세 번씩 운동하는 내 모습을 떠올리면서 두드리기를 했다. 식습관도 마찬가지로 했다. 살이 쪘던 내 모습은 전부 적당히 건강한 모습으로 대체했다. 또한 어린 나에게 군것질하는 진짜 이유를 찾도록 도와주었다. 군것질을 하는 진짜 이유는 자기애를 보여줌과 동시에 스스로 괴롭히는 방법 중 하나였다.

그다음 나는 식습관과 운동 습관 두 가지의 장 정화 기법을 3주간 병행했다. 나는 시각적이고 창의적인 것을 좋아하기 때문에, 내 긍정적인 목표와 목표를 이루었을 때 사람들과 내가 느끼게 될 것을 이미지 보드에 적어보았다. 이미지 보드를 만드는 것은 과정에 포함되어 있지 않지만, 재미있는 일이었다.

매트릭스 습관 리임프린팅의 성과는 경이로웠다. 나는 아주 빠르게 내가 꾸준히 운동하고 건강하게 먹을 수 있다고 믿게 됐다. 마치 내 행동장이 일순간에 바뀐 것 같았다. 그러나 1주일 정도 지나서 장 정화를 멈추었을 때, 다시 옛날 습관으로 쉽게 돌아갔다. 따라서 뇌에 새로운 시냅스가 생기기까지 21일이 걸린다는 점을 염두에 두고 3주 동안 하루도 빠짐없이 꾸준히 장 정화를 했다. 둘째 주에 이르렀을 때, 더 이상 장 정화를 할 필요가 없다고 느꼈지만, 그래도 만약을 대비해 3주를 채웠다. 셋째 주가 지나서도 나는 꾸준하고 건강한 식습관과 운동 습관을 유지할 수 있었다. 이것은 내가 20년을 이루기 위해 노력했지만 수포로 돌아갔던 일이었다. 내 행동장이 완전히 변화한 것이다.

한번은 삶이 너무 바빴을 때, 특히 여행 중에 이 책을 마감하고 있었을 때 행동장이 다시 흐트러진 것을 느꼈다. 바쁜 기간 동안 받은 스트레스를 안 좋은 습관으로 돌아가 해소하려 했다는 것을 깨달았다. 이와 관련된 기억을 장 정화 기법으로 며칠간 다루고 난 뒤에 다시 새로운 행동장으로 돌아올 수 있었다.

장 정화 기법은 당신이 이루고자 하는 목표 또는 당신의 삶에 끌어당기고 싶은 것을 위해 쓸 수 있음을 유념하자. 만약 당신을 목표로부터 멀어지게 하는 트라우마나 스트레스와 관련된 기억이 없거나 부정적인 습관이 없다면, 곧바로 장 정화 기법을 사용하여 당신의 목표를 위한 새로운 형태장을 만들면 된다. 이것은 아주 강력한 도구이며, 끌어당김의 법칙과 그 현상에 대해 잘 알고 있다면 훨씬 더 효과적으로 쓸 수 있다. 21일 동안 수행하고, 내려놓으면 된다.

장 정화 기법은 질병과 알레르기에도 도움이 될 수 있다. 다음 장에서는 알레르기에 대해 논할 것이고, 제15장에서 질병에 대해 논할 것이다.

빌리의 감정 억제

전문가 | 브렛 모란

매트릭스 중독 리임프린팅 전문가로서, 나는 매트릭스 리임프린팅과 EFT로 마약 중독자와 알코올 중독자를 치료했다. 과거에 마약 중독 상담보호센터에서 일했을 때는 재정적 지원 때문에 내담자와 세션의 횟수가 제한됐었다. 따라서 장기간 개입할 수 있는 사치를 항상 누리지 못했다. 이 사례 연구에서는 세 부분으로 된 치료 과정의 첫 부분만 시행했지만 여전히 좋은 성과가 있었다. 그렇기 때문에 만약 세 부분 모두 했다면 결과가 얼마큼 달라졌을지 짐작이 간다.

빌리는 대마초 흡연 때문에 나를 찾아왔다. 그는 대마초에 대한 내성이 강해지면서 점점 더 대마초에 의존하게 됐다. 그는 스컹크(아주 강한 대마초)를 10년 동안 피워왔고, 특히 대학생 때 가장 많이 피웠다.

그는 나에게 매트릭스 리임프린팅이나 EFT를 위해 찾아온 것이 아니었고, 그것에 대해 알고 있는 것이 없었다. 그가 나를 찾은 이유는 대마초를 끊기 위한 목표와 계획을 세우기 위해서였다. 그는 매우 불안한 상태였기 때문에, 먼저 그를 EFT로 진정시키고자 했다. 첫 번째 세션에서 그가 긴장을 풀고 조금 더 편안한 마음으로 자기 문제에 접근할 수 있도록 도와주었다. 나는 차후에 매트릭스 리임프린팅이 그에게 필요해질 것임을 직감했다.

1주일 뒤에 빌리는 나에게 다시 찾아와, 첫 번째 세션에서 마음이 편해지는 것을 느꼈다고 말했다. 그는 아직 대마초를 전만큼 많이 피우고 있었다. 그러나 이제는 자기 문제를 직면할 준비가 되어 있었고, 마약이 자기를 우울하게 한다는 것을 인정했다. 나는 그에게 두드리기를 더 할 것이라고 알려주고, 그가 왜 우울하고 불만을 느끼는지 알아보기 시작했다.

우리는 이 주제로 몇 차례 EFT를 진행했다. 나는 빌리와 대화하면서, 그의 언어에서 그가 자기 감정을 억제하지 못한다는 공통된 주제를 찾게 됐다. 나는 빌리가 살면서 자제력을 잃었던 적이 있고, 그것이 계속 그의 잠재의식 속에서 그를 괴롭힐 것이라는 의심을 했다. 나는 그에게 이런 질문을 했다. "얼마나 오랫동안 감정을 자제할 수 없었나요?" 그리고 "당신이 처음 자제력을 잃었던 것은 언제였나요?"

빌리의 고통 지수는 매우 높았지만, 구체적인 사건을 떠올리기까지 시간이 걸렸다. 우리는 자제력을 잃는 느낌을 계속 두드렸고, 이내 그 감정은 슬픔으로 바뀌었다. 감정의 이면을 파고들기 시작하자, 이것이 어떤 사건으로 이어져 있다는 것이 느껴졌다. 나는 빌리에게 이 감정이 어디서 느껴지냐고 물었다. 그는 이 감정을 떠올릴 때 심장에서 어둡고 내려앉는 기분이 느껴진다고 했다. 그래서 나는 이 감정을 처음 느낀 때가 언제인지 물어봤다. 그는 어릴 때 축구를 하면서 아이들이 그가 한 실수를 놀렸던 기억을 떠올렸다. 그는 감정이 자제되지 않아 경기장 밖으로 뛰쳐나갔다고 말했다.

우리는 매트릭스 장면 리임프린팅을 시작했다. 빌리는 그의 ECHO에게 자기가 누구이며 왜 그곳에 왔는지 설명했고, ECHO를 두드리기 시작했다. "너는 비록 마음속에 담아놓은 감정을 억누를 수 없었지만, 너는 여전히 굉장한 아이야." "너는 비록 자기가 바보 같고 부끄럽고 감정을 자제할 수 없었지만…" "너는 비록 달아났고 감정을 자제할 수 없었지만…"

우리는 그의 어린 ECHO가 하고 싶었던 일을 ECHO가 하고 싶었던 방식대로 다시 썼다. 그의 ECHO는 아이들이 자기를 비웃지 않기를 원했고, 애초에 그 실수를 하지 않았으면 좋겠다고 생각했다. 따라서 우리는 실수 없이 경기를 하는 기억을 재생했다.

이 과정을 끝마치고, 나는 빌리에게 그의 ECHO가 같은 장소에 있고 싶은지, 아니면 새로운 장소로 가고 싶은지 물었다. 빌리는 그의 ECHO를 영국이 독일을 4대0으로 이겼을 때의 축구 경기장으로 데리고 갔다. 빌리는 그의 친구와 형을 초대하여 같이 훌륭한 경기를 보았다. 이 과정이 완성됐다고 느껴졌을 때, 이 새로운 장면을 매트릭스로 내보냈다.

우리는 비록 이 장면을 다시 쓰고 긍정적인 성과를 냈지만, 아직 그가 놀림을 당하고 자제력을 잃는 부분을 더 다루어야 한다는 것을 알고 있었는데, 세션이 끝나버렸다. 빌리는 다음 주에 다시 한 번 세션을 하고 싶다고 말했다.

그가 다시 돌아왔을 때, 나는 그가 대마초를 정말 끊고 싶거든 평소에도 꾸준히 두드리기를 해야 한다는 것을 알려주었다. 극심한 트라우마와 중독을 갖고 있는 환자를 많이 다루어보았지만 대개는 변화의 동기가 낮은 경우가 많기 때문에, 스스로 집에서 두드리기를 할 준비가 되어 있는 정도의 내담자는 이미 변화할 준비가 되어 있다는 것을 알고 있었다. 빌리는 스스로 작업할 준비가 되어 있었고, 그는 비록 아직 대마초를 피우고 있지만 집에서 몇 가지 문제를 해결하기 위해 EFT를 사용했다고 보고했다. 나는 그에게 금단 증상이 있을 때 어떻게 해야 하는지 알려주었다.

그다음 우리는 지난주에 멈춘 부분에서 다시 시작했다. 우리는 빌리가 대마초를 피울 때 느끼는 감정을 다루었고, 그가 긴장하지 않도록 농담도 적당히 하면서 진행했다. 우리는 바로 문제의 핵심을 찌를 수 있었다. 나는 빌리를 두드리면서 그가 스컹크를 몇 봉투나 샀는지 물어보았다. 스컹크를 살 때는 '10봉지', '8분의 1온스' 등 여러 가지 용량이 있다. 그가 평소에 사는 양을 말해주었고, 나는 그가 평소에 사는 양보다 적게 살 때 어떤 기분을 느끼냐고 물어보았다. 그는 곧바로 자제력을 잃는 기분을 느낀다고 말했고, 그것이 슬픔, 불만, 그리고 분노를 일으킨다고 했다.

몇 차례 두드리기를 한 다음 직관적으로 질문을 하면서 우리는 그가 느끼는 분노를 포착할 수 있었다. 나는 빌리에게 언제 이 분노를 처음 느꼈는지 물어보았다. 그 사건을 찾아내기까지 시간이 걸렸지만, 우리는 그가 어릴 적 놀이터에서 겪었던 일을 보게 되었다. 그의 친구라고 하는 아이들은 그를 따돌렸고, 그의 바지와 속옷을 내려 사진을 찍어댔다. 가해자 중에는 여자아이들도 있었고, 이것은 빌리에게 극심한 수치심을 안겨주었다.

한 명이 자기 가슴 위에 올라타는 동안 어떤 아이들은 그의 바지를 붙잡아 내리고 어떤 아이들은 사진을 찍고 있었던 그 장면 속에 빌리가 들어갔다. 빌리는 ECHO가 그 상황에서 빠져나올 수 있도록 그 장면을 정지시키고, ECHO만을 움직일 수 있도록 풀어주고 두드리기를 시작했다.

빌리는 그 상황을 바로잡기 위해 폭력을 행사하여 앙갚음을 할 필요가 있었다. 물론 현실에서 폭력은 용납할 수 없는 일이지만, 빌리는 그 사건 이후로 항상 그 아이들에게 보복하고 싶어 했고, 따라서 이것을 해소할 필요가 있었다. 따라서 그는 마침내 수십 년 전에 하고 싶었던 일을 했고, 물리적으로 보복했다. 그리고 그 친구라는 아이들한테 그들이 한 행동은 잘못된 것이며 못되게 군 아이들에 대해서 어떻게 생각하는지 알려주었다. 어린 빌리가 얘기하는 동안 어른 빌리가 옆에서 그 상황을 지켜보았고, 그 아이들에게 너희들은 어린애들에 불과하고, 어린애들이란 가끔 아무 생각 없이 나쁜 행동을 하는 것을 이해한다고 말해줄 필요를 느꼈다. 빌리의 ECHO는 이런 의사소통을 기분 좋게 느꼈고, 분노를 해결한 뒤여서 이것이 가능했다.

사진이 찍혔던 카메라를 박살 내버리고 필름을 다 버리고 나서야 빌리는 그 장면이 완성되었다고 느꼈고, 긍정적인 장소로 옮겨 갈 준비가 되었다는 것을 알 수 있었다. 이번에는 아름다운 해변이 있는 햇살 눈부신 휴양지로 갔다. 다른 친구들이 함께 있었고, 이 새로운 장면을 머릿속으로 떠올린 다음 심장으로 보내어 세상으로 내보냈다. 그는 오래된 기억을 떠올려보았고, 완전히 변했다는 것을 느낄 수 있었다. 이것으로 치료 세션이 종료되었다.

그 이후로 빌리를 몇 주 동안 보지 못했지만, 빌리에게서 핸드폰 문자를 몇 통 받았다. 그는 삶이 행복하다고 말했으며, 자신이 대마초를 끊기로 한 날짜를 지켰고 더 이상 스컹크를 피우지 않는다고 했다.

그리고 지난주에 이 케이스 스터디를 반쯤 써 내려갔을 때, 놀랍게도 빌리가 나를 찾아왔다! 그는 얼굴에 함박웃음을 지었고, 훨씬 더 침착해 보였다. 그는 아직 다뤄야 할 문제가 많이 남아 있지만 삶에 활력이 넘치고 아직까지 스컹크를 잘 조절하고 있다고 말했다. 지난달에 대마를 몇 모금 들이마시자마자 정말 끔찍한 맛이 났고, 그 후로는 전혀 입에 대지 않았다고 했다. 마약 중독자에게 이것은 엄청난 성과이다. 특히 단 한 번의 EFT 세션과 두 번의 매트릭스 리임프린팅 세션으로 이 정도의 변화가 있었다는 것은 놀라운 일이었다. 단순한 의지만으로는 이런 성과를 내지 못했을 거라고 나는 확신한다.

특히 빌리가 매일같이 두드리기를 하고 있다는 것은 정말 좋은 일이었다. 그는 스트레스를 받을 때마다 두드리기를 한 것이 삶을 더 긍정적으로 바라볼 수 있도록 도와주었다고 했다. 그리고 새로운 여자친구를 사귀게 되었고, 이전보다 여성을 대할 때 더 편안하고 자신감이 생겼다고 말했다.

개인적으로 나는 빌리가 중독을 극복함과 동시에 그 이상을 성취했다고 믿는다. 그는 자신감을 되찾았고, 자기를 존중하게 되었고, 자제력을 손에 넣었다. 놀랍게도 다른 비슷한 사례에서도 내담자들이 자신감을 되찾고 원하는 바를 성취하는 것을 목격했다. 대부분의 중독자들은 물질을 사용하여 즉각적인 만족감을 얻으려고 한다. 그들은 중독 물질을 사용하여 느낌이나 감정을 없애려고 한다. 따라서 중독 물질은 표면적인 문제일 뿐이다. 매트릭스 리임프린팅과 EFT는 그들이 핵심 문제를 파악하고, 그들이 애초에 중독 물질을 왜 사용하게 됐는지 알 수 있게 해준다. 빌리의 사례는 이를 증명하는 아주 좋은 예이고, 그의 변화한 모습에 보람을 느낀다.

브렛의 연락처는 참고 자료에서 찾을 수 있다.

전문가를 위한 지침

전문가를 위한 지침은 특정한 인생 문제를 해결하도록 설계되어 있다. 매트릭스 트라우마 리임프린팅은 극심한 트라우마와 외상 후 스트레스 장애를 다루고, 매트릭스 공포증 리임프린팅은 여러 공포 반응을 해결하며, 매트릭스 알레르기 리임프린팅은 알레르기 반응을 해소한다.

매트릭스 트라우마 리임프린팅

매트릭스 트라우마 리임프린팅은 매트릭스 기억 리임프린팅의 변형이다. 이 기법은 강간, 아동 학대, 고문, 전쟁, 재해, 비극과 같이 극심한 외상 기억을 다루는 데 사용된다. 따라서 외상 후 스트레스 장애에 가장 효과적이기도 하다.

이 기법은 절대 혼자 실습해서는 안 되며, 외상 후 스트레스 장애 분야에 경험이 있고 자격을 갖춘 매트릭스 리임프린팅 전문가가 아니라면 절대 이 기법을 다른 사람에게 사용할 수 없다.

매트릭스 트라우마 리임프린팅은, 매트릭스 기억 리임프린팅(154쪽)과 한 가지 다른 점이 있다. 트라우마가 시작된 시점에서 사건의 발생 순서를 따라가지 않고, 트라우마가 종료된 시점에서 거꾸로 거슬러 올라간다. 사건이 끝난 다음의 ECHO를 진정시키고 나면 트라우마 속에 들어가 감정적 갈등을 조금씩 해결할 수 있다.

만약 트라우마가 며칠 또는 몇 주간에 걸쳐 일어난 것이라면, 기억을 여러 조각으로 나누어 한 번에 하나씩 다루어야 한다는 것을 기억하자. 이 경우 기억을 어디서부터 손대야 할지 잘 모르겠다면 기억의 한 부분에서 시작하고, 나머지는 내담자가 기억을 보여주는 순서대로 도와주면 된다.

극심한 트라우마와 외상 후 스트레스 장애를 다룰 때, 내담자가 원하지 않는 이상 충격이 가장 컸던 기억을 먼저 다루지 않는다. 내담자가 작은 문제를 해결해나가면서 더 큰 문제를 다룰 수 있도록 준비시켜야 한다. 내담자가 작은 문제를 해결하다 보면 치료 기법에 더 자신감을 얻고 전문가와 신뢰를 쌓을 수 있다.

만약 트라우마에 대한 기억이 없다면, 억압된 기억을 살펴본다. 매트릭스 회상 기법(202쪽), 또는 유년기 기억을 살펴보는 매트릭스 전의식 리임프린팅(256쪽)을 참고하자.

만약 극심한 트라우마를 겪었거나 외상 후 스트레스 장애를 겪고 있다면 전문가와 상담할 것을 거듭 강조한다. 어떤 경우에도 혼자 해결하려 하지 말자. 다음 두 가지 일이 일어날 수 있기 때문이다. 첫째로 억압되거나 잊혀진 기억을 되찾게 되면, 재외상화를 경험하면서 증상이 악화될 수 있다. 둘째로 ECHO가 기억을 강력하게 보호하고 있어서 문제를 제대로 파악할 수 없을 수 있다. 그러나 당신이 아무리 극도의 고통을 경험했더라도, 매트릭스 리임프린팅 전문가와 함께 문제를 해결한다면 내적 평화에 이를 수 있기 때문에 크게 걱정하지 말자.

매트릭스 공포증 리임프린팅

공포증은 우리의 잠재의식이 스트레스나 트라우마를 기억하기 때문에, 그것을 떠올리게 하는 상황이나 물건에 두려움 반응을 하게 되는 것이다. 공포증이란 잠재의식이 우리를 보호하려는 것일 뿐이다. 만약 개에 물린 적이 있다면 대부분 개를 무서워하게 된다. 누군가 거미를 보고 소리를 질렀다면(흔히 여성 친인척), 그것이 거미공포증의 원인이 될 수 있다. 우리가 공포를 느끼는 이유는 항상 우리 경험에서 기인하며, 굳이 노출요법Exposure Therapy(공포에 맞서게 하는 것)을 쓰지 않더라도 고통 없이 잠재의식 반응을 바꿀 수 있다.

EFT는 공포증을 해결하는 데 매우 효과적이다. EFT는 공포 증상과, 그것을 만든 기억을 다룰 수 있다. 치료의 성공 여부의 시험은 처음에는 공포증과 관련된 사진(예를 들면 뱀)을 보게 한 다음, 실제 상황에서 보게 하는 것이다. 매트릭스 공포증 리임프린팅은 이 기법을 더 발전시킨 것이다. 이 기법은 간단하고 매우 효과적이다.

공포증은 혼자 실습하기보다 다른 사람과 실습하는 것이 좋다. 만약 당신이 극심한 공포 반응을 일으킨다면, 매트릭스 리임프린팅 상담사에게 도움 받기를 권한다.

1단계 | 공포증 선택하기

해결하고 싶은 공포증을 선택한다. 무엇이든 가능하다.

2단계 | 갈등 완화시키기

대개는 공포 대상을 말하는 것만으로도 공포증을 유발할 수 있다. EFT를 사용하여 공포 대상을 말하는 것의 고통 지수가 3이 되도록 완화시킨다.

3단계 | 원인 기억 리임프린팅

만약 받는이가 공포 반응을 처음 일으킨 사건을 기억한다면, 그 기억을 제일 먼저 다룬다. 만약 기억하지 못한다면 매트릭스 회상 기법(202쪽)이나 매트릭스 전의식 리임프린팅(256쪽)을 사용한다. 한 ECHO에서 한 ECHO로 옮겨 가면서(191쪽), 가장 최근에 공포 반응을 일으킨 사건을 찾아 사건 속 ECHO에게 공포증에 대한 어릴 적 기억으로 가자고 한다.

원인 기억을 찾게 되면, 매트릭스 장면 리임프린팅(145쪽) 또는 매트릭스 기억 리임프린팅(154쪽)을 사용하여 공포 반응을 바꾼다. 그러나 이 시점에서는 ECHO를 새로운 장소로 보내지 않고, 새 장면을 매트릭스로 보내는 것도 하지 않는다. 먼저 결과를 시험해보는 과정을 거친 후에 해야 한다.

4단계 | ECHO를 통해 결과 확인하기

ECHO가 당신 대신 공포증을 시험한다. 만약 공포 반응을 모두 극복하고 내적 평화를 찾았다면 뱀을 만지거나, 높은 빌딩에서 아래를 내려다보거나, 쥐를 쓰다듬는 등 공포 대상을 마주하여 보게 한다. 만약 여전히 공포 감정이 남아 있다면 두드리기를 하거나, 공포를 모두 해소할 수 있도록 새로운 조력자나 자원을 가져온다.

5단계 | 매트릭스에 새로운 장면 만들기

ECHO가 더 이상 공포 반응을 보이지 않는다면, 공포 대상과 편안하게 공존하는 모습을 그린다. 예를 들어 폐쇄공포증이 있다면 밀실에 있는 모습을, 거미공포증이 있다면 거미와 같은 공간에 있는 모습을 그린다. 새로운 장면을 매트릭스로 보낸다.

6단계 | 관련 기억 비우기

그다음 공포증과 관련된 기억을 확인하고, 남은 갈등을 해소한다. 예를 들어 어릴 때 엄마가 거미를 보고 소리 지르는 모습을 본 뒤로 거미공포증이 생겼는데, 이후에 친구가 등 뒤에 거미를 떨어뜨리는 짓궂은 장난을 쳐서 트라우마가 더 커졌을 수 있다. 받는이에게 관련된 트라우마를 떠올리게 한 다음 위의 단계를 반복한다. 최초의 트라우마를 해결하는 것만으로도 그 이후의 트라우마가 더 이상 부정적인 감정을 일으키지 않을 수 있기 때문에, 이 단계가 필요 없을 수도 있다는 것을 기억해두자.

7단계 | 실제로 시험해보기

관련된 모든 기억들이 더 이상 공포를 일으키지 않는다면, 처음에는 사진을 보고, 그다음에는 실제로 보면서 공포증을 극복했는지 확인한다.

매트릭스 알레르기 리임프린팅

알레르기는 발생 원인이 복합적이라서 몸이 산성일 때 일어날 수도 있고, 안 좋은 식습관과 항생제로 인해 장내 유익균이 감소해도 일어날 수 있다. 그러나 정서적 문제도 알레르기의 원인이 된다. 공포증과 마찬가지로 몸이 어떤 것을 위협으로 오인해서 증상이 나타나는 것이다. 만약 스트레스를 겪은 시점에 어떤 음식을 먹고 있었다면, 몸이 그 음식을 스트레스와 결부시켜 음식을 위협으로 인식하고 거부하게 되는 것이다. 예를 들어 한 여성은 아버지의 죽음을 발견한 시점에 오렌지를 먹고 있었기 때문에 오렌지 알레르기가 생겼고, 또 다른 여성은 우울한 대학 시절을 보냈는데 그때 항상 치즈를 먹었기 때문에 치즈 알레르기가 생겼다. 수년간 칼과 사샤는 EFT와 매트릭스 리임프린팅을 통해 내담자와 수련생들이 알레르기를 극복할 수 있도록 도와주었다. 관련 사례는 331쪽에서 찾아볼 수 있다. 생명을 위협할 정도의 커피 알레르기를 단 30분의 세션으로 해결한 사례이다.

알레르기는 강한 형태장을 갖고 있다. 알레르기는 대부분 공포에 기초하고, 따라서 경미한 알레르기라 할지라도 알레르기 반응을 자주 일으킬수록 점점 더 강도가 세질 수 있다. 우리 뇌가 그 물질이 위험하다고 몸에 반복적으로 신호를 보내게 되면 알레르기가 점점 악화된다.

또한 알레르기는 믿음과 관련돼 있을 수 있다. 사샤는 처음 EFT와 매트릭스 리임프린팅을 시작했을 때, 20가지가 넘는 알레르기를 갖고 있었다. 실제로 그녀가 칼에게 EFT 훈련을 받았을 때, 그녀는 수련생들과 함께 공동 숙소에서 생활하지 못하고, 음식을 따로 먹기 위해 조리실이 있는 방을 따로 배정받았다.

만약 알레르기의 원인이 정서적인 것이라면, 매트릭스 리임프린팅으로 쉽게 해결할 수 있다. 만약 생리적인 원인이라면, 예를 들어 몸이 산성 상태이거나 장내 유익균이 감소된 것이라면, 역시 매트릭스 리임프린팅을 통해 강한 알레르기 반응을 일으켰던 부정적인 기억을 해결하여 증상을 완화시킬 수 있다.

만약 아나필락시스anaphylaxis(과민증, 페니실린 쇼크처럼 생명을 위협할 수 있는 극심한 알레르기 반응)가 있다면, 절대 혼자 실습하거나 비전문가와 실습하지 않는다. 관련 기억을 떠올리는 것만으로도 알레르기 쇼크 증상이 재현될 수 있기 때문에 반드시 숙련된 매트릭스 리임프린팅 전문가의 도움을 받는다.

1단계 | 알레르기 선택하기

고치고 싶은 알레르기를 선택한다. 만약 알레르기가 한 개 이상이라면, 한 번에 하나씩 다룬다. 음식, 사물, 애완동물, 또는 약물에 관련된 알레르기가 될 수 있다.

만약 처음 알레르기 반응을 일으킨 사건을 기억한다면, 그 기억을 살펴본다. 그리고 이 시점에 있었던 스트레스나 트라우마도 함께 다룬다.

만약 처음 알레르기를 일으킨 사건이 생각나지 않는다면, 매트릭스 회상 기법(202쪽)이나 매트릭스 전의식 리임프린팅(256쪽)을 사용하여 억압된 기억이나 유년기 기억을 찾아본다. 한 ECHO에서 다른 ECHO로 옮겨 가면서(191쪽) 가장 최근에 알레르기 반응을 일으킨 사건 속으로 들어가, 사건 속 ECHO를 두드리면서 알레르기에 대한 가장 어릴 적 기억을 보여달라고 부탁할 수 있다.

알레르기를 일으킨 원래 기억을 찾았다면, 매트릭스 장면 리임프린팅이나 매트릭스 기억 리임프린팅을 통해 당시에 경험했던 알레르기 반응을 완화시킨다. 받는이가 최초의 알레르기 반응을 해소할 때까지 ECHO를 두드린다.

그다음 ECHO가 알레르기원이 있는 것을 만지거나 먹어도 더 이상 알레르기 반응을 일으키지 않는 새로운 기억을 만든다. 알레르기원에 아무 반응을 보이지 않고 평화롭고 긍정적인

ECHO의 이미지를 머릿속으로 떠올리고, 몸의 모든 세포로 보낸다(이 단계가 특히 중요하기 때문에 충분히 시간을 갖도록 한다). 그 다음 심장으로 보내서 매트릭스로 이미지를 내보낸다.

4단계 | 알레르기와 관련된 스트레스와 외상성 기억 리임프린팅

만약 알레르기와 관련된 기억이 더 남아 있다면, 가령 극심한 알레르기 반응을 일으킨 기억이나, 알레르기 때문에 특별한 행사를 놓쳤거나, 알레르기 때문에 일을 망친 기억이 있다면, 그 기억을 매트릭스 리임프린팅으로 해결한다.

5단계 | 장 정화 시도하기

대개는 위의 4단계까지 알레르기 문제 해소에 충분하다. 그러나 가끔은 알레르기의 장 정화를 해야 할 수도 있다. '나는 비록 항상 [알레르기원]을 먹을/마실/흡입할/만질 수 없었지만, 나 자신을 온전히 받아들이고 사랑합니다'라는 수용 확언과 함께 21일간 장 정화 기법(223쪽)을 사용하면 효과적이다. 예를 들면,

나는 비록 항상 오렌지를 먹을 수 없었지만, 나 자신을 온전히 받아들이고 사랑합니다.

6단계 | 결과 확인하기

다른 지침에서와 달리 알레르기에 대한 작업 후에는 결과를 확

인하지 않는다. 생활에서 알레르기원을 마주할 때 결과를 확인하는 것이 일부러 알레르기원을 찾는 것보다 낫다. 장 정화 기법을 사용하고 있다면, 21일 동안은 절대로 알레르기 원인 물질로 시험해보면 안 된다. 특히 극심한 알레르기가 있다면 결과를 절대 확인해보지 말아야 한다.

전생과 미래 다시 쓰기 지침

(13장)

매트릭스 전생 리임프린팅은 전생의 ECHO를 다루고, 매트릭스 미래의 자기 리임프린팅은 미래에 대한 두려움을 해결하거나 미래의 자기로부터 교훈을 얻을 수 있게 도와준다.

매트릭스 전생
리임프린팅

만약 전생에 대한 문제를 이미 다루어본 적이 있거나 발생한다면, 매트릭스 리임프린팅을 이용해서 대처할 수 있다. 칼과 사샤는 전생 리임프린팅에 대해 개인적으로 가지고 있는 견해가 있는데, 이미 현생에서 다루어야 할 문제가 충분히 많이 있다는 것과, 무한한 과거생을 거슬러 올라가면 한도 끝도 없다는 것이다. 전생에서 해결하지 못한 주제가 있다면 현생에서 반복해서 일어날 것이기 때문에, 현생에서 일어나는 일들을 다루는 것으로 충분히 유용하다고 할 수 있다. 그러나 이것은 칼과 사샤의 개인적인 생각일 뿐이고, 전생 퇴행으로 치료하는 사람들도 존중한다. 더욱이 칼과 사샤는 어떤 형태로 나타나는 문제이든 그대로 해결하자는 원칙이 있기 때문에, 전생 문제를 상담 세션에서 여러 번 다루어본 적이 있다. 따라서 상담 도중에 전생의 장면이 나오면 그 문제를 다루어도 좋다. 이미 전생 문제를 다루고 있다면 매트릭스 전생 리임프린팅이 도움이 될 것이다.

1단계 | 이미지 또는 기억 떠올리기

전생에 있던 이미지 또는 기억 중 바꾸고 싶은 문제를 머릿속에 떠올린다.

2단계 | 장면 속으로 들어가기

늘 통상적으로 하는 대로, ECHO에게 자기소개를 하고, ECHO를 두드리면서 그 상황에서 어떻게 느꼈는지 물어본다.

3단계 | 인생의 교훈 찾기

전생에서의 교훈을 찾는다. 아직도 그렇게 생각하고 있는지 확인해본다.

4단계 | 문제 해결하기

이미지 또는 기억 주변의 부정적인 기운을 모두 해소한다. 필요하다면 새로운 자원을 쓸 수 있고, ECHO의 필요에 따라 사건의 결과를 다르게 재현한다.

5단계 | 매트릭스에 새로운 영상 내보내기

전생의 ECHO를 새로운 장소로 보낸다. 새로운 장면을 마음속에 떠올리고 세포로 보낸 다음, 심장을 통과시켜서 매트릭스로 내보낸다.

6단계 | 결과 확인하기

원래 기억 또는 이미지를 떠올려 감정 반응이 변화되었는지 확인한다. 만약 갈등이 남아 있다면 4단계로 돌아간다.

매트릭스 미래의 자기 리임프린팅

매트릭스 리임프린팅은 과거에 일어난 일을 다루는 것에 국한되지 않는다. 미래를 바꾸는 데도 사용할 수 있다. 미래의 자기 리임프린팅을 하는 방법은 몇 가지가 있다. 첫째로 미래에 대한 두려움이 있을 때 매트릭스 리임프린팅을 할 수 있다.

미래에 대한 부정적인 이미지 리임프린팅

어떤 일이 일어나는 상상을 몇 번이고 다시 한 적이 있는가? 우리는 가끔 최악의 상황에 대한 예행 연습을 하면서 부정적인 사건의 유인점을 더 강화시킨다. 그러나 미래에 대한 두려움은 사회적으로 용인되는 하나의 규범이 됐다. 우리는 너무 자주 '만일'을 대비하여 가능한 모든 부정적인 결과를 상상한다.

만약 당신이나 다른 사람이 그렇지 않다고 생각된다면, 작은 실험을 하나 해보자. 다음 한 주간 당신과 주변 사람들이 얼마나 자주 부정적인 미래를 예견하는지 관찰해보자. 버스나 직장에서, 아니면 TV를 볼 때 주의 깊게 들어보자. 얼마나 자주 사람들이 부정적인 미래를 걱정하는지 알게 되면 놀랄 것이다.

따라서 만약 당신이 최악의 사태를 걱정하고 있다면, (시작, 중간, 결말이 있는 특정 사건이라면) 매트릭스 기억 리임프린팅 또는 (한 가지 이미지라면) 매트릭스 장면 리임프린팅을 사용하여 최악의 상황을 조금 더 긍정적이고 지지적인 상황으로 바꾼다.

미래의 자신에게 이 두려움을 떠올리는 과거의 기억이 있는지 물어보는 일은 주제에 관련된 기억들 중 놓친 부분을 찾을 수 있게 도와준다. 예를 보자.

제니 | 제 남자친구 폴이 제 곁을 떠나는 모습을 계속 상상해요.

샤샤 | 그 모습이 생각날 때, 선명한 이미지나 장면이 보이나요?

제니 | 네, 항상 같은 모습이에요. 폴이 고개를 숙이고 제 곁을 떠나고 있고, 저는 울면서 몸을 웅크리고 있어요.

샤샤 | 그렇군요. 손날 타점을 두드리면서 저를 따라서 세 번 말합니다. '나는 비록 폴이 나를 떠나는 것이 보이지만, 나 자신을 온전히 받

아들이고 사랑합니다.'

제니 | 가슴에 공포가 느껴져요.

사샤 | 고통 지수가 어느 정도입니까?

제니 | 10이에요.

제니는 사샤와 함께 두드리기를 하면서 고통 지수를 2까지 감소시킨다.

사샤 | 좋습니다. 웅크리고 있는 미래의 당신이 보이나요?

제니 | 네.

제니 | 그 장면 속으로 들어갑니다. 그녀에게 당신이 도움을 주러 왔다고 알려주세요. 그리고 괜찮다면 그녀에게 두드리기를 합니다. 무슨 일이 일어나고 있는지 그녀에게 물어보세요.

제니 | 자기가 부족해서 폴이 떠난 것이라고 말하고 있습니다.

사샤 | 그녀에게 비슷한 상황을 떠올리는 사건으로 데려가달라고 말하세요.

제니 | 믿을 수가 없어요. 제가 14살 때 제임스와 2주일 동안 사귀고 차였던 기억을 보여주네요. 몇 년 동안 생각해보지 않은 일이었는데.

사샤 | 14살 그녀에게 두드리기를 해도 좋은지 물어보세요. 미래에서 그녀를 도와주러 왔다고 말해주세요. 그녀는 지금 어떤 기분인가요?

제니 | 그녀의 심장에 검은 슬픔이 있어요.

사샤는 제니를 두드리는 동안 몇 차례 수용 확언을 반복시킨다. '너는 비록 심장에 검은 슬픔을 느끼지만…'. 그동안 제니는 제니의 ECHO를 두드린다.

사샤 | 이제 그녀에게 무엇이 필요한지 물어보세요.

제니 | 그녀는 곁에 오래 머무를 수 있는 남자친구가 필요해요. 항상 며칠이나 몇 주 만에 차이게 돼요.

사샤 | 새로운 남자친구를 원하나요? 어떤 사람과 함께하고 싶은지 물어보세요.

제니 | 제즈라는 멋진 친구가 있어요. 그와 사귀고 싶어 해요.

사샤 | 그 모습을 상상해보시겠어요?

제니 | 네.

사샤 | 그녀가 그 모습에 만족하는지 알려주세요.

제니가 새로운 장면을 떠올리는 동안 사샤가 계속 제니에게 두드리기를 해준다.

제니 | 네, 제즈와 정말 좋은 시간을 보냈어요.

제즈와 함께 있는 모습을 머릿속으로 떠올린 다음 심장을 통해 매트릭스로 내보냈다. 제임스에게 차인 기억을 제즈와 함께 있는 모습으로 대체한 것이다.

사샤 | 좋아요. 이제 제즈와 함께하는 모습이 있습니다. 그녀에게 또 살펴봐야 할 기억이 있는지 물어보세요.

제니 | 제가 6살 때로 돌아갔습니다. 아빠가 엄마를 버리고 떠났어요.

사샤는 제니와 함께 과거로 돌아가 제니의 어린 ECHO를 두드리면서 그녀의 아버지가 떠나지 않고 남아서 어머니와의 갈등을 해결하는 장면을 만든다. 제니는 그동안 자기가 부족하기 때문에 부모님이 싸운다고 생각했다. 새로운 이미지가 같은 방법으로 매트릭스에 보내진다.

사샤 | 좋습니다. 다시 미래의 자기를 떠올립니다.

제니 | 놀라워요. 그녀가 폴과 마주 앉아서 대화를 하고 있어요. 둘 다 생기가 넘칩니다.

사샤 | 당신이 울고 있고 폴이 떠나는 장면이 기억나나요?

제니 | 아뇨, 완전히 사라졌어요!

미래에 대한 불안은 대부분 과거 경험에 기인하며, 불안해하고 있는 미래의 자신에게 과거 사건을 보여주고 매트릭스 리임프린팅을 하면 문제를 해결할 수 있다.

양자역학의 관점에서 말하자면, 우리에게는 미래에 일어날 일의 경우의 수가 한없이 많이 열려 있기 때문에, 긍정적인 미래를 다시 써서 우리의 미래를 더 긍정적인 쪽으로 끌어당길 수 있다.

긍정적인 미래 이미지로부터 배우기

또 다른 강력한 기법은 미래의 긍정적인 자기에게 찾아가 긍정적인 미래를 만들기 위해 받는이가 해야 할 일이 무엇인지 물어볼 수 있다. 만성질환이나 중병을 앓고 있는 사람이 병을 극복하기 위해 해야 하는 일이 무엇인지 알아내는 데 효과적이다.

이 기법은 긍정적인 미래 모습을 상상하고 그 장면 속으로 들어가, 미래의 자신이 자기를 두드리면서 변화를 위해 필요한 과정을 묻는 일이 수반된다.

조나단과 황금 열쇠

조나단은 20년 동안 병을 앓았다. 사샤는 그가 갖고 있는 트라우마를 몇 가지 다루었고, 조나단은 트라우마를 잘 극복했다. 한 세션에서 사샤는 조나단에게 치유된 자기를 만나서 치유 방법에 대해 물어보도록 권했다.

조나단은 그렇게 했고, 미래의 조나단이 현재의 조나단을 두드리면서 그가 해야 할 일을 알려주었다. 미래의 조나단은 그가 인내심을 배워야 하며, 상황을 받아들이고, 병과 더 이상 싸우지 말라고 가르쳐주었다.

미래의 조나단은 그에게 황금 열쇠를 주었고, 같이 황금 문 앞으로 걸어갔다. 그 문은 건강을 되찾는 여행을 시작할 수 있게 해주었다.

아직 조나단이 치유를 위해 해야 할 일이 많이 남아 있었지만, 미래의 조나단은 그에게 건강을 되찾을 수 있다는 희망을 주었고, 그가 치유를 위해 가장 필요했던 것이 바로 그 희망이었다.

출생과 유년기 다시 쓰기 지침

14장

매트릭스 리임프린팅은 전의식의 기억(기억나지 않는 유년기 시절의 기억)과 출생 과정을 바꾸는 데 사용할 수 있다. 매트릭스 전의식 리임프린팅은 태아 시기, 출산 중, 그리고 유년기의 트라우마를 다루는 데 사용된다. 매트릭스 출생 리임프린팅은 특별히 출생 과정만을 다룬다.

매트릭스 전의식
리임프린팅

전의식 지침은 특정한 사건의 기억이 없거나, 어렴풋이 일어났던 기억이 있을 때 사용된다. 태아 시기에 일어났던 일부터 전의식 단계나 유년기에 일어났던 일까지 다양한 일을 다룰 수 있다. 아주 어릴 때 수술을 했거나 가까운 친척이 죽었다고 누군가 당신에게 얘기해줬을지도 모른다. 또는 어릴 때 어렴풋이 느꼈던 감정일 수도 있다. 가령 어릴 때 환영받지 못했거나, 부모님이 싸웠거나, 가정 내 트라우마나 비극이 일어났다면, 머리로 이해하지 못하더라도 정서적으로 영향을 받는다. 산모가 임신 중에 음주, 흡연, 또는 약을 복용한 것도 태아에게 영향을 미친다. 이러한 사건들은 장에 혼선을 빚고 어떤 신념을 각인시키게 된다. 매트릭스 전의식 리임프린팅은 이 신념을 바꿀 수 있다.

1단계 | 문제 파악하기

문제를 파악한다. 예를 들면,

- 어릴 때 나는 사랑받지 못했다.
- 내가 아기였을 때 아버지가 돌아가셨다.
- 내가 아기였을 때 집에 큰일이 있었다.

2단계 | 문제 전반을 두드리기

전반적인 수용 확언을 사용하여 몇 차례 두드리기를 한다. 예를 들어,

- 나는 비록 어릴 때 사랑받지 못했지만, 나 자신을 온전히 받아들이고 사랑합니다.
- 내가 비록 아기였을 때 아버지가 돌아가셨지만…
- 내가 비록 꼬마였을 때 집안에 큰일이 있었지만…

두드리기를 하게 되면 문제와 관련된 에너지나 감정을 매트릭스로부터 가져오게 된다.

3단계 | 문제 속 에너지 확인하기

받는이에게 문제 속 에너지가 저장된 부위를 몸에서 찾아보게 한다.

- 몸 어디에서 에너지가 느껴지는가?
- 에너지가 어떤 색깔이나 형태, 또는 소리를 갖고 있는가?
- 에너지의 질감은 어떤가?
- 에너지가 무엇으로 만들어져 있는가?

만약 받는이가 감정이 올라오는 것을 강하게 느낀다면, 이미 ECHO와 동화된 것일 수 있다. 만약 받는이가 ECHO에 동화되었다면, ECHO의 몸에서 나오게 만들고, 사건 밖에서 장면을 보게 한다. 그다음 5단계로 넘어간다.

4단계 | 전의식 속 기억 접속하기

받는이가 몸속 에너지에 감응하면, 에너지를 경험했던 가장 어릴 적 기억을 떠올려보라고 말한다. 무엇을 보고, 느끼고, 들을 수 있는가? 만약 자궁 속 기억이라면, 엄마 뱃속이라는 느낌이나 자궁 속 색깔 또는 감정이 느껴질 수 있다. 만약 받는이가 태어난 이후의 기억이라면, 목소리나 소리, 냄새나 맛을 느낄 수 있다. 받는이가 느끼는 것을 상세하게 설명하도록 한다.

5단계 | 받는이에게 기억 속 ECHO 두드리기를 안내하기

받는이가 ECHO에게 그가 미래로부터 왔으며 ECHO가 느끼는 감정적 갈등을 해소할 수 있게 도와주러 왔다는 것을 알려주고, ECHO에게 두드리기를 해주어도 좋을지 물어본다. 만약 ECHO가 자궁 속 태아라면, 받는이의 상상 속에서 어린 자기 자신을 두드리는 것처럼 태아인 ECHO를 두드리면 된다. 당신이 받는이를 두드리는 동안 받는이는 ECHO를 두드린다.

6단계 | ECHO의 감정 확인하기

받는이에게 ECHO가 어떤 감정을 느끼고 있는지 물어본다. 만약 ECHO가 말을 할 줄 알기 전의 아기라면, 받는이는 ECHO와 대화를 하지 않아도 ECHO가 느끼는 감정을 알 수 있을 것이다. ECHO가 느끼는 감정의 색깔을 알아낸 다음, 당신이 받는이의 손날 타점을 두드리기 시작하면, 받는이도 ECHO의 손날 타점을 두드린다. ECHO에게 통상적인 EFT를 한다. 예를 들면,

- 당신은 비록 마음속에 검은 슬픔이 있지만, 당신을 온전히 받아들이고 사랑합니다.
- 당신은 비록 가슴속에 붉은 분노가 있지만, 당신을 온전히 받

아들이고 사랑합니다.

ECHO의 감정적 갈등이 해소될 때까지 계속한다.

받는이에게 ECHO가 상황을 다르게 받아들이기 위해 필요한 것이 무엇인지 물어본다. 만약 사랑받지 못한다고 느끼고 있다면, 다른 곳으로부터 사랑을 가져오거나, 부모님이 ECHO가 필요한 사랑을 줄 수 있도록 부모님의 관계를 회복시킬 수 있는 사람을 초대할 수도 있다. 만약 ECHO가 안전하지 않다고 느낀다면, 천사나 영적인 존재를 초대하여 보호받는 느낌을 주거나, 그냥 따뜻하게 이불로 감싸주거나, 외부에서 힘을 얻을 수 있다. 이것은 예일 뿐이며, 모든 매트릭스 리임프린팅 세션에서 그러하듯이, 정답은 받는이 자신이 알고 있다.

받는이를 과정 내내 두드려서 받는이가 ECHO를 지속적으로 두드리기를 할 수 있게 유도한다. 변화 과정은 대부분 마음속으로 조용히 진행한다.

자궁 속 태아의 경우 새로운 장소로 보내는 것이 적합하지 않을 수 있다. 그러나 전의식 기억의 어린이는 새로운 장소로 가는 것이 적합할 수 있다. 태아는 대부분 어머니의 자궁 밖을 떠나려 하지 않지만, 중요한 것은 자궁 내 에너지가 바뀌어야 한다는 것이다. 예를 들어 태아가 어둡고 부정적인 감정을 느꼈다면, 자궁이 안전하고 보살핌을 받는 장소라고 느낄 수 있게 도와줘야 한다.

전의식의 아이는 매트릭스 장면 또는 기억 리임프린팅 기법에서와 마찬가지로 원하는 장소로 갈 수 있다. 그들이 정서적으로 안전하고 편안하다고 느끼는 곳으로 갈 수 있게 해준다. 예를 들면 아기 침대나 놀이방, 엄마의 품 또는 애완동물을 끌어안아도 좋다. 동화나 이야기 속의 장소가 될 수도 있다.

9단계 | 생각, 세포, 심장, 매트릭스의 영상 바꾸기

ECHO가 정서적으로 안정적인 공간에 있다면, 이제 그 장면을 머릿속에서부터 모든 세포를 거쳐 심장으로 보낸 뒤 다시 매트릭스로 내보낸다.

10단계 | 결과 시험하기

처음 갖고 있던 문제가 해소되었는지 확인해보자. 예를 들어 받는이가 '어릴 때 사랑받지 못했다'라고 말했을 때 여전히 감정적 갈등을 느끼는지 알아본다. 그 주제와 관련된 다른 전의식의 기억이 남아 있을 수 있기 때문에, '어릴 때 사랑받지 못했다'는 말에 부정적인 공명이 일어나지 않을 때까지 매트릭스 전의식 리임프린팅 과정을 반복한다.

존의 수술

존은 사샤와 전화 상담을 했다. 존은 45세였고, 4년 전에 자신이 생후 18개월 때 탈장 수술을 받았다는 것을 알게 됐다. 이 수술은 1960년대에 이루어졌고, 당시에는 수술을 할 때 어린아이에 대한 배려가 없었기 때문에 존에게 매우 충격적인 수술 경험이 됐다. 존은 수술 내내 수술대 위에 묶여 있었고, 수술이 끝난 뒤에도 침대에 묶여 있었다. 그리고 부모와의 접촉이 제한됐다. 그의 어머니에 의하면 그가 자지러지게 우는 소리가 병원 전체에서 들릴 정도였고, 가족 모두가 괴로워했다고 했다.

비록 존은 수술에 대한 기억이 없었지만, 그 사건을 알게 되면서 이제까지의 자기 삶의 태도와 감정이 비로소 이해가 됐다고 말했다.

존은 숙련된 EFT 전문가였기 때문에 이 문제를 EFT로 접근했으나, 그 기억과 관련된 감정에 감응할 수 없었다. 그러나 그 사건을 떠올릴 때면 사타구니에서 둔탁한 통증이 느껴지고 이마를 찌푸리는 느낌이 났다.

사샤는 그가 기억을 되살릴 수 있도록, 사타구니의 둔탁한 통증을 두드리도록 권했다. 그는 이 통증을 '검은 공허함'이라고 표현했다. 그는 아주 빠르게 통증과 연관된 무력감과 절망감을 느낄 수 있었다.

사샤는 존에게 고통이 시작된 시점으로 돌아가보라고 했고, 그는 곧바로 18개월 된 자신의 모습을 선명하게 볼 수 있었다. 어린 존은 공포에 휩싸인 채 병원 침대에 묶여 있었다. 존은 현재의 자기 자신을 두드리면서, 18개월 된 ECHO를 같이 두드렸다. ECHO는 머리와 얼굴에서, 그리고 사타구니에서 검은 공포를 느꼈다. 존 역시 그 공포를 같이 느낄 수 있었다. 존은 얼마간 그와 그의 ECHO를 두드렸다. 공포는 곧 분노로 변했고, ECHO가 화를 풀려면 그를 꼼짝 못하게 묶은 끈을 없애야 한다는 것이 확실해졌다. 이때 존과 그의 ECHO는 격분하고 있었다. 사샤는 존에게 그간 쌓인 분노와 불만을 계속 두드려 모두 내보내라고 권했다.

존의 ECHO에게 중요한 주제는 자신의 분노를 표현할 수 없었다는 것이기 때문에, '비록 아무도 너의 목소리를 들어주지 않았지만…'이라는 수용 확언을 사용했을 때, ECHO의 목소리를 가로막던 것이 사라졌다.

존과 사샤는 ECHO에게 방 안에 누군가 들어와 곁을 지켜주길 바라냐고 물었고, ECHO는 그의 어머니와 천사가 함께해주기를 바랐다. 천사와 부모의 보호 아래 ECHO를 계속 두드리면서 그가 느끼는 신경쇠약 증세를 해소했다.

ECHO가 그 사건을 경험하면서 '사람들은 위협적인 존재'라고 인식했고, 비록 존이 외향적이고, 따뜻하고, 사교적인 성격임에도 그때의 믿음을 아직까지 갖고 있었다. ECHO의 심장에서 느껴지는 '사람들은 위협적인 존재'라는 에너지를 두드렸다.

갈등이 해소되자 존은 ECHO를 해변으로 데려가, 같이 모래성을 지으며 즐겁고 자유로운 시간을 보냈다. 그리고 이 이미지를 매트릭스로 내보냈다.

결과를 확인했을 때 병원의 어린 존은 여전히 슬픔을 느끼고 있었다. 이 슬픔을 몇 차례 두드렸더니 평화로운 이미지가 떠올랐다. 하지만 사샤는 아직 해결되지 않은 무언가가 있다는 것을 감지했다. 세션이 끝나버렸기 때문에 사샤는 존에게 48시간 내로 다시 한 번 결과를 확인하고 그녀에게 알려달라고 부탁했다.

세션 이후에 존은 몇 가지 흥미로운 경험을 하게 됐다. 첫 번째는 세션 이후 24시간 동안 계속 분노가 쌓였다는 점이다. 누워서 자기 자신을 두드릴 때, 트라우마가 풀려나가면서 주체할 수 없이 몸이 떨렸다. 이 분노 반응이 다음 하루 동안 계속 풀려나왔다. ECHO가 병원 침대에 묶였을 때의 분노를 아직 충분히 표출하지 못했기 때문에 이런 현상이 나타난 것으로 결론지었다.

강렬한 감정을 잘 표현하지 않는 집안 분위기에서 자라온 탓에 존은 ECHO가 화를 충분히 표출하게 하기보다는 ECHO와 자기 자신을 진정시키는 데 더 집중했다는 것을 깨달았다. 따라서 ECHO가 존을 위하여 잘 참아온 분노의 에너지를 이제껏 자기 안에 간직해오고 있었던 것이다.

며칠 뒤 사샤가 존과 다시 상담했을 때, 그의 어린 ECHO는 여전히 병원 침대에 묶여 화가 단단히 나 있었다. 존은 ECHO가 얼굴을 잔뜩 찡그린 것이 마치 만화에 나올 법한 표정이라고 말했다. 존은 ECHO를 두드리며 부드럽고 안심시키는 말투로 그가 당연히 화낼 권리가 있고 그가 겪은 일은 부당한 일이었다고 말해주었다. ECHO에게 어떤 방법으로 화를 내도 좋고, 화가 풀릴 때까지 성을 내도 계속 그의 옆에 있겠다고 말했다.

ECHO는 그를 묶고 있던 끈을 찢어버리고 소리를 지르고 몸부림을 쳤다. 존은 계속 ECHO의 곁을 지키면서 ECHO를 안심시켰다.

그다음 존의 ECHO는 당혹감을 느꼈다. 그래서 사샤와 존은 ECHO의 얼굴에 서린 검은 당혹감에 두드리기를 하였다. 존은 다시 천사를 불렀다. 존은 자기 아이들에게 하듯이 ECHO에게 사람들이 존의 통증을 없애주려고 애썼던 것이라고 설명해주었다. 존이 ECHO에게 많은 사랑과 안정감을 주자 수술에 대한 기억의 갈등이 모두 해소됐고, ECHO는 존과 천사와 함께 그네를 타러 가기를 선택했다.

그네에서 함께 시간을 보낸 존과 그의 ECHO는 만족감을 느꼈지만 여전히 사랑의 근원으로부터 단절된 느낌이 있었다. 그래서 존은 이제까지 그를 사랑했던 모든 사람을 초대했고, 그들은 존과 ECHO를 밝은 빛으로 감싸 안았다. 그러나 여전히 이마에서 검은 에너지가 사랑을 차단시켰고, 존이 ECHO를 계속 두드리는 동안 천사가 그 에너지를 제거할 수 있게 했다. 에너지가 제거되자 마침내 존과 ECHO는 사람들의 사랑을 느낄 수 있었다. 이 사랑받는 장면을 머리에서 심장으로, 다시 심장에서 매트릭스로 내보냈다.

세션이 끝난 뒤 존의 마음속에 커다란 평화가 찾아왔고, 존은 소속감을 느낄 수 있었다. 그가 다시 침대 위에 묶인 모습을 떠올렸을 때, 그 장면은 완전히 바뀌어 있었다. 그의 ECHO는 평온한 모습으로 침대 위에 앉아 있었다.

매트릭스 출생 리임프린팅

우리는 전의식뿐만 아니라 탄생의 순간까지도 다시 쓸 수 있다. 출생 리임프린팅 지침은 샤론 킹이 만들었고, 여러 가지 유아치료상담 기법을 접목한 것이다. 그녀는 이 지침을 매트릭스 리임프린팅과 결합하여 우리의 출생 경험을 다시 쓸 수 있는 새로운 방법을 만들었다.

샤론은 우리의 탄생 비화가 우리의 현재 삶에 주는 영향에 관한 워크숍을 운영한다. 그녀는 아이를 갖는 과정, 자궁 안에서의 시간, 탄생과 태어나서 첫 6년 동안의 시간이 우리의 믿음 체계를 형성하는 결정적인 순간이라는 점을 강조한다. 또한 자연분만과 모자 간 유대감 형성의 중요성에 대한 수많은 과학 연구가 있다.

매트릭스 출생 리임프린팅 지침은 출생과 유대감 형성에 관련된 모든 문제를 다룰 수 있으며 그것을 바꿀 수 있다. 입양, 유산, 불임, 임신과 출산에 대한 트라우마 역시 이 지침을 통해 다룰 수 있다.

매트릭스 출생 리임프린팅 이면의 과학

태내에서부터 탄생까지의 경험이 아이의 성장과 뇌의 발달에 영향을 준다는 연구가 있다. 임신 중 환경에 대한 산모의 인식이 태반을 통해 화학적으로 전달된다. 태아는 아버지의 경험의 영향도 받는다. 브루스 립튼의 DVD 〈믿음의 생물학Biology of Belief 'Lite'〉에서 산모와 아이의 아버지가 싸울 때, 태아가 놀라서 발길질하는 동영상을 보면 알 수 있을 것이다.

임신 중 태아의 뇌는 일련의 발달 단계를 거친다. 임신 첫 번째 삼분기 때 학습된 행동과 관련된 파충류 뇌가 형성된다. 두 번째 삼분기 때 감정을 조절하는 뇌의 변연계가 형성된다. 세 번째 삼분기 때 언어와 사고를 관장하는 신피질이 형성된다. 생후 1년 동안 아이의 사회성을 담당하는 전두엽 전부 피질이 형성된다. 뇌의 발달 과정은 아이의 환경과 삶의 경험에 의해 영향을 받는다.

지속적으로 갖고 있던 감정은 태내뿐만 아니라 생후에도 뇌의 발달에 영향을 미친다. 만약 산모가 지속적인 신변의 위협을 느꼈다면, 태아는 평균보다 큰 파충류 뇌를 갖게 되고 생존 본능도 훨씬 강하다. 아이가 위협에 대처하기 위해 지속적으로 환경을 살피게 되므로 투쟁-도피 반응이 쉽게 발동되고, 주의력이 손상된다. 따라서 집중력과 지능도 손상된다. 아이가 비행 청소년이 될 가능성도 높아진다.

반대로 아이가 안전하고 사랑이 넘치는 환경에서 성장하면 전두엽 전부 피질과 신피질이 발달하여 높은 수준의 지능을 갖게 된다.

만약 아이가 사랑을 받지 못하거나 환영받지 못한 채 태어나면, 유년기 때부터 많은 부정적 핵심 신념을 형성하게 된다. 예를 들면 '세상은 위험한 곳이야', '나는 불필요한 존재야', '나는 부족해', '나는 사랑스럽지 않아', '나는 가치 없는 사람이야'.

그리고 '여기 있고 싶지 않아'와 같은 부정적 핵심 신념을 갖게 된다. 이 신념은 유년기에서 성인이 될 때까지도 지속되어 우울증, 자살, 공격성, 학대, 단절과 고립감, 정신 질환, 불안, 걱정, 그리고 습진과 피부 질환도 유발할 수 있다.

이상적인 출생 경험

데비 타키카와Debby Takikawa의 획기적인 다큐멘터리 〈아기가 원하는 것What Babies Want〉에서 출산 과정의 필수 요소가 멸균 상태의 병원 출산 과정에는 결여되어 있다는 것을 강조한다.

출생 직후, 유대감을 형성하려는 본능이 아기의 대상회cingulate gyrus를 깨운다. 대상회는 변연계의 일부이며, 정서 형성과 공격 행동을 조절한다. 모유 수유, 품에 안김, 어머니와 눈 맞추기, 그리고 어머니의 목소리를 듣는 것이 뇌의 대상회를 활성화시킨다. 그러나 출산 직후에 이 모든 것이 자연적으로 일어날 수 있는 시간은 한정되어 있다.

가족이 모여 산모와 아이를 지지할 수 있는 가정 출산이 가장 이상적이다. 아이의 아버지나 다른 가족 구성원이 아이를 받아 어머니에게 안겨줄 수 있어야 한다. 아이와 어머니가 시선을 맞추고 유대감을 형성할 수 있어야 한다. 만약 서구에서 태어났다면, 당신의 출생 과정은 매우 달랐을 것이다. 그러나 매트릭스 출생 리임프린팅으로 새로운 출생 과정을 재현하고 출생 트라우마를 해소할 수 있다.

매트릭스 출생 리임프린팅 지침과 기반 기법의 차이점

매트릭스 출생 리임프린팅은 기반 기법인 매트릭스 장면 리임프린팅이나 매트릭스 기억 리임프린팅과 몇 가지 차이점이 있다. 첫 번째 차이점은 이 기법으로 한 사람의 출생 과정을 다시 쓸 때, 먼저 전생에서 해결되지 않은 문제가 있는지 찾아본다는 점이다. 13장에서 언급했듯이 대개는 전생에서의 트라우마를 굳이 찾을 필요가 없지만, 출생 리임프린팅 지침을 만든 샤론은 이 과정이 반드시 필요하다고 생각했다. 그녀와 함께 출생 과정을 다시 쓴 사람들로부터 굉장한 효과와 피드백을 받았기 때문에, 우리는 샤론의 뜻을 존중하여 전생을 살피는 일을 지침의 일부로 받아들였다.

두 번째 차이점 역시 매트릭스 리임프린팅의 핵심 원리와 반대된다. 태내의 ECHO는 일반 매트릭스 리임프린팅 지침과 마찬가지로 받는이 및 ECHO와 분리된 상태에서 진행되지만(ECHO 밖에서 ECHO를 두드릴 수 있다), 출생의 순간만큼은 받는이가 ECHO와 동화되어 출생의 순간을 재경험한다(ECHO 안에서 ECHO의 눈으로 세상을 본다).

샤론이 내담자의 출생 과정을 다시 쓰는 것을 목격한 사샤와 칼은 이 지침에 매료됐다. 하지만 ECHO와 동화되어 출생을 재경험하는 것에 대해서 확신을 갖지 못했다. 샤론과 사샤와 칼은 이후에 여러 논의를 했다. 샤론은 그녀의 방법론의 과학성을 설명했다. 그녀는 과거의 출생 경험에서 활성화되지 않은 뇌의 화학 작용을 활성화시키기 위해서는 ECHO와 동화되어야만 한다고 믿었다. 그러나 칼과 사샤는 ECHO가 트라우마를 간직하고 있었다면, ECHO의 출생을 다시 쓰는 것만으로도 받는이에게 같은 화학 반응을 일으키기에 충분하다는 입장이었다. ECHO가 치유되는 것만으로도 받는이 역시 같은 효과를 본다는 것에 익숙했기 때문이었다.

사샤는 그 뒤로 몇 달간 보는 사람마다 매트릭스 출생 리임프린팅으로 실험했다! 그녀는 출생 리임프린팅 과정만큼은 받는이가 ECHO에 동화될 필요가 있다는 샤론의 의견이 옳다는 것을 알게 됐다. 받는이가 ECHO와 분리되어 있으면 결과가 그만큼 강력하지 않았다. 따라서 매트릭스 리임프린팅의 원리와 반대되지만, ECHO와 동화되는 것이 출생 지침의 일부로 남게 됐다. 왜냐하면 우리는 고정된 형식을 고집하기보다는 결과에 더 관심이 있기 때문이다.

매트릭스 출생 리임프린팅 지침

매트릭스 리임프린팅 전문가만이 타인에게 이 기법을 쓸 수 있다. 그러나 참고와 정보 차원에서 이 책에 수록했다.

이 기법은 자기 출생 과정에 대해 어느 정도 정보가 있다면 쉽게 쓸 수 있다. 만약 자기 출생 과정에 대해 아는 것이 없고, 어렴풋이 태어날 때 경험이 현재 느끼는 부정적인 감정에 기여를 했다고 느낀다면 조금 더 기술이 필요하다.

만약 자기 출생 과정에 대해 아는 것이 없지만 단절감이나 고립감 또는 버림받았다는 느낌이 있다면, 받는이는 그 감정에 몰입한다. 그다음 전문가는 일련의 질문을 통해 그 감정을 거슬러올라가 자궁 내의 기억을 역추적한다.

전문가 | 이 기분을 5년 전에도 느꼈습니까?

내담자 | 네.

전문가 | 10년 전에도 느꼈나요?

내담자 | 확실합니다.

전문가 | 20대 초반에도 그 감정을 갖고 있었나요?

내담자 | 그렇게 생각해요. 네, 확실합니다.

전문가 | 10대 때도요?

내담자 | 네.

전문가 | 10살 무렵에도 느꼈나요?

내담자 | 네, 그랬어요.

전문가 | 5살 무렵에는 어땠습니까?

내담자 | 확실해요.

전문가 | 2살 때도 그 감정을 느꼈습니까?

내담자 | 네.

전문가 | 어머니 뱃속에서 그런 기분을 느꼈나요?

능숙한 전문가는 질문을 통해 내담자를 자궁 내의 ECHO로 인도해줄 수 있다. 이 시점에 내담자는 대개 ECHO와 동화되어 있기 쉽다. 그러나 아직 이 단계에서는 동화되는 것이 효과적이지 않기 때문에, 내담자가 ECHO 밖에서 자기를 바라볼 수 있어야 한다. ECHO와의 동화는 지침의 거의 마지막 단계에서 필요하기 때문이다.

태아 상태의 ECHO를 찾는 방법에는 여러 가지 대안이 있다. ECHO에서 ECHO로 옮겨 가거나(191쪽), 매트릭스 회상 기법(202쪽) 또는 매트릭스 전의식 리임프린팅(256쪽)을 사용할 수 있다.

2단계 | 태내의 ECHO 두드리기

태내의 ECHO가 보이기 시작하면, 받는이는 ECHO를 두드리는 상상을 한다. 이것은 ECHO가 자궁에서 느끼는 기분을 바꾸기 위해서 하는 것이다. 예를 들면 조금 더 여유가 있도록 자궁의 크기를 키우거나, ECHO가 불안을 느낀다면 자궁이 안전한 곳이라고 느낄 수 있도록 두드리기를 한다.

3단계 | 삶의 주제 찾기

ECHO가 어떤 삶의 주제를 갖고 있는지 찾는 것은 치유에 도움이 된다. 예를 들면 ECHO가 어머니로부터 스트레스, 불안, 원치 않음을 느끼게 되면, 태어나기도 전부터 소속감을 못 느끼거나 자신을 하찮게 느낄 수 있다. ECHO가 느끼는 감정적 갈등을 해소할 수 있게 두드려준다.

4단계 | 전생 방문하기

ECHO가 느끼는 감정이 전생으로부터 온 것인지 확인해본다. 어쩌면 전생에 대한 기억의 파편이 남아 있을 수 있다. 만약 있다면, 매트릭스 장면 리임프린팅 혹은 매트릭스 기억 리임프린팅을 사용하여 갈등을 해소한다.

5단계 | 태내의 ECHO 다시 확인하기

태내의 ECHO에게 돌아온다. 그들이 긍정적인 감정을 느끼기 위해 해야 할 일이 있는지 살펴본다.

6단계 | 내담자와 ECHO의 동화

만약 ECHO가 태어나는 것에 편안함을 느낀다면, 내담자가 ECHO와 동화된다(내담자가 ECHO의 눈을 통해 세상을 본다).

7단계 | ECHO의 출생 리임프린팅

내담자와 ECHO가 함께 출생 과정을 재경험한다. 이 시점에서 전문가는 내담자가 부정적인 감정을 느낄 경우에만 두드리기를 해준다. 다시 태어나는 과정은 두드리기 없이 안내된 명상으로 진행된다. 태어난 직후에 아기가 어머니의 배 위에서 쉬게 한 다음 어머니 또는 아버지가, 아기가 어머니의 젖을 빨수 있도록 도와준다. 어머니의 젖을 빠는 순간 아기는 어머니와 오감으로, 특히 시선을 주고받으면서 교감한다.

8단계 | 새로운 장면 매트릭스로 보내기

새로운 출생 과정의 장면을 머릿속으로 떠올린 다음, 세포와 심장으로 보내서 매트릭스로 내보낸다.

9단계 | 원래 기억 시험하기

준비가 됐을 때, 내담자에게 눈을 뜨고 현재로 돌아오라고 말한다. 출생에 관한 원래 기억을 떠올려 시험해본다. 출생 또는 태내에서 아직 해결되지 않은 양상이 있다면, 다시 돌아가 같은 방법으로 해결한다.

10단계 | 생후 6년간의 문제 확인하기

같은 세션 또는 이후의 세션에서, 생후 6년 동안 있었던 문제나 갈등이 있는지 살펴본다.

모든 매트릭스 리임프린팅 기법 및 지침과 마찬가지로, 이 작업은 내담자와 ECHO가 직접 이끌고, 어느 한 단계가 적합하지 않다고 느끼면 내담자 스스로 그 단계를 건너뛰거나 변형시킬 수 있다.

이 기법을 사용할 때는 폭넓게 고려해야 한다. 예를 들어 때때로 ECHO와 내담자가 수양어머니에게서 태어나고 싶어 하는 경우가 있다. 또 입양 보내질 것을 알고 어머니와 유대감을 형성하는 것이 적절하지 않게 느껴져 어머니의 젖을 거부하는 경우도 있다.

캐롤라인의 출산 트라우마

전문가 | 샤론 킹

캐롤라인은 두 명의 사랑스런 아들, 루크와 제이미가 있었고, 세션을 진행했을 당시에 34주차로 셋째를 임신 중이었다. 그녀는 두 아들을 낳을 때 출산 트라우마를 겪었다. 두 아이 모두 유도분만을 해야 했고, 여러 의학적 치료가 필요했다. 캐롤라인과 두 아들 모두에게 출산 경험은 충격과 트라우마를 남겼다. 두 아들 모두 모유 수유가 힘들었고, 이것은 그녀가 부족한 엄마라는 기분을 느끼게 했다. 그녀는 세 번째도 지난 두 번의 출산처럼 트라우마가 될 것 같다는 두려움이 컸다.

우리는 먼저 셋째의 출산에 대한 믿음과 공포를 없앤 다음, 캐롤라인의 맏아들 루크의 출산 과정을 다루었다. 그녀는 선명하게 출산 당시의 ECHO와 감응할 수 있었다. 그녀는 도대체 무슨 일이 자신에게 일어나고 있는지 알 수 없었을뿐더러 의사가 하는 행위를 통제할 수 없었기 때문에 공포와 무력감을 느껴야만 했다. 나는 그녀에게 안전함을 느끼게 할 수 있는 사람을 초대하겠냐고 물었다. 천사가 그녀의 곁에 나타났고, 천사의 개입으로 우리는 캐롤라인의 ECHO를 도울 수 있었다. 두드리기를 하면서 우리는 ECHO에게 무슨 일이 일어나고 있는지 알려주었다. 화면에 비쳐진 아기의 심장박동이 떨어지는 것을 보고 느낀 불안을 두드리면서, 그것을 바닷가의 편안한 파도 소리로 바꾸었다.

캐롤라인은 출산이 임박했음을 느꼈지만, 산파가 자궁구가 6센티미터밖에 확장되어 있지 않기 때문에 2시간 더 강한 진통을 느낄 거라고 했다. 그래서 캐롤라인은 경막 외 마취를 하게 됐지만, 그녀의 자궁구가 이미 10센티미터 확장되어 있었기 때문에 마취 없이도 출산할 수 있었다는 것을 나중에서야 알았다. 그녀가 실제 출산을 경험하지 못했다는 불만과 분노, 그리고 사람들은 실수를 하기 때문에 신뢰할 수 없다는 믿음을 두드렸다.

ECHO가 사건과 관련된 모든 감정 갈등을 해소한 다음, 루크와 캐롤라인이 자연분만을 경험할 수 있게 해주었다. 캐롤라인은 출산 전의 루크의 ECHO를 두드려서 그가 세상에 나올 수 있게 준비시켜주었고, 그녀가 루크를 정말 사랑한다는 것을 느낄 수 있게 해주었다. 그녀는 루크의 ECHO에게 현재 루크의 모습을 보여준 다음, 천사의 도움으로 세상 밖으로 나오게 했고, 캐롤라인의 남편이 출산 과정을 도울 수 있게 해주었다. 캐롤라인은 루크가 안기자마자 젖을 무는 것을 보고 유대감이 형성된 것을 느낄 수 있었다.

캐롤라인은 그다음 자신의 출생 경험을 다시 하고 싶어 했다. 그녀는 어머니의 자궁에 있을 때의 ECHO를 찾아갔다. 그녀의 ECHO는 막힌 기분을 느꼈고 세상 밖으로 나오고 싶어 하지 않았다. 그녀의 어머니 역시 캐롤라인을 유도분만으로 낳았고, 캐롤라인은 어머니의 공포를 같이 느끼고 있었다. 우리는 ECHO가 느끼는 공포와 막힌 기분을 두드렸고, 캐롤라인의 어머니와 그녀의 공포도 함께 두드렸다. 또한 그녀의 어머니를 조력자로 초대했다. 캐롤라인의 ECHO는 출생 당시에 일어난 일들을 보여주었다. 여러 명이 방에 있었고, 사람들은 패닉 상태에 있었다. 우리는 이 기분을 두드려서 해소시켰고, 천사의 도움으로 캐롤라인의 출생 과정을 다시 썼다. 캐롤라인은 그녀의 어머니와 유대감을 형성할 수 있는 시간을 가졌다.

그러나 그녀는 생후 2주까지 인큐베이터에 있어야 했기 때문에 고립된 느낌을 받아야 했다. 이 시기에 그녀의 어머니는 낮 동안에는 함께 있고, 저녁에는 집으로 돌아갔다. 간호사들은 미리 짜둔 어머니의 젖을 캐롤라인에게 먹였다. 우리는 다시 한 번 캐롤라인이 느낀 버림받은 기분을 두드렸고, 어린 ECHO에게 왜 어머니가 집에 갈 수밖에 없었는지 설명했다. 캐롤라인은 천사가 그녀와 함께 있어 보호받는 느낌을 받을 수 있게 해주었다.

그다음 우리는 제이미의 출산 과정을 다시 썼다. 캐롤라인과 나는 갈등이 크게 없다는 것에 놀랐다. 이미 루크의 출산 과정을 통해 부정적인 감정이 많이 해소되었기 때문이었다. 우리는 산파가 제이미의 머리를 심하게 돌렸던 기억을 다루었다. 우리는 제이미가 받은 충격을 해소하고 출생 과정을 다시 썼다. 캐롤라인은 그다음 제이미에게 젖을 먹이면서 집에서

형이 기다리고 있다는 것을 알려주었다.

그다음 우리는 미래에 셋째 아치가 태어난 순간으로 갔다. 우리는 지속적으로 두드리기를 하면서 순산을 명상했다. 캐롤라인은 아치에게 그의 두 형들에 대해 알려주고, 그녀가 정말 사랑하고 있다는 것을 가르쳐주었다. 그녀는 아치에게 긍정적인 출생 경험을 보여주었다. 우리는 모든 과정이 자연스럽게 진행되고, 캐롤라인의 남편과 그녀의 상담사, 그리고 천사도 함께하는 것을 볼 수 있었다.

세션 이후에 캐롤라인의 남편은 그녀에게 변화가 있음을 알아차렸다. 그녀는 다가올 출산에 대해 편안해 보였고, 때문에 집 안 분위기가 바뀌었다. 아치는 그녀가 마음속에 그린 대로 순산이었다. 유일한 의료 개입은 양수가 터질 수 있도록 도와주는 일뿐이었고, 그녀는 이 부분에 대해 기쁘게 생각했다. 그녀는 빠르게 회복했고, 아치에게 아무 문제 없이 젖을 먹일 수 있었다. 아치는 아주 행복하고 느긋한 성격의 아기이다.

캐롤라인은 그녀가 인큐베이터에 있을 때의 기억을 다룬 이후로, 남편이 집 밖에서 일할 때마다 느꼈던 불안감을 더 이상 느끼지 않았다. 그녀는 마침내 꿈꿔왔던 출산 경험을 했기 때문에 스스로에게 만족했다.

샤론의 연락처는 참고 자료에서 찾을 수 있다.

만성질환과 중병 다루기

(15장)

중요한 신체적 건강 문제를 다룰 때 참고용으로 만성질환과 중병에 대한 내용을 이번 장에 담았다. 이는 지침이 아니지만, 중병을 갖고 있는 환자를 치료하거나 혼자 실습할 때 중요한 정보를 갖고 있다.

비록 매트릭스 리임프린팅이나 EFT, 또는 다른 에너지 심리학 기법을 통해 한 번에 완치된 케이스를 들어본 적이 있겠지만, 만성질환이나 중병은 단숨에 회복되지 않으며, 많은 도전과 어려움이 수반되는 기나긴 여정이 될 수 있다는 것을 명심하자.

사샤가 만성피로증후군에서 회복됐을 때, 그녀는 단기간에 증세가 호전되는 기적을 경험했다. 그러나 그녀는 완치되기까지 1년간 매트릭스 리임프린팅과 EFT를 꾸준히 했다. 또한 식단과 영양 조절, 그리고 림프 마사지와 다른 에너지 치료를 병행했다.

만성질환과 중병을 다룰 때는 끈기와 인내를 가져야 한다. 질병에서 회복 중이라면 이 기법을 매일 훈련하고, 균형된 생활 습관을 위해 알칼리성 식품 섭취, 질 좋은 물 마시기, 충분한 휴식, 적절한 운동, 영양 보충제 섭취, 규칙적인 수면을 실행하고, 알코올과 마약 섭취를 금하며, 햇빛을 적당히 쏘이고, 스트레스를 줄여야 한다.

또한 매트릭스 리임프린팅은 내담자 본인이 스스로 치유할 수 있는 기회를 제공하는 것이지 상담사가 치료 행위를 하는 것이 아니다. 한 사람이 자기 건강을 책임지기 위해서는 헌신이 필요하고, 가끔 길고 실망스러운 여정이 될 수 있다. 어떤 사람은 꾸준히 실천하기를 원하지 않는다. 그것은 그들의 선택이고, 우리는 그들을 치유할 수 없다. 꾸준히 실천하고 싶다고 말하지만 자가 치유를 위한 노력을 하지 않는 사람들도 있다. 그러나 실천할 준비가 된 사람들에게는 희소식이 있다. 이 기법으로 정말 많은 사람들이 효과를 봤다는 것이다.

또한 어떤 사람에게 자기 건강을 책임질 수 있도록 격려하는 것과 병에 걸린 것을 비난하는 것은 다르다는 점을 명심하자. 메타-메디신과 신생물학의 관점에서 질병은 생활 스트레스, 트라우마, 그리고 신념에 의해 쉽게 유발될 수 있다. 그러나 이것은 일반 상식이라고 하기에는 아직 새로운 개념이고, 사람들로 하여금 자기 몸 상태에 대해 스스로를 비난하라는 것이 아니라 현재 상태에 관해 근본적으로 이해할 수 있도록 일깨워주는 것이 목적이다.

만성질환과 중병에 대한 고려 사항

다음 질문은 질병에서 회복할 때 자주 맞닥뜨리게 되는 문제를 보여준다. 모든 사람에게 해당되는 내용은 아니지만, 만약 질병을 앓고 있거나 앓고 있는 내담자와 상담할 때 다음 질문을 통해 그들의 회복을 막고 있는 문제점이 무엇인지 확인할 수 있다.

의학적으로 진단된 질병입니까?

제일 먼저 의학적 진단을 확인한다. (비록 진단을 받기 전에도 매트릭스 리임프린팅을 사용할 수 있지만) 질병의 원인을 의학적으로 충분히 진단하는 것은 중요하다.

약을 복용하고 계십니까?

약에 대한 당신만의 믿음이 있을 수 있다. 현대 사회에서는 약을 맹신하는 경향이 있고, 자기 안보다는 밖에서 치료 방법을 찾으려 한다. 갑상선 기능을 조절하는 티록신과 같이 어떤 약은 치료에 반드시 필요하지만, 우리의 의료 제도는 이익을 추구하는 제약 산업의 지배를 받는다.

약에 대한 당신의 견해가 어떠하든, 만약 전문적으로 이 기술을 내담자에게 사용하고 있다면, 내담자의 약 복용을 중단하길 권하는 것은 법적으로 허용되지 않는다. 의학적 치료를 대체하는 것이 아니라 보완해야 한다. 매트릭스 리임프린팅을 하면서 약에 대한 의존도가 감소할 수는 있다. 예를 들면 이 기법을 사용한 일부 당뇨 환자들은 인슐린 의존도가 현저히 감소했다. 따라서 내담자가 주기적인 의료 검진을 통해 약물 복용량을 줄여도 되는지 의사와 상의하도록 권고해야 한다.

통상적인 EFT는 부작용과 금단 증상, 약과 관련된 다른 문제를 해결하는 데 도움이 될 수 있다(그러나 이 문제는 의사와의 상담이 반드시 선행되어야 한다). 예를 들면,

- 비록 이 약이 배를 아프게 하지만, 나 자신을 온전히 받아들이고 사랑합니다.
- 나는 비록 약을 먹지 않으면 가슴이 뛰지만 …

어떤 약물은 경락 체계를 방해하기 때문에 매트릭스 리임프린팅을 하기 어렵게 만든다는 점을 유의하기 바란다.

병의 증상은 무엇입니까?

증상을 먼저 다루는 것도 좋은 방법이다. 물론 병에 걸린 진짜 이유를 찾아내는 것이 가장 중요하지만 즉각적인 결과를 볼 수도 있고, 증상을 완화시켜 스스로 감당할 수 있도록 도움이 되기도 한다. 증상은 통상적인 EFT로 다루는 것이 가장 효과적이다. 예를 들면,

- 나는 비록 혈전이 있지만, 나 자신을 온전히 받아들이고 사랑합니다.
- 나는 비록 갑상선 기능 저하증이 있지만…
- 나는 비록 신진대사가 느리지만…
- 나는 비록 저혈당 수치를 갖고 있지만…

만약 만성질환 혹은 중병에서 회복하고 있다면, 하루에 최소한 열 번 이상 증상에 대해 두드리기를 권한다.

수용 확언을 만들 때 조금 더 창의력을 발휘해서, 신체적 고통이나 증상을 비유적으로 표현해도 좋다. 비유를 통해 수용 확언을 만들면 증세가 변하는 것을 쉽게 관찰할 수 있다. 고통을 형태, 색깔, 크기, 물질, 질감, 소리 등을 통해 묘사한다. 예를 들면,

- 나는 비록 다리 뒤에 산을 뿌린 것처럼 아프지만, 나 자신을 온전히 받아들이고 사랑합니다.
- 나는 비록 가슴속 깊은 곳에서 파란 소용돌이를 느끼지만…
- 나는 비록 등에 철조망을 두른 것 같지만…

비유를 통해 증상을 묘사하는 것은 장기간 지속되고 있는 같은 증상을 다룰 때 받는이가 집중력을 유지할 수 있게 해준다.

회복에 대해 부정적인 믿음을 갖고 있습니까?

종종 질환에 대한 부정적인 믿음이, 어쩌면 의료 시스템에서 받았을 수도 있는 그 믿음이 환자의 회복을 방해한다. 만약 당신이 서양 의료 모델에 대한 굳은 믿음이 있다면, 당신의 몸은 그 믿음을 귀담아 듣고 있을 것이다. 만약 의사로부터 우울한 진단을 받았다면, 매트릭스 리임프린팅을 통해 그 기억을 바꾼다. 매트릭스 리임프린팅은 진단을 받았을 때의 쇼크를 지울 때도 사용할 수 있다. 다음은 사샤가 담당한 케이스이다.

사스키아의 진단 충격 비우기

나는 사스키아가 암으로부터 회복하고 있을 때 여러 번 상담했다. 그녀는 암을 치료하기 위해 수많은 치료 방법을 동원했고, EFT와 매트릭스 리임프린팅은 그중 일부에 불과했다. 그녀가 완치되었다는 소식을 들었을 때 나는 매우 기뻤다.

몇 개월 뒤 그녀는 나와의 세션을 예약했다. 비록 그녀는 건강했지만, 그녀가 암 진단을 받았을 때의 쇼크를 다룬 적은 없었고, 때때로 그녀는 그날을 회상하며 암이 재발할 것이라는 공포에 휩싸였다.

그녀는 진단을 받기까지의 상황을 설명했다. 그녀는 진단을 받기까지 8주에서 12주가량 암이 '공기 중에 있었다'고 표현했다. 나는 그녀가 말한 '공기'가 '장'을 의미한다는 느낌이 강하게 들었다. 나는 그녀에게 그때의 상황을 떠올리면서 그녀가 느꼈던 장에 대해 설명해달라고 부탁했다. 마치 공기 중에 회색 연기가 가득 차 있는 것 같았다고 그녀는 말했다. 우리는 창의적으로 상상하면서 당시 그녀의 ECHO를 두드렸다. 그녀는 천사가 진공 청소기로 연기를 모두 빨아들여 거두어내는 상상을 했다!

그다음 우리는 주술사를 초대하여 탁한 기운을 씻어내는 핑크색 안개로 주변을 채웠다. 우리는 이 핑크색 안개가 장 정화를 하고 있다는 것을 강하게 느꼈다. 이 이미지는 그녀의 마음과 심장을 통해 매트릭스로 보내졌다.

그다음 우리는 그녀에게 종양이 발견되었다는 전화를 받았을 때의 ECHO를 찾아갔다. 그녀는 당시 집 소파에 혼자 앉아 있었고, 흥미롭게도 우리가 전화 상담을 하고 있는 바로 그 장소였다. 그녀는 트라우마가 만든 ECHO를 두드려서 그 기억의 충격을 해소했다. 그녀는 가까운 친구를 초대하여 종양이 생겼다는 소식을 혼자 듣지 않게 만들었다. 그녀는 ECHO를 미래로 데려가, 그녀의 암이 완치된 것을 보여주었다. 그리고 ECHO의 장을 핑크색 치유의 안개로 채웠다.

다음번 기억은 사스키아가 부인과 의사를 찾아가 암 판정을 받았던 때였다. 이번에도 그때의 ECHO를 두드리며, 치유의 안개로 감싼 다음 그녀를 미래로 데려가서 완치된 그녀의 모습을 보게 했다.

사스키아에게 필요한 것을 물어보자 그녀는 치유의 여정에 함께한 모든 사람들에게 둘러싸여 격려를 받고 싶다고 말했다. 우리는 그녀의 ECHO를 숲 속으로 데려갔다.

그녀의 친구들과 심리치료사, 동료들과 가족들이 그녀를 원으로 둘러쌌다. 우리는 이 영상에서 강한 긍정적인 기운을 느꼈고, 그것을 매트릭스로 내보냈다. 이 세션은 사스키아에게 굉장히 큰 의미가 있었고, 그녀는 진단을 받았을 당시의 충격을 모두 해소할 수 있었다.

이 세션 이후에, 나는 충격적인 진단을 받았던 다른 내담자들도 이런 시간이 필요할 것이라는 확신이 들었다. 과거에는 질병이 걸리기까지의 과정에 주로 집중했었다. 그러나 중병을 다룰 때에는 병에 걸리기까지의 과정으로 생긴 장을 정화하는 것도 중요하고, 진단을 받았을 당시의 에너지를 모두 깨끗이 해소하는 것도 중요하다.

언제부터 아프기 시작했고 당시의 삶은 어땠습니까?

메타-메디신의 관점에서 이것은 가장 중요한 질문이다. 메타-메디신은 모든 신체 질환에 정서적 요인이 있다는 것을 보여준다. 병에 걸리기까지 특별한 트라우마를 겪었는가? 그 트라우마는 그 병을 키웠을지도 모른다.

문제의 시간선을 그린 다음 매트릭스 장면 리임프린팅 또는 기억 리임프린팅으로 병에 기여한 트라우마를 다룬다(종이 위에 선을 긋고 문제가 시작된 시점부터 그 문제와 관련된 사건들을 시간 순서로 나열한다).

병의 원인과 트라우마를 정확히 찾기 위해 메타-메디신 검진 예약을 할 수 있다(참고 자료를 보면 메타-메디신에 대해 더 자세히 알 수 있다).

병에 수반되는 다른 문제들이 있습니까?

만성질환은 대부분 여러 가지 정서적 문제를 수반한다. 스스로 무가치하게 느껴지거나, 가족을 부양하지 못하거나, 경제적 부담이나 사회적 소외감, 신분 상실로 인한 자존감 저하 등 여러 가지 정서 요인이 있을 수 있다. EFT를 통해 감정 자체를 두드려도 좋다. 그러나 왜 그렇게 느꼈는지를 알아내야 할 필요가 있다. 물론 이러한 정서 상태가 살 공간을 잃거나 수입을 잃는 등 매우 현실적인 문제로 인한 것일 수 있지만, 이것에 대처하는 방법에 문제가 있을 수 있다. 스스로에게 다음 질문을 해보자.

- 이 문제에 민감하게 반응합니까?
- 과거에 배운 패턴을 반복하고 있습니까?
- 과거 경험과 관련된 기억들이 있습니까?

특정 사건을 기억한다면, 매트릭스 장면 또는 기억 리임프린팅으로 해결한다. 기억이 잘 떠오르지 않는다면 매트릭스 회상 기법(202쪽)을 사용한다.

당신이 갖고 있는 부정적인 핵심 신념이 무엇입니까?

핵심 신념은 건강을 해치거나 질병을 일으킬 수 있다. 매트릭스 핵심 신념 리임프린팅(198쪽)으로 부정적인 핵심 신념을 극복한다. 이것은 모든 치유 여정에서 반드시 통과해야 할 관문이다.

예를 들면 사샤가 만성피로증후군을 극복하고 있을 때 그녀는 '이 세상은 위험한 곳이야'라는 핵심 신념을 갖고 있었다. 이 신념은 그녀의 건강을 해치고 있었다. 시상하부-뇌하수체-부신 축의 지나친 활동은 만성피로증후군의 증상 중 하나이다. 3장에서 읽었듯이, 이 HPA축은 스트레스 인지와 관련되어 있고, 아드레날린을 활성화시킨다. 사샤가 세상이 위험한 곳이라고 생각하게 만든 기억을 모두 청산하자 그녀의 건강에도 변화가 왔다. 항상 주변 환경을 살피면서 긴장하고 있기 때문에 지속적으로 활성화되어 있었던 HPA축이 정상적으로 기능하기 시작했고, 인지 변화를 겪으면서 건강이 회복되기 시작했다.

제한적 신념을 갖고 있습니까?

제한적 신념은 회복을 방해한다. 다음과 같은 신념이 될 수 있다.

- 전생에 진 죄로 인해 벌을 받고 있는 거야.
- 하느님이 나를 진정으로 사랑한다면 나를 치유해주시겠지.
- 의사가 나는 평생 약을 먹어야 한다고 했어.
- 내가 병에 걸린 이유는 병을 극복함으로써 다른 사람들을 돕기 위해서야.
- 나는 절대 회복할 수 없을 거야.
- 이런 종류의 상처는 제대로 회복된 적이 없어.
- 나는 김○○ 씨가 이 병을 앓으면서 점점 악화되기만 한 것을 알고 있어.
- 나는 벌을 받고 있는 거야.

- 나는 건강한 몸을 가질 자격이 없어.
- 나는 우주의 교훈을 얻기 위해 이 병을 갖게 된 거야.
- 이 질병이 어쩌면 나 또는 다른 사람들을 보호하고 있는 것 같아.

이 신념은 어디서 왔는가? 이것이 사실이라고 느끼게 한 사건은 무엇인가? 이 신념의 뿌리를 찾아서, 관련 경험을 기반 기법으로 다시 쓰자.

어떤 의식적인 맹세가 당신을 묶어두고 있습니까?

때때로 어떤 사람이 한 맹세가 그 사람을 아프게 만드는 것일 수 있다. 예를 들면, '나는 자식이 최우선이기 때문에 아내와 이혼할 수 없어.'

만약 그 맹세가 자신의 자아 또는 영적 삶과 반대된다면, 질병을 유발할 수 있다. 스스로에게 다음 질문을 해보자.

- 애초에 그 맹세를 하게 된 이유가 무엇인가?
- 내 삶과 역할에 대한 어떤 믿음이 이 맹세를 하게 만드는가?
- 이 믿음은 언제 형성됐는가?

다시 한 번 이 믿음과 관련된 기억을 매트릭스 장면 또는 기억 리임프린팅으로 바꾸도록 한다.

의식적인 갈등을 겪고 있습니까?

의식적 맹세와 마찬가지로 의식적 갈등이 병에 기여할 수 있다. 예를 들면 다음과 같은 의식적 갈등이 있을 수 있다. '이 직장은 나의 안정과 안보를 보장해주기 때문에 절대 그만둘 수 없다. 하지만 내 영적인 믿음

에 부합하는 일을 하고 싶다.'

만약 스스로를 부정하고 있다면, 그것이 당신을 아프게 만들고 있는 지도 모른다. 이 갈등을 의식적 맹세와 같은 방법으로 해결한다.

당신 스스로 성공을 방해하고 있지는 않습니까?

중병을 앓고 있는 많은 사람들이 스스로 치유를 방해하는 행동을 한다. 예를 들면 증상을 악화시키는 음식을 먹거나, 쉬어야 할 때 일을 하거나, 건강보다 돈을 버는 것을 우선시한다든가 등이 있다. 늘 그렇듯 우리는 왜 이런 행동을 하게 됐으며, 어떤 믿음으로부터 기인한 것인지 알아내어 그 기억을 변화시켜야 한다.

계속 병에 걸려 있으면 좋은 점이 있습니까?

만성질환이나 중병을 앓는 사람들 중에는 잠재의식적으로 계속 아프길 원하는 이들이 있다. 이것은 일차적 혹은 이차적 이득이라고 알려져 있다. 이는 매우 민감한 문제이며, 일차적 혹은 이차적 이득은 잠재의식 속에 있는 것이기 때문에 비난해서는 안 된다.

일차적 이득은 삶의 핵심적인 목표를 위해 몸이 아프기를 선택할 때이다. 한번은 칼이 만성피로증후군을 갖고 있는 내담자를 다룰 때 있었던 일이다. 그녀는 남자친구와 사귀기 시작할 때쯤 아프기 시작했고, 그녀가 아프기 때문에 남자친구가 그녀의 곁을 지켰다. 그는 그녀의 돌보미가 되어 있었다. 그녀가 돌보미를 원하게 만든 트라우마를 해결하게 되면서, 질병을 극복하고 관계도 개선할 수 있게 됐다. 만성피로증후군이 그녀의 머릿속에서 만들어낸 질병은 아니었지만, 그녀의 트라우마와 공포가 질병 상태를 불러일으킨 것이었다.

이차적 이득은 질병이 어떤 목적을 어느 정도 이루어주지만, 질병의 주된 목적은 아니다. 예를 들어 아플 때에만 비로소 관심을 받거나 휴식을 취할 수 있다든가, 질병이 갖고 오는 이득이나 보험료 보상 등이 될 수 있다. 스트레스나 두려움의 근원을 매트릭스 리임프린팅으로 해결하고 나면, 몸을 계속 아프게 만드는 이차적 이득을 해소하거나 바꿀 수 있다.

만약 당신이 전문가라면, 내담자에게 이 주제를 거론하는 것 자체가 굉장히 민감한 문제일 수 있다. 내담자와 어느 정도 시간을 갖고 신뢰를 완전히 얻었을 때에만 이 문제를 다루도록 한다. 일차적 혹은 이차적 이득이 있을 수 있는 가능성에 대해 비난하기보다 가볍게 질문한다는 느낌을 주어야 한다. 일차적 혹은 이차적 이득에 대한 질문의 예이다.

- 만약 계속 아파야 할 이유가 있다면, 어떤 것이 있을까요?
- 만약 이 질병이 내일 깨끗이 낫는다면, 어떤 번거로운 일이 있을까요?

만성질환과 중병을 다룰 때 주의 사항

만약 만성질환과 중병을 다루고 있는 전문가라면 사람들을 치유하려고 하지 말자. 그들이 스스로 회복할 수 있는 도구를 주자.

어떤 사람들은 아직 그 여정을 떠날 준비가 되어 있지 않다. 이것을 개인적으로 받아들이지 말고, 당신의 문제로 삼지 말자. 스스로 회복할 준비가 되었다면 최선을 다해 도움을 주고, 만약 그렇지 않다면 내버려두자. 우리는 다른 사람의 진정한 삶의 목적 혹은 영적인 목적을 알 수 없으며, 아직 회복할 시기가 온 것이 아닐지도 모른다. 아직 질병을 통해 배워야 할 것이 남아 있는지도 모른다.

이런 내담자를 다루고 있다면 그들에게 반드시 집에서 해야 할 숙제를 준다. 하루에 최소한 열 번은 EFT를 실천하고 매트릭스 장면 혹은 기억 리임프린팅을 통해 1주일에 몇 가지 기억을 다루도록 한다. 만약 내담자가 그것을 할 준비가 되어 있지 않다면 그들과 작업을 하지 않는 것이 좋다. 칼과 사샤는 많은 상담 경험을 통해서 강한 의지가 있는 내담자만이 좋은 결과를 얻는 것을 관찰하였다.

또한 내담자에게 좋아지기 전에 더 나빠지는 것 같은 현상이 있을 수 있다는 것을 미리 알려준다. 증세가 호전되기 전에 아플 수 있다. 때때로 매트릭스 리임프린팅으로 문제를 해결하다 보면 몸이 나쁜 기운을 내보내고 적응하면서 일시적으로 더 피곤해질 수 있다. 이것은 매트릭스 리임프린팅의 효과가 없는 것이 아니다. 이것은 단순히 몸이 회복되기 위해 휴식이 필요하다는 것을 의미한다.

잭의 옷장

잭은 20년 동안 만성피로증후군을 앓아왔다. 아주 긍정적인 성격의 소유자로 회복을 위해 오랜 시간 EFT와 라이트닝 프로세스Lightning Process, 그리고 PSYCH-K®를 포함한 여러 심리치료 요법을 사용했다. 그러나 여러 시도에도 불구하고 그는 여전히 만성피로증후군을 앓았고, 스스로 70퍼센트밖에 회복되지 않았다고 생각했다.

사샤는 잭과 대화하면서, 그가 유년기에 많은 트라우마를 겪었으며 여

■ 영국의 정골 의사인 필 파커Phil Parker가 개발한 스트레스 관리 프로그램으로, 만성피로증후군, 우울증, 만성통증에 효과가 있다고 알려져 있음.

러 심리 요법에도 불구하고 아직까지 트라우마를 제대로 다룬 적이 없었다는 것을 알게 되었다. 그는 가톨릭 공동체에서 혼외 자식으로 태어났기 때문에 아주 어릴 때 입양을 가게 됐고, 유년기에는 2차 세계대전으로 많은 트라우마를 겪었다. 수차례 사샤와 세션을 진행하면서 모든 트라우마를 차례로 다루었다.

그다음 잭은 어릴 때 아팠던 기억을 다루었다. 그는 12살 때, 침대에 몸져누워 의사로부터 발육이 부진하고 사랑이 더 필요하다는 말을 들었다. 사샤와 잭은 그의 ECHO에게 사랑이 필요했을 때의 기억을 떠올려보라고 말했다. ECHO는 처음엔 5살, 그다음에는 3살 잭에게 인도했다. 여기저기 정처 없이 떠돌며 소외되고 방치된 어린아이였다. 잭은 어떤 한 가정에 입양됐을 때 아주 사랑스러운 개 한 마리가 있던 것을 기억했다. 그의 3살 ECHO는 이 개와 함께 해변으로 가고 싶어 했다. 또한 새 형과 누나와 아빠를 만들어 다 같이 해변에서 노는 새로운 기억을 만들었다. 그다음 심장을 통해 이 기억을 매트릭스로 내보냈다. 이것은 아주 강력한 이미지였고, 잭은 이 장면을 매트릭스로 내보내면서 신체적인 변화를 느꼈다.

그의 5살 ECHO에게도 비슷한 방법으로 가족과 사랑스러운 개와 함께 있는 장면을 만들어주었다. 그러나 이번에 잭의 ECHO는 언제 어디서나 가족과 개를 만나고 싶다고 부탁했기 때문에, 어린 잭에게 차원의 문을 선물했다. 《나니아 연대기: 사자, 마녀, 그리고 옷장》에 나오는 옷장과 비슷한 것이었다. 잭의 ECHO는 언제든지 이 옷장 문을 열면 그의 '새 가족'과 함께할 수 있다는 것에 안심했다.

잭이 12살 ECHO에게 돌아왔을 때, 침대에 누워 있던 그는 이제 앉아 있었다. 세션을 끝내기 위해 그의 ECHO는 그의 새 가족에게서 치유를 받기 원했다. 새 아빠와 형과 누나가 이 장면에 등장했다. 그들 모두 잭에게 손을 얹고 잭을 치유했다. 잭의 ECHO는 미래에 모든 것이 괜찮아질 것임을 알고 싶어 했다. 그래서 잭은 그의 어린 ECHO에게 미래에 그가 성공한 모습을 보여주었다. 또한 그의 새 가족과 함께 가서 성공한 잭을 보고 자랑스러워하는 모습을 보여주었다.

치유를 위해 잭이 해야 할 일들이 아직 많이 남아 있었지만, 어린 시절의 기억 속에서 트라우마를 해소하고 어린 ECHO가 지속적으로 안정을 취할 수 있는 안식처를 만들어준 것이 그의 치유 과정 중 중요한 부분이었다.

긍정적인 삶의 경험과 안내별

이제까지 우리는 사람은 완벽한 존재이지만 여러 가지 트라우마로 인해 훼손된다는 것을 전제한 전형적인 치료 모델을 살펴보았다. 심리치료사로서 우리는 고쳐야 할 문제를 찾는다. 우리는 현재의 트라우마뿐만 아니라 출생과 전생의 트라우마까지 살펴본다. 우리의 믿음을 바꾸고 건강을 회복하기 위해 트라우마를 해결할 필요가 있다는 것을 보여주었지만, 우리가 자주 간과하는 문제가 있다. 바로 우리의 긍정적인 삶의 경험들이다.

물론 긍정적인 경험은 행복의 토대가 된다. 그러나 그 경험이 너무 좋았던 나머지 그 경험을 재현하기 위해 우리 삶을 낭비한다면 어떻게 될까? 이 완벽한 순간들은 '안내별guiding star'이라 불리며, 실비아 하트만의 《EFT의 고급 패턴The Advanced Patterns of EFT》을 통해 더 공부할 수 있다. 안내별에 대한 이해가 파괴적인 행동을 개선하는 데 중요하다고 생각하기 때문에 간단히 소개하고 넘어가겠다.

안내별

우리는 가끔 우리가 완전한 은총이라고 느낄 만큼 완벽한 순간을 경험할 때가 있다. 깊은 사랑, 유대감, 행복을 느끼는 것이 잘못된 것은 아니다. 문제는 그 경험이 우리 의식의 일부를 시공간에 갇히게 만들어 ECHO와 비슷한 효과를 가지게 된다는 것이다. 그렇게 되면 우리는 그 사건을 재현하기 위해 주위 환경을 그때와 동일하게 만들려고 온갖 노력을 기울이게 된다. 궁극적으로 우리의 잠재의식이 그 은총의 상태로 돌아가기 위해 온 정신을 집중하는 것이다. 그러나 그 은총을 향해 가는 과정이 매우 파괴적일 수 있고 엉뚱한 결과를 초래할 수 있다.

이 행동은 자동적이기 때문에 왜 그 행동을 하는지, 무엇에서 기인하는지 잘 알기 힘들다. 예를 들어 우리가 '아, 내가 7살 때 아버지가 나에게 사랑을 보여준 그 순간을 재현하고 싶어'라고 말하는 것은 거의 불가능하다. 보통은 '나는 왜 항상 남자들과 있을 때 이런 행동을 보이는지 모르겠어. 자동으로 이렇게 돼. 안 하려고 노력해도 계속 같은 패턴을 반복하게 돼'라고 푸념을 늘어놓을 것이다. 따라서 우리의 안내별이 설명할 수 없는 우리 행동의 원인일지도 모른다.

안내별과 진동

우리는 진동하는 존재이기 때문에 안내별을 만든다. 우리는 상황에 따라, 일어나는 일에 따라, 어떤 사람과 함께 있느냐에 따라 여러 가지 다른 진동 주기에 공명한다. 살면서 당신을 둘러싼 모든 것과 완벽하게 공명하는 순간이 있을 것이다. 그 순간 모든 것이 당신의 진동 주기에 완전하게 공명한다고 느낄 것이다. 만약 그 순간이 당신에게 굉장한 축복의 느낌을 주었다면, 안내별이 형성될 수 있다.

이해를 돕기 위해, 지금 당신이 정말 감동적인 음악 코드를 들었다고 가정해보자. 이 코드는 이제껏 경험해보지 못한 전율을 선사했다. 이 경험은 초월적으로 아름다운 순간을 만들어냈고, 그 순간 당신은 모든 것이 완벽하다고 느꼈다.

만약 당신이 런던 로열 앨버트 홀에서 베토벤의 5번 교향곡을 듣던 중 이것을 경험했다면, 그 느낌을 재현하기 위해 당신은 다시 같은 콘서트 홀, 같은 오케스트라, 같은 지휘자, 같은 좌석, 같은 친구들과 함께해야 할 것이다. 그리고 그것도 모자라 음정 하나하나 모두 같은 상황에서 연주되어야 그 순간을 다시 경험할 수 있을 것이다. 같은 환경, 같은 악기, 같은 연주자의 뜨거운 열기와, 같이 관람한 사람 모두 같아야 하는데, 이 모든 변수를 똑같이 재현하는 것은 불가능한 일이다. 또한 당신 자신도 변해서 과거의 당신과 전혀 다른 진동 주기를 갖고 있을 가능성이 크다. 의식적으로는 동일하다고 느낄지 모르지만, 잠재의식은 차이점을 모두 인식한다. 이는 실망감을 줄 것이고, 계속 원래 사건을 재현하는 데 더 집착하게 된다.

이것은 우리가 완벽한 안내별의 순간을 경험할 때 일어나는 현상과 비슷하다. 우리는 무의식적으로 그 완벽한 순간을 재현하기 위해 현재의 시간을 낭비한다.

안내별 찾기

자신의 안내별이 무엇인지 알게 될 때 심한 충격을 받을 수도 있다.

그 과거의 사건을 재현하기 위해 자기가 삶의 많은 것을 희생했다는 것을 깨닫게 되면 큰 좌절감을 느낄 수 있다. 당신의 안내별을 발견했다면, EFT를 통해 감정적 갈등을 덜어낸 다음 안내별에 대한 이해가 있는 숙련된 매트릭스 리임프린팅 혹은 EFT 전문가를 찾아가 상담받도록 한다.

만약 당신이 매트릭스 리임프린팅이나 EFT 전문가이고, 내담자가 안내별을 추구하고 있다는 의심이 든다면, 굉장히 민감한 주제이고 자칫 상처를 줄 수 있기 때문에 시간을 충분히 갖고 극도의 주의를 기울이기 바란다.

안내별에 대해 더 공부하고 싶거든 실비아 하트만의 《EFT의 고급 패턴》을 공부하길 바란다.

안내별의 예

우리는 일상에서 안내별을 자주 찾아볼 수 있다(그러나 사람들이 갖고 있는 안내별을 알아냈더라도 그것을 지적하지 않는다. 그것은 엄청난 일을 초래할 수 있기 때문이다).

한 가지 예로 알코올 중독자의 딸이 알코올 중독자와 결혼했던 사례를 들어보자. 그녀의 안내별은 아버지가 만취해서 집으로 돌아와 그녀를 무릎에 앉히고 처음이자 마지막으로 그녀에게 사랑한다고 말해준 순간이었다. 그녀는 다른 알코올 중독자들과 사귀면서 그 순간을 재현하려 끊임없이 노력했다.

실비아 하트만의 책 《EFT의 고급 패턴》에서 비슷한 예를 찾을 수 있다. 그녀의 내담자는 딸기 아이스크림을 늘 한 통 가득 먹었고, 그녀의 아이스크림 중독 치료를 거부했다. 그녀의 안내별은 그녀가 7살 때 아버지가 해변에서 자기를 안고 가서 딸기 아이스크림을 사주었을 때 생겼다. 그녀의 아버지는 일 때문에 항상 바빠서 그녀와 함께 시간을 보낸 일이 거의 없었고, 그날 해변에서 보낸 시간이 그녀가 아버지에게 사랑 받았다고 느낀 유일한 순간이었다. 그 결과 그녀는 아이스크림을 먹음 으로써 그 순간을 재현하려고 했던 것이다.

또 다른 예로, 한 운동선수는 어릴 적 운동회 때의 첫 우승을 잊지 못 하고 그때의 기분을 재현하기 위해 전 생애를 금메달을 추구하면서 보 냈다. 마약 중독자에게서도 안내별을 흔하게 찾아볼 수 있다. 마약을 처 음 맛본 순간이 너무 짜릿했기 때문에 계속 마약을 사용하게 되지만, 첫 순간만큼 짜릿한 경험을 다시는 맛보지 못한다.

칼의 안내별 경험

서론에서 읽은 칼의 이야기를 기억한다면 그의 안내별이 무엇이었는 지 알 수 있을 것이다. 그는 해변에서 영적 깨달음을 경험했고, 그것을 그대로 재현하고 싶어서 다음 20년 동안 여행을 하고 해변을 찾아 다니 곤 했다. 그의 안내별은 그가 이 문제를 깨닫고 해결하기까지 그의 삶 전체를 지치게 만들었다.

흥미롭게도 칼은 그가 처음 영적 체험을 했던 바로 그 해변에서 자기 가 안내별을 추구하고 있음을 발견했다. 마침 그는 해변에서 실비아 하 트만의 《EFT의 고급 패턴》에서 안내별에 관한 내용을 읽고 있었고, 그 순간 칼은 그의 안내별이 그를 그 장소로 인도했다는 것을 깨닫게 되었 다! 그는 영적 체험의 순간을 재현하기 위해 같은 음악(케이트 부시의 〈The Hounds of Love〉)을 듣고, 평소 즐기는 음료가 아닌데도 그때와 같이 카바 를 마시며, 접이의자를 그때와 같은 각도로 펼쳐 그 위에 앉아 있었다. 그는 안내별을 깨닫기 전까지 그가 똑같은 장면을 재현하려 했다는 것 을 의식하지 못하고 있었다. 그의 잠재의식이 이제껏 그를 그렇게 행동하도록 몰고 온 것이었다.

장면 자체는 파괴적이지 않지만, 칼은 그때의 영적 체험을 갈구했기 때문에 하루도 마음이 편할 날이 없었다. 문제는 해변 자체가 아니라 그 장면을 재현하고자 하는 잠재의식적 노력이었다.

이 깨달음은 칼에게 굉장히 의미 있는 삶의 전환점이 되었다. 그는 더 이상 자신의 밖에서 깨달음을 얻으려 애쓰지 않고 온전히 현재에 집중해서 살 수 있게 되었다.

사샤의 안내별 경험

사샤의 안내별은 그녀가 영국 수능 고사 GSCE의 결과를 받던 날 형성됐다. 어릴 때 병약했던 그녀는 학교도 간신히 출석했기 때문에 GSCE 점수가 평균보다 낮을 것으로 예상했다. 여러 정서적 문제와 신체적 문제를 갖고 있었지만, 늘 집에서 열심히 공부했고, 수능을 본 결과 학급의 여자 수석을 차지했다. 그것은 굉장한 성과였고, 모두가 그녀를 격려하고 칭찬해주었다. 이는 그녀의 안내별이 되었다. 34살에 그녀는 안내별에 대해 공부하게 됐고, 지난 18년 동안 그 순간을 재현하기 위해 애써온 것을 깨달았다.

그녀는 좋은 수능 점수에도 불구하고 자신이 받은 A등급에 만족하지 못하여, 다른 친구들이 모두 대학교에 진학했을 때 최우수 등급을 받기 위해 한 학기를 다시 다녔다. 대학교에 진학해서도 높은 학점을 받기 위해 졸업을 1년 미루었다. 졸업한 뒤에도 34살까지 계속 대학교 강의를 수강했고, 모든 수업을 수석으로 끝마쳐야만 직성이 풀렸다. 그녀는 만성피로증후군으로 걷지 못하고 읽지 못하거나 집중하지 못할 때도 공부를 계속했다! 그녀는 셀 수 없이 많은 수료증을 받았고, 항상 공부했다.

그로 인해 즐거움과 재미보다는 성과를 우선시하며 끊임없이 스스로를 채찍질하게 되었다.

자신의 안내별을 깨달았을 때 그녀는 굉장한 충격을 받았고, 그것을 못마땅해했다. 그래서 꽤 오랫동안 두드리기를 해야 했다. 이것은 불과 몇 년 전이고, 그 이후로 그녀는 더 이상 수료증을 받아야 할 필요성을 느끼지 못했다!

매트릭스 리임프린팅으로 안내별 다루기

의지만으로는 부정적인 신념을 바꿀 수 없듯이 안내별을 거스르는 것은 굉장히 어려운 일이다. 안내별은 그것이 만들어졌을 때의 기억을 다룬다고 해서 사라지지 않는다. 완벽한 순간이 기억에서 사라진다면 그 사람에게 굉장히 슬픈 일이 될 수 있다. 따라서 그 순간을 없애기보다 약간의 변화를 준다. 어린 자아가 그 경험을 간직해도 좋지만, 조금 다른 상황에서 그것을 체험하게 만든다. 예를 들면 아버지가 술에 취하지 않은 상태에서 딸에게 사랑을 줄 수 있고, 칼은 해변이 아니라 다른 곳에서 영적 체험을 할 수 있다. 이것은 받는이가 특정한 순간을 재현하려는 것을 멈추게 한다.

매트릭스 리임프린팅 실습

(17장)

기법 사용에 대한 이해를 돕기 위해 아래에 두 개의 매트릭스 리임프린팅 세션을 녹취하였다. 첫 번째 세션에서는 칼이 내담자에게 매트릭스 장면 리임프린팅 기법을 사용하면서 ECHO에서 ECHO로 옮겨 가는 과정을 볼 수 있다. 두 번째 세션에서는 사샤가 내담자의 단일 기억을 바꾸기 위해 매트릭스 기억 리임프린팅을 사용한다.

사라와 엘리베이터

칼은 사라와 함께 폐쇄공포증을 다루었다.

칼 │ 사라, 지금 마주하신 문제는 무엇인가요?

사라 │ 저는 폐쇄공포증이 있어요. 여러 해 동안 폐쇄공포증에 시달렸어요.

칼 │ 무엇이 폐쇄공포증을 유발하나요?

사라 | 가장 최근에 아파트 샤워실에서 있었던 일이에요. 정말 작은 샤워 부스인데, 뜨거운 물로 샤워를 하다 보면 욕실에 습기가 차오르고, 욕실 안이 뿌옇게 되면 조금…

칼 | 눈을 감으시고 뿌연 욕실 안에 있다고 상상하고 느껴보세요.

사라 | 네, 보입니다.

칼 | 무엇이 느껴집니까? 그 느낌이 몸 어디에서 느껴지나요? 괜찮다면 두드려도 될까요?

사라 | 네, 괜찮아요. 가슴에서 느껴져요.

칼 | 지금 고통 지수가 어떻게 됩니까?

사라 | 5 정도 됩니다.

칼 | 5보다 높아질 때가 있나요?

사라 | 네. 하지만 지금은 가슴에 추를 매달은 것처럼 무거워요.

칼 | 알겠습니다. 가슴에 어떤 색깔의 추가 있나요?

사라 | 연기 같은 회색이에요.

칼 | 가슴속 연기 같은 회색은 얼마나 큰가요?

사라 | 상당히 크고 짙어요.

칼 | 무엇으로 만들어져 있습니까? 금속, 목재, 공기, 아니면 물인가요?

사라 | 굉장히 짙은 연기 같아요.

칼 | 가슴속에 느껴지는 짙은 연기는 어떤 감정인가요?

사라 | 패닉입니다.

칼 | 아직도 고통 지수가 5인가요? 두드리면서 점점 안 좋아집니까? 더 많은 감정을 불러일으킵니까?

사라 | 지금 6 정도 됩니다.

칼 | 제일 처음 가슴의 짙은 회색 연기를 느낀 때를 기억합니까? 어떤

것이라도 좋습니다. 억지로 기억하실 필요는 없습니다.

사라 | 제일 먼저 떠오르는 기억은 수년 전에 고모 댁에서 있었을 때입니다. 20대 후반이었던 것 같아요. 4층 꼭대기 침실에 있습니다. 친구 루이즈와 방을 같이 쓰고 있어요. 그녀는 침대 위에서 자고 있고, 저는 바닥에 매트리스를 깔고 자고 있습니다.

칼 | 그 장면 속에 자기 모습이 보입니까?

사라 | 네. 지금 막 일어났고 방이 칠흑같이 어두워요. 빛이 전혀 보이지 않아요.

칼 | 칠흑같이 어두운 방을 볼 때 어떤 기분이 드나요?

사라 | 가슴이 조여옵니다. 가슴속 연기가 더 짙어졌어요.

칼 | 좋습니다. 이제 그 장면 속으로 들어가 20대 후반의 당신에게 당신이 누구인지 알려주세요. 당신이 누구인지 알고 있나요?

사라 | 아뇨. 방금 일어났고, 빛이 전혀 보이지 않아서 숨을 못 쉬고 있어요. 전등 스위치를 찾으려고 벽을 더듬고 있어요.

칼 | 그렇다면 당신이 방의 불을 켜보면 어떨까요?

사라 | 네. 지금 불을 켰습니다.

칼 | 그녀에게 진정하라고 말해주세요. 그녀에게 당신이 폐쇄공포증을 완전히 해결할 방법을 찾았기 때문에 그녀를 찾아왔다고 알려주세요.

사라 | 네. 그렇게 할게요.

칼 | 당신이 있어도 괜찮은가요?

사라 | 네. 제가 와서 기뻐합니다.

칼 | 그렇다면 이제 그녀를 두드리면서 무엇이 느껴지는지 물어보세요.

사라 | 지금 공황 상태에 있어요. 어둠 때문에 어찌할 줄을 모르다가 불

이 갑자기 켜져서 당황했어요.

칼 | 그녀를 두드리면서 대화를 해보세요. 그녀가 진정할 때까지 두드립니다.

사라는 그녀의 ECHO와 대화한다.

사라 | 이제 괜찮아졌어요. 지금은 웃고 있어요. 너무 어둡기 때문에 불을 다시 끄고 싶지 않다고 말해요. 하지만 루이즈가 잠을 자지 못할 테니까 불을 밤새도록 켤 수는 없어요.

칼 | 좋습니다. 지금 그녀가 어떤 기분인지 알 수 있을까요? 다음 단계로 넘어가기 전에 그녀가 좋은 상태에 있는지 알고 싶습니다.

사라 | 이제 기분이 한결 나아졌어요. 조금의 충격이었을 뿐이에요. 일어났을 때 정말 놀랐었나 봅니다.

칼 | 예전에 같은 느낌을 경험한 적이 있나요?

사라 | 네. 제일 처음 보트 안에서 그 느낌을 경험했다고 말해요.

칼 | 보트 위에 있을 때의 모습이 보입니까?

사라 | 네. 저는 RAF 보트 위에 있습니다. 탐험을 하러 나왔어요. 19살 때였나 봅니다.

칼 | 그 속에서 무슨 일이 일어나고 있나요?

사라 | 보트의 뱃머리에서 자고 있어요. 보트에는 저를 포함해서 두 명의 여자애들이 있고, 저희는 둘 다 뱃머리에서 자고 있습니다.

칼 | 좋습니다. 지금 무슨 일이 일어나고 있습니까?

사라 | 한밤중에 깨어났는데 배의 천장이 얼굴에 닿을 것만 같아요. 내려야 해요.

칼 ┃ 그 장면으로 들어가봅시다. 상황을 조금 가볍게 바꾸셔도 좋습
니다.

사라 ┃ 공간을 크게 키워야겠어요. 천장에 문을 만들어서 그녀가 열고
나갈 수 있게 할 겁니다.

칼 ┃ 그녀를 두드려주세요. 괜찮을까요? 당신이 누군지 알고 있나요?
왜 당신이 여기에 왔는지 설명해줘요.

사라 ┃ 그녀와 갑판 위로 올라가야겠어요.

칼 ┃ 같이 올라가셔도 좋습니다.

사라 ┃ 네. 문을 열고 갑판 위로 올라왔어요. 지금 저희는 계류장에 정박
해 있어요.

칼 ┃ 그녀가 진정할 때까지 두드려주세요.

사라 ┃ 네, 알겠습니다.

칼 ┃ 지금 그녀는 어떤 감정을 느끼고 있나요? 아직도 회색 연기가 느
껴집니까? 아니면 무언가 달라졌나요? 몸 어디에서 공포가 느껴
지는지 물어보세요.

사라 ┃ 배 천장이 점점 내려와서 그녀를 짓눌러버릴 것만 같았다고 말합
니다.

칼 ┃ 지금은 어떤 기분인가요?

사라 ┃ 아직도 숨 쉬기가 힘들고, 공기를 빨아들이고 있습니다.

칼 ┃ 그녀의 손날 타점을 두드려주면서 이렇게 말해주세요. '비록 네
가 숨 쉬기가 힘들지만, 너는 괜찮아.'

사라의 ECHO를 몇 차례 두드렸다.

칼 | 지금은 좀 어떤가요?

사라 | 이제 괜찮아요. 많이 진정한 것 같아요.

칼 | 좋습니다. 이제 다음 장소로 옮깁니다. 훨씬 더 과거에 이런 기분을 느낀 적이 있나요? 몇 살이었습니까?

사라 | 13살이었던 것 같아요.

칼 | 알겠습니다. 13살 때 머리를 짓누르고, 가슴이 조이고, 숨 쉬기 힘들었던 경험이 떠오릅니까?

사라 | 아직 기억이 나지 않습니다.

칼 | 괜찮습니다. 억지로 기억할 필요는 없습니다. 머리의 압박과 가슴의 고통, 그리고 숨이 막혀오는 느낌에 집중합니다.

사라 | 정확한 시점은 떠오르지 않지만, 13살 때 질식하는 느낌을 경험했어요. 엄마와 새아빠와 잘 지내지 못했어요. 노리치에서 같이 살았는데, 정말 끔찍했어요. 그래서 그때는 숨이 막혔어요.

칼 | 그때의 장면이 머릿속에 떠오릅니까? 13살 때 삶이 답답하고 숨이 막혔던 순간을 돌아보면 어떤 장면이 보이나요?

사라 | 방에 앉아서 창밖을 바라보며 멀리 떠나고 싶다고 생각하고 있어요. 굉장히 슬퍼요.

칼 | 이 슬픔이 어디에서 느껴집니까?

사라 | 눈가에서 느껴집니다.

칼 | 잠시 두드리면서 무엇이 나타나는지 보겠습니다. '나는 비록 굉장히 슬프지만, 나 자신을 온전히 받아들이고 사랑합니다.'

EFT로 한차례 슬픔을 다루었다.

칼 | 지금은 고통 지수가 어느 정도 되나요?

사라 | 7 정도 됩니다.

칼 | 이 슬픔이 무엇과 연관되어 있나요?

사라 | 그녀는 집에 꼼짝 없이 갇혀 있고 아무도 그녀에게 관심을 주지 않는다고 생각합니다. 소외된 것 같고 정말 외로워요.

칼 | 이제 소외되고 외롭다고 느끼는 어린 사라를 만나러 그곳으로 가겠습니다. 그녀에게 말을 걸어봅니다. 그녀를 정말 사랑하기 때문에 도와주러 왔고, 지금 그녀가 느끼는 외로움을 이해한다고 말해주세요. 외로움을 어디서 느끼는지 물어보세요.

사라 | 가슴속에 외로움이 느껴집니다.

칼 | 그녀에게 다가가 손을 잡고, 이렇게 말해주세요. '너는 비록 외롭고 슬프지만, 너는 정말 착한 아이야.'

사라 | '착한 아이'라는 단어가 맞지 않는다고 느껴요. 그 애가 의아하다는 듯이 쳐다봐요. 그것보다는 '그래도 괜찮아'라고 말할게요.

칼 | 그녀를 두드려주면서 모든 일이 잘 해결될 거라고 얘기해주세요. 그리고 지금 그녀가 얼마나 슬프고 외롭고 숨이 막혀오는지 다 알고 있다고 말해주세요. 충분하다고 느낄 때까지 시간에 구애받지 말고 두드려주세요. 필요하다면 물건이나 사람을 초대할 수 있습니다.

사라가 그녀의 ECHO와 대화한다.

칼 | 지금 무슨 일이 일어나고 있나요?

사라 | 삭막한 침실이에요. 그래서 2단 침대를 치우고 넓고 푹신푹신한

소파를 들여놨어요. 저는 그녀와 함께 소파에 앉아서, 한쪽 팔로 그녀를 안고 미래에 그녀에게 일어날 모든 좋은 일에 대해 말해 줬어요.

칼ㅣ 그녀는 그것을 어떻게 받아들이나요?

사라ㅣ 긴장을 풀고 웃기 시작했어요. 앞으로 일어날 일에 대해 놀라워 해요. 저는 그녀에게 이렇게 말했어요. '난 이 집이 정말 싫었는데, 다시 돌아오니까 정말 재미있다.'

칼ㅣ 그녀에게 방을 특별하게 바꾸기 위해 무엇을 하고 싶은지 물어보세요.

사라ㅣ 그녀는 침실을 아래층 부엌 옆으로 옮기고 싶어 해요. 자신의 개인 공간을 원합니다. 위층으로 가는 계단이 너무 좁고 면적이 정말 작아서 그녀의 방문이 바로 안방 옆에 위치해 있었기 때문에, 엄마와 새아빠, 그리고 갓난아기 여동생이 내는 소리가 다 들렸어요. 어느 날 밤 그녀는 엄마와 새아빠가 성관계하는 소리를 들었고 그녀는 몹시 충격에 빠졌습니다. '조용히 해!'라고 소리를 질렀습니다.

칼ㅣ 숨 막힘에 대해 다시 한 번 물어봅니다. 이 집에서만 그런 기분을 느끼나요? 아니면 자주 숨이 막히는 것을 느끼나요?

사라ㅣ 집이 아니더라도 숨이 막히는 것을 자주 느낍니다.

칼ㅣ 이런 기분을 언제부터 느꼈는지 물어봅시다. 그때의 장면을 그녀가 보여줄 수 있을까요?

사라ㅣ '할머니의 방이야. 할머니랑 같이 자던 때로 돌아가봐'라고 그녀가 말합니다.

칼ㅣ 할머니의 방에 있는 당신은 몇 살입니까? 당신의 모습이 보이나요?

사라 네. 저는 그때 10살이었어요.

칼 10살 무렵 할머니의 방에서도 가슴에 회색 연기가 느껴졌나요?

사라 그 느낌이 가슴에 있었는지 잘 모르겠습니다. 지금 그녀는 침대에 누워 있고 잠을 잘 시간이에요. 마주 보는 벽면에 찬장이 있고 바로 옆에 방문이 있습니다. 방문은 항상 조금 열려 있고, 그녀는 찬장 안에 있는 것을 굉장히 두려워합니다.

칼 다시 한 번 이 장면으로 들어가 하고 싶은 일을 합니다. 불을 켜고, 그녀를 도와주러 왔으니 안심해도 된다고 말해주세요. 지금 그녀는 어떤가요?

사라 굉장히 신기해하고 있어요. 지금 제 뒤에 숨어 있고, 이제 저는 찬장을 열고 그 안에 잡동사니밖에 없다는 것을 보여줄 거예요.

칼 찬장이 안전하다는 것을 확인했습니까?

사라 네.

칼 그녀에게 이 방을 따뜻하고 밝고 즐겁고 안전하게 만들기 위해 무엇을 하고 싶은지 물어보세요.

사라 그녀는 엄마가 같이 자주기를 원합니다.

칼 엄마와 어린 사라에게 당신의 폐쇄공포증에 대해 얘기해주고 왜 폐쇄공포증이 생겼는지 알고 싶다고 말합니다. 어머니께 혹시 이유를 아시는지 여쭤봅니다.

사라 예전에 싱가포르 고층 건물에서 살았는데 엘리베이터가 자주 멈췄다고 말하네요.

칼 싱가포르에 있을 때 엘리베이터에 갇힌 적이 있습니까?

사라 네.

칼 그 모습이 지금 보입니까?

사라| 네. 지금 그녀와 함께 엘리베이터 안에 서 있는데 문이 잠겨서 열리지 않습니다.

칼| 엘리베이터 문을 고치거나 엘리베이터 밖으로 나오시겠습니까? 하고 싶은 일을 하시면 됩니다.

사라| 엘리베이터에서 내리겠습니다.

칼| 어린 사라와 눈높이를 맞추고 지금 어떤 기분인지 물어보세요. 그녀는 몇 살인가요?

사라| 4살인 것 같아요.

칼| 지금 어떤 감정을 느끼고 있나요?

사라| 겁을 잔뜩 먹었어요.

칼| 왜 겁을 먹었지요? 엘리베이터에 갇히는 것이 무서운가요?

사라| 네. 이곳 엘리베이터가 무시무시하다고 말해요.

칼| 그렇다면 이제 수용 확언을 만들고 두드리기를 해봅시다. 지금 어떤 감정을 느끼고 있습니까? 그것이 어디에서 느껴집니까?

사라| 엘리베이터한테 화가 나 있어요.

칼| 좋습니다. 그 분노를 두드립니다. 어떻게 하기를 원합니까? 그 엘리베이터가 그녀가 말하는 대로 되는 엘리베이터라고 가정해봅시다. 어떤 엘리베이터일까요? 무슨 일이 일어날까요?

사라| 그렇다면 유리 엘리베이터였으면 좋겠어요.

칼| 유리 엘리베이터에서 무엇이 보입니까? 엘리베이터 안에서 보고 싶은 풍경이 펼쳐집니까? 예를 들면 바다가 보이나요?

사라| 네, 괜찮은 제안이에요. 그런 엘리베이터가 좋겠어요. 공간도 넓고 바닥에 큰 쿠션을 몇 개 놔둬서 편안하게 만들 거예요.

칼| 이것은 그 애 마음대로 할 수 있다고 말해주세요. 따라서 무엇이

든 만들 수 있습니다. 그 공간은 아주 행복한 공간이 될 수 있습니다.

사라 | 요정이 날아다녀요. 제가 이런 말을 하게 될 줄은 정말 상상도 못했어요! 정말 4살 소녀가 좋아할 만한 마법의 나라예요.

칼 | 지금 이 마법의 엘리베이터를 볼 때 어떤 감정이 느껴지나요? 어떤 색깔을 하고 있습니까?

사라 | 보라색과 라즈베리색이 가득해요.

칼 | 아주 멋집니다. 그 영상을 더 밝고 크게 만들어봅시다. 마음속에 떠올립니다. 밝은 기운이 온몸을 씻어 내립니다. 심장 속으로 끌어들인 다음 그 영상을 매트릭스로 내보냅니다.

사라가 상상하는 동안 잠시 정적이 흐른다.

칼 | 혹시 다른 때에도 마법의 엘리베이터로 바꾸고 싶은 적이 있었나요? 다른 무서운 엘리베이터가 떠오르나요?

사라 | 아뇨. 그 한 사건이 다른 비슷한 사건을 다 합쳐놓은 것 같아요.

칼 | 이제 엘리베이터는 무섭지 않나요?

사라 | 네. 엘리베이터 문이 열릴 때마다 디즈니 만화 영화 같은 풍경이 보여요!

칼 | 좋습니다. 그럼 이제 결과를 시험해볼까요? 제일 처음 장면으로 돌아갑니다. 고모 댁에 있을 때로 돌아갑니다. 그리고 4층 침실에 있는 당신의 ECHO에게 물어봅니다. 지금 그녀는 어떤 기분을 느끼나요?

사라 | 이제 괜찮아요. 지금은 꽤 차분합니다.

칼 | 이제 불을 꺼도 괜찮은지 물어봅니다. 불을 끈다고 상상하면 어떤 기분이 드나요?

사라 | 아무렇지도 않을 것 같습니다.

칼 | 그렇다면 이제 불을 꺼봅니다. 만약 불편하면 불을 언제든지 다시 켤 수 있습니다. (잠시 멈춘다.) 지금 그녀는 괜찮습니까?

사라 | 네. 아무런 불편함이 없어요.

칼 | 이제 다시 잠을 잘 수 있습니까?

사라 | 네.

칼 | 이제 배 위에 친구와 같이 있던 때로 가봅니다. 지금 당신은 19살 사라와 갑판 위에 서 있습니까?

사라 | 네.

칼 | 다시 갑판 아래로 가서 잠을 잘 수 있겠는지 물어보세요. 만약 원한다면 배에 창문을 만들 수도 있습니다.

사라 | 그녀는 차라리 배의 좀 더 넓은 쪽에서 잠을 자고 싶다고 해요.

칼 | 그렇다면 그 공간을 만들어냅니다. 지금 그녀가 있는 곳의 공간을 확장시킵니다. 넓게 만들어서 별이 가득한 밤하늘과 보름달도 볼 수 있게 하시고, 원한다면 배의 창문도 열어둡니다.

사라 | 훨씬 낫습니다. 그녀 위에 큰 창문이 있고 언제든지 열고 닫을 수 있어요.

칼 | 10살 무렵 할머니의 방으로 갑니다. 그곳은 어떻습니까?

사라 | 그곳도 괜찮습니다. 엄마와 꼭 붙어 있습니다.

칼 | 4살 무렵 엘리베이터 안입니다. 어떤가요?

사라 | 굉장히 행복합니다.

칼 | 지금 당신은 어떤 기분이 드나요? 가슴속의 연기는 어떤가요?

사라 가슴이 시원하게 뚫린 것 같아요. 너무 오랫동안 눈을 감고 있었더니 어지러워요.

칼 알겠습니다. 이제 가장 최근에 폐쇄공포증을 느꼈던 기억을 시험해보겠습니다. 뜨거운 김이 찬 샤워 부스를 상상합니다. 어떤 기분이 드나요?

사라 가슴속에서 회색 연기가 모두 사라졌어요.

세션이 끝난 뒤 사라는 더 이상 폐쇄공포증을 느끼지 않고 샤워를 할 수 있었다.

밀리와 안약

이 세션에서 사샤는 밀리와 상담했다. 밀리는 어릴 때 병원에서 무서운 경험을 했고 그것이 트라우마가 되었다.

사샤 5~6살 때의 기억이 아직까지 당신에게 트라우마로 남아 있습니까?

밀리 네.

사샤 감정이 복받쳐 오르기 전에 그때의 상황을 설명해주세요. 만약 고통 지수가 2에서 3 이상 올라가면 멈춥니다.

밀리 병원을 가야 하기 때문에 엄마가 사탕과 그림책을 잔뜩 챙기고 있습니다.

사샤 제가 두드려도 괜찮을까요?

밀리 네, 괜찮아요.

사샤 눈을 감습니다. 병원에 가고 있는 어린 밀리가 보이나요?

밀리 네.

사샤 | 그녀는 어떤 모습을 하고 있나요?

밀리 | 정말 작고 아담한 친구예요. 갈색 머리에 큰 안경을 쓰고 있어요.

사샤 | 그녀는 지금 어떤 기분인가요? 무슨 일이 일어나고 있나요?

밀리 | 걱정되는 모양이에요. 폭풍 전야 같은 느낌이에요.

사샤 | 잠깐 거기서 장면을 정지해봅시다. 장면 속으로 걸어 들어가서 어린 밀리 앞에 서주세요. 이제 당신이 누군지 알려주고 미래에서 그녀가 갖고 있는 걱정을 덜어내기 위해 왔다고 알려줍니다. 그렇게 해도 괜찮은지 어린 밀리에게 동의를 구합니다.

밀리 | 괜찮다고 합니다.

사샤 | 마음속으로 그녀의 걱정과 불안이 무엇이지 물어보세요.

밀리는 그녀의 ECHO와 대화한다.

밀리 | 그녀는 붙잡혀 있는 것을 두려워해요. 장님이 될까 봐 무서워해요.

사샤 | 제가 두드리는 동안 그녀의 손을 잡고 두드리기를 시작해주세요. 두드려도 좋습니까?

밀리 | 네.

사샤 | 계속 두드립니다. 두려움이 어디서 느껴지는지 가르쳐주세요.

밀리 | 몸 중간에서 느껴집니다.

사샤 | 그녀의 손날 타점을 두드리면서 저를 따라 말해주세요. '비록 몸 중간에서 눈이 멀지도 모른다는 두려움이 느껴지지만, 너는 굉장한 아이야.'

밀리가 수용 확언을 반복한다. 그다음 사샤와 밀리는 ECHO의 혈자리를 두드리면서 '눈이 머는 두려움'과 '몸 중간의 두려움'이라는 연상 어구를 반복해서 말한다.

사샤 | 지금은 어떻습니까?

밀리 | 안전하지 않다고 느끼고 있습니다.

사샤 | 어떤 물건 또는 누구를 초대하면 그녀가 안전하다고 느낄 수 있을까요?

밀리 | 그냥 밖에서 그네를 타고 싶어 해요.

사샤 | 그럼 그렇게 할 수 있게 해주세요.

밀리 | 알겠습니다.

사샤 | 상황이 어떻게 바뀌었나요?

밀리 | 훨씬 더 차분해졌어요. 이제 병원에 갈 마음의 준비가 되었습니다.

사샤 | 다시 그녀를 두드립니다. 당신이 갖고 있는 모든 지식과 지혜로 당신의 어린 자아에게 어떤 조언을 하시겠습니까? 앞으로 일어날 일에 대해 어떤 말을 할 수 있을까요?

밀리 | 그렇게 나쁘지만은 않다고 말하겠어요. 실제로 경험할 때보다 하기 전이 훨씬 더 무서운 것뿐이라고 가르쳐주고 싶어요.

사샤 | 그 말에 그녀는 어떻게 반응합니까?

밀리 | 저를 믿지 못해요.

사샤 | 그녀가 어떻게 하면 믿어줄까요?

밀리 | 그녀가 병원에 있는 동안 계속 옆에 있어주면 될 것 같습니다.

사샤 | 다른 건 필요 없나요? 곰 인형이나 친구는 어떨까요?

밀리 | 아니요, 저만 있으면 괜찮습니다.

사샤 | 좋습니다. 이제 그녀의 손을 잡고 그녀가 안전하다는 것을 알려

주세요. 어린 밀리가 더 이상 무서워하지 않도록 당신이 계속 그녀의 곁에 머무를 겁니다. 이제 병원에서의 기억을 마주할 준비가 되었는지 물어봅니다. 괜찮습니까?

밀리 | 조금 긴장했어요.

사샤 | 몸 어디에서 긴장이 느껴지나요?

밀리 | 어깨에서 느껴집니다. 누가 그녀를 말려줬으면 하는 심정입니다.

사샤 | 다시 그녀의 손을 부드럽게 잡고 이렇게 말합니다. '비록 너는 어깨에 긴장을 느끼고 있지만, 너는 굉장한 아이야.'

밀리는 그녀의 ECHO를 두드리면서 수용 확언을 반복한다.

사샤 | 이 긴장감은 어떤 색깔을 하고 있나요?

밀리 | 보라색이에요.

사샤 | 알겠습니다. '비록 너는 어깨에 보라색 긴장을 느끼고 있지만, 너는 굉장한 아이야.'

밀리가 그녀의 ECHO를 두드리며 변형된 수용 확언을 반복한다. 그리고 곧바로 연상 어구로 두드리기를 실시한다.

밀리 | 이제 좀 나아졌습니다.

사샤 | 용기를 내기 위해 무엇이 필요한지 어린 밀리에게 물어봅니다.

밀리 | 핑크색과 흰색 구름이요.

사샤 | 이 핑크색과 흰색 구름은 어디에서 오나요?

밀리 | 제가 갖고 있던 곰인형이 구름을 보내줘요.

사샤 | 훌륭합니다. 지금 곰인형과 함께 있나요?

밀리 | 네.

사샤 | 멋집니다. 마음 한가득 핑크색과 흰색 구름이 있나요?

밀리 | 네.

사샤 | 완벽합니다. 그녀에게 곰인형을 계속 갖고 있어도 좋다고 말합니다. 만약 원한다면 곰인형이 계속 핑크색과 흰색 구름을 만들어줄 겁니다. 앞으로 나아가기 위해 또 무엇이 필요한지 물어보세요.

밀리 | 엄마와 함께 있고 싶어 해요.

사샤 | 엄마를 데려옵니다.

밀리 | 네, 엄마가 보여요. 이제 준비가 다 됐습니다.

사샤 | 이제 정지했던 기억을 다시 상영합니다. 이제 어디로 이동합니까?

밀리 | 그 남자가 저를 붙들고 상 위에 고정시킵니다. 그리고…

사샤 | 그 모습이 보이나요?

밀리 | 네. 그녀는 꼼짝도 할 수 없어요. 소리를 지르고 있습니다.

사샤 | 알겠습니다. 이제 거기서 기억을 정지시킵니다. 그녀의 손을 잡아주세요. 전처럼 그녀를 두드려주세요.

밀리는 그녀의 ECHO를 두드린다.

사샤 | 이 상황이 어떻게 하면 다르게 느껴질 것 같습니까?

밀리 | 다른 방법으로 진료를 받고 싶어요.

사샤 | 우리가 그렇게 만들 겁니다. 지금 그녀의 상태는 어떻습니까? 어떤 감정을 느끼고 있는지 알고 싶습니다. 이 상황에서 그녀는 어떤 교훈을 얻었나요? 붙잡혀 꼼짝 못했을 때 무슨 생각이 들었습

니까?

밀리ㅣ 잘 모르겠습니다.

사샤ㅣ 그렇군요. 나중에 다시 돌아오겠습니다. 지금 그 고통이 어디에서 느껴지나요?

밀리ㅣ 머리에서 느껴집니다. 그 남자가 그녀의 머리를 쥐어 잡았습니다.

사샤ㅣ 그녀가 하고 싶은 일이 무엇인지 물어보세요.

밀리ㅣ 그 남자가 힘으로 자기를 제압하지 않았으면 좋겠다고 해요. 엄마가 울고 있어요.

사샤ㅣ 이제 이 일을 해결해야 하지 않을까요? 만약 이 상황을 바꿀 수 있다면, 엄마가 무언가 하기를 원하나요?

밀리ㅣ 그냥 엄마 무릎에 앉아 있을 것 같습니다.

사샤ㅣ 좋습니다. 어린 밀리를 안심시켜주세요. 그녀의 손을 잡습니다. 의사가 그녀를 놓아주었나요?

밀리ㅣ 네.

사샤ㅣ 그녀를 두드리면서 이제 엄마 무릎 위에 앉아 있기 때문에 모든 것이 안전할 거라고 말해주세요. 그러면 괜찮을까요?

밀리ㅣ 네. 하지만 여전히 앞으로 일어날 일들이 겁납니다.

사샤ㅣ 좋습니다. 의사가 다른 행동을 하게 만들까요?

밀리ㅣ 네. 사실 그 사람은 의사가 아니라 간호사입니다.

사샤ㅣ 간호사군요. 그녀를 어떻게 하면 좋을까요?

밀리ㅣ 그녀의 손이 작았으면 좋겠습니다.

사샤ㅣ 좋습니다. 어떻게 하는 것이 좋을까요? 이상한 나라의 앨리스의 '줄어드는 약'을 먹으면 좋을까요?

밀리ㅣ 네. 좋은 생각이에요!

사샤 그 약이 상황을 바꾸었습니까?

밀리 네.

사샤 이제 간호사의 몸 비율이 달라졌나요?

밀리 네.

사샤 그럼 이제 무슨 일이 일어납니까?

밀리 그녀는 안약을 눈에 넣어도 괜찮은지 확인하고 싶어 해요.

사샤 그럼 눈에 안약을 넣기 전에 그녀의 손날 타점을 두드려줍니다. 당신이 항상 옆에 있을 것이고 곰인형이 핑크색 구름을 만들어줍니다. 그녀가 평화롭고 차분하게 이것을 경험하게 해주세요. 이 단계가 끝났다고 느껴지거나 도움이 필요하다고 느껴지면 저에게 알려주세요.

밀리 아닙니다, 이제 그녀는 괜찮아요.

사샤 눈에 안약을 넣었나요?

밀리 네.

사샤 고통이 없었나요?

밀리 네.

사샤 훌륭합니다. 그다음에 무슨 일이 일어납니까?

밀리 아무 일도 안 일어납니다.

사샤 좋습니다. 이제 어디를 가면 좋을까요?

밀리 그냥 집으로 돌아가고 싶습니다. 다시 그네를 탈 거예요.

사샤 좋습니다. 이제 집으로 돌아갑니다. 누가 함께 있으면 좋을까요?

밀리 엄마와 아빠요.

사샤 부모님을 초대합니다. 이제 어린 밀리는 무엇을 하고 있습니까? 웃고 있나요? 놀고 있습니까?

밀리 그냥 그네를 타고 있습니다.

사샤 좋습니다. 얼굴에 미소가 보이나요?

밀리 네.

사샤 이제 그네를 타고 있는 그녀의 모습을 강하게 떠올려 그녀의 기쁨을 같이 느껴봅니다. 머릿속에 생생하게 떠올린 다음 이제 문제가 해결되었다고 몸에 신호를 보냅니다. 긍정적인 기운이 몸 전체 세포 하나하나에 전달되어, 모든 단계에서 재프로그래밍 된다고 상상합니다. 그리고 그 이미지를 심장으로 가지고 갑니다. 굉장히 강하고 밝은 기운입니다. 이 이미지는 어떤 색깔을 띠고 있습니까?

밀리 핑크색과 흰색입니다.

사샤 아, 곰인형의 색깔이군요! 영상 속 핑크색과 흰색을 강하게 밝힙니다. 심장에서 그 밝은 빛을 느껴봅니다. 이미지 속에 자유, 기쁨, 행복, 그리고 모든 긍정적인 기운을 불어넣습니다. 이것이 강하게 느껴질 때 그 이미지를 심장에서 세상 밖으로 내보냅니다. 이 과정이 끝나면 저에게 알려주세요.

밀리가 이 작업을 하는 동안 잠시 침묵한다.

밀리 됐습니다.

사샤 훌륭합니다. 이제 다시 현실로 돌아옵니다. 눈을 떠주세요. 이제 다시 과거를 회상할 건데요, 눈을 감고 원래 기억을 떠올려봅니다. 달라진 점이 있는지, 남아 있는 갈등은 없는지 관찰해봅니다. 처음부터 끝까지 기억을 머릿속으로 쭉 상영해봅니다.

17장 매트릭스 리임프린팅 실습

—

319

밀리가 결과를 확인하는 동안 잠시 침묵한다.

밀리 | 아직 갈등이 조금 남아 있습니다. 제가 진료실에서 뛰쳐나와 의자 밑에 숨었더니 그들이 제 허리를 붙잡아 끌어냈습니다.

사샤 | 알겠습니다. 우리가 그 부분을 놓쳤군요. 다시 그 장면으로 돌아갑니다. 어디에서 갈등이 느껴집니까?

밀리 | 온몸에서 느껴집니다. 그들이 저를 붙잡았을 때 온몸에 공포가 느껴집니다.

장면이 정지되고, 공포에 대해 몇 차례 두드리기가 진행된다.

사샤 | 다시 그녀와 얘기해봅시다. 당신이 갖고 있는 모든 지식과 지혜로 어린 밀리에게 다 괜찮아질 거라고 알려주세요.

밀리 | 이제 괜찮은 것 같습니다.

사샤 | 어린 ECHO를 그네로 데려갑니다.

밀리 | 거기 있습니다. 행복해 보입니다.

사샤 | 다시 그 부분을 시험해보겠습니다. 그들이 당신의 허리를 잡고 끌어내는 모습이 보입니까?

밀리 | 아뇨. 그녀는 그네를 타고 있습니다.

사샤 | 이제 다시 기억을 처음부터 시험해봅시다. 기억을 생생하게 떠올립니다. 대형 상영관에서 영화를 본다고 상상해봅니다. 소리도 크게 키웁니다. 안약을 들고 있는 간호사의 손을 아주 생생하게 떠올려봅니다.

밀리 | 더 이상 그녀의 손이 커 보이지 않습니다.

사샤 | 무엇이 보이나요? 눈을 떠도 좋습니다.

밀리 | 이제 그 일이 별일 아니었던 것처럼 느껴집니다. 그렇게까지 과잉 반응한 것이 좀 바보같이 느껴질 정도예요!

사샤 | 하지만 이해됩니다. 그때는 정말 몸이 작았으니까요.

밀리 | 맞아요.

사샤 | 수고하셨어요. 정말 잘했어요!

세션 뒤에 사샤와 밀리는 세션 중 밀리가 느낀 무력감에 대해 더 깊은 대화를 나누었다. 밀리는 평생을 스스로 무력하다고 느껴왔다고 고백했다.

적용 사례

18장

다음은 다른 매트릭스 전문가의 사례로, 매트릭스 리임프린팅 기법의 용이함과 효력을 보여준다. 상담을 진행한 전문가의 연락처는 책의 끝부분에서 찾아볼 수 있다. 내담자의 개인 정보 보호를 위해 모두 가명을 사용했다.

조시와 땅콩

전문가 | 레베카 로버츠

8살 남자아이 조시는 일상생활이 힘들어질 정도로 음식에 대한 두려움이 나날이 커져갔다. 조시의 견과류 알레르기 때문에 어머니가 늘 항히스타민제 주사기를 들고 다녔고, 조시는 어머니와 함께 식품 라벨을 항상 체크하는 습관을 들였다. 그러나 조시의 조심성이 두려움으로 바뀐 사건이 일어나게 됐다.

조시는 호박씨를 특히 좋아했다. 이날은 그가 좋아하는 상표의 호박씨를 입에 한가득 넣고 씹고 있었다. 어머니는 무심코 포장지를 집어 들고, 라벨에 '견과류가 포함되어 있을 수 있대!'라고 놀란 목소리로 이야기했다. 조시가 먹던 제품의 내용물이 바뀐 것은 아니었지만, 제조사에서 식품 라벨을 조금 더 신중하게 표기하기로 결정한 것이었다. 하지만 그 짧은 순간 엄마의 불안한 목소리를 들었을 때, 그는 씨를 삼켜버렸기 때문에 쇼크 상태에 빠지게 됐다. 그리고 그때부터 음식에 대한 두려움이 생겼다.

사건 이후 몇 달 사이 조시는 점점 더 많은 종류의 음식을 거부하게 됐고, 베이글과 잼, 그리고 몇 가지 음식을 제외하고는 입에 대지도 않게 됐다. 그 결과 몸무게가 많이 줄었다. 밤중에는 공황 발작을 일으켰고, 어머니에게 잠을 자려고 누우면 목이 조여오는 느낌이 든다고 호소했다. 이는 어머니와 조시를 매우 고통스럽게 만들었다.

조시는 어머니가 EFT 전문가였기 때문에, EFT에 대해 알고 있었다. 과거에 EFT를 사용한 적이 있지만, 이 문제만큼은 어머니가 자신을 두드리는 것을 거부했고, 전문가를 포함하여 어느 누구에게도 도움을 받고 싶어 하지 않았다. 조시는 똑똑하고 독립심이 강한 아이였다. 조시의 어머니는 도와줄 방법을 알고 있음에도 불구하고 아들을 도와줄 수 없다는 것을 힘들어했다.

나는 조금 다른 방법으로 이 문제에 접근하기로 했다. 그래서 어느 날 조시와 함께 점심을 먹으면서 조시에게 매트릭스 리임프린팅에 대해 말해주었고, 우리가 시간 여행을 통해 어떻게 과거에 형성된 두려움을 극복할 수 있는지 알려주었다. 조시는 이것에 굉장히 흥미를 보였다. 그래서 나는 조시에게 언제부터 견과류가 포함되어 있는 음식을 두려워하게 됐는지 물어보았다.

대부분의 아이들처럼 조시는 굉장히 시각적이고 창의적이었기 때문에 곧바로 자기 어릴 적 모습을 생생하게 떠올릴 수 있었다. 이제 그 장면 속으로 들어가 어린 조시를 도와줄 거라고 말해주었다. 들어가기 전에 혹시 초능력을 갖거나 그를 도와줄 수 있는 스파이더맨 같은 영웅을 초대해도 좋다고 했다. 조시는 "그냥 저 혼자 할 수 있어요"라고 대답했다. 조시는 이미 스스로 해결할 수 있다고 판단했던 것이다.

베이글을 먹으면서, 조시는 눈을 감고 그의 ECHO에게 다가가는 상상을 했다. 그는 내가 두드리는 것을 원치 않았기 때문에, 나는 그의 대리로서 나 자신을 두드렸다. 나는 그에게 ECHO가 어떤 감정을 느끼고 있는지 물어보았다. 그는 그렇게 하고 있지만 나에게 말하고 싶지 않다고 대답했다. 나는 "그래도 괜찮아. 내게 아무것도 말하지 않아도 돼. 어린 조시에게 좋은 친구가 되어주고 두드리기 방법을 가르쳐주면 돼"라고 대답했다. 조시는 ECHO에게 두드리기를 가르쳐준다는 것에 많은 흥미를 보였다.

우리는 2분 동안 조용히 앉아 있었다. 조시는 베이글을 씹으면서 ECHO와 대화하는 상상을 했고, 나는 그를 대신해 대리 두드리기를 했다. 그는 ECHO와의 대화를 마친 뒤 눈을 뜨고 "이제 조금 행복해 보여요"라고 당연하다는 듯이 말했다. 나는 조시에게 이제 장면이 어떻게 보이는지 물었다. 처음에는 마치 책장을 빠르게 넘기면 그림이 움직이는 오래된 그림책처럼 보였지만 그가 ECHO를 두드리자 '정지된 동영상'으로 변했다고 말했다. 아직 해야 할 작업이 남아 있었지만 조시는 이것을 새 프로젝트 삼아 어린 자신을 조금씩 도와줄 수 있다는 것에 만족했다. 그는 매트릭스 리임프린팅을 할 때마다 자축하기 위해 자기에게 스마일 스티커를 한 개씩 선물하기로 했다.

어머니가 방으로 들어오자 그는 어머니에게 매트릭스 리임프린팅을 해주기 시작했다. 2년 전 어머니와 함께 언덕을 올랐을 때 어머니가 고소공포증이 있다는 것을 기억하고 어머니가 고소공포증을 극복할 수 있도록 도와준 것이다. 이것은 굉장히 아름다운 순간이었다. 그는 매트릭스 리임프린팅을 완전히 이해하고 어머니를 돕기로 마음먹은 것이었다.

2개월 뒤 나는 조시와 그의 어머니에게 식습관이 개선되었냐고 전화로 물어보았다. 수화기 너머 들려온 그의 목소리는 굉장히 밝고 수다스러웠다. 그리고 그의 문제에 대해 말하는 것이 편해졌다는 것을 느낄 수 있었다. 이전에는 고민을 나누는 것을 굉장히 싫어했는데, 이제 마음을 열었다는 것은 굉장한 변화였다.

그는 나에게 요즘 '시간 여행'을 꽤 자주 하고 있으며, 음식에 대한 공포도 완전히 사라지고 초콜릿, 비스킷, 케이크, 아이스크림과 커스타드를 먹게 됐다고 말했다! 그는 채소와 닭고기와 쌀을 포함하여 음식을 더 다양하게 먹을 수 있어서 좋다고 말했다. 그는 전체적으로 훨씬 더 밝아졌고, 주의력도 개선됐으며, 행복해했다. 그리고 무엇보다 음식에 대한 두려움으로부터 완전히 해방되어 있었다.

아기 페기와 유모차

전문가 | 캐롤라인 롤링

70대 초반의 마가렛은 그녀가 기억하는 한 늘 폐쇄공포증에 시달려왔다. 그녀는 자동차 뒷좌석에 타는 것조차 두려워했고, 기차, 버스, 비행기, 보트 또한 친숙하지 않았고, 창문 여는 방법을 모르거나 쉽게 나갈 수 없는 장소가 불편했다. 주차 건물에 주차를 하는 것도 큰일이었다. 남편이 실수로 그녀가 아직 차 안에 있을 때 문을 잠근 것도 한몫했다. 1~2분도 채 되지 않는 시간이었으나 그녀가 공포를 느끼기에는 충분했다. 그녀는 몇 년간 폐쇄공포증을 극복하기 위해 노력했지만, 너무 오랫동안 함께해왔기 때문에 완전히 사라질 수 없다는 말을 들었다고 했다. 다행히도 그녀는 최근에 EFT에 대해 알게 되었고, 도움이 되는지 시험해보기로 결정했다.

여태껏 자동차는 마가렛의 유일한 교통 수단이었지만, 그것마저도 자동차에 갇힌 기억 때문에 포기할 지경에 이르렀다. 따라서 우리는 그 기억부터 다루기로 결정했다. 마가렛은 자동차에 갇힌 순간의 고통 지수를 '10보다 크다'고 말했다. 그녀의 얼굴이 상기되고 가슴이 쿵쿵 뛰었다. 우리는 이 증상을 두드리기 시작했다. 한차례 두드리고 난 다음 마가렛은 고통 지수를 7이라고 말했고, 얼굴의 홍조가 조금 가라앉았다. 두 번째 두드렸을 때 고통 지수가 5로 줄어들었다. 세 번째 두드리던 중 마가렛은 두드리기를 멈추고 그녀가 15개월이었을 때의 모습이 기억난다고 말했다.

그녀의 어머니는 아기 페기(그녀의 아명)를 들어 올리면서 '지금 너무 바쁘니까 너는 자고 있어야 돼'라고 말했고, 그녀를 유모차에 앉힌 다음 덮개를 덮었다. 페기는 유모차 안에 있는 것이 싫었고, (방수포 같은) 냄새가 지독하게 났고, 오빠와 더 놀고 싶었다고 마가렛이 말했다. 그녀는 페기가 덮개를 거두려고 손을 뻗었지만 손에 닿지 않았다고 말했다. 그녀는 울고 있었다.

나는 마가렛에게, 아기 페기에게 그녀가 누군지 소개하고 페기를 도와주러 왔다고 설명하라고 권했다. 마가렛은 페기가 이해했다고 말했다. 내가 마가렛을 두드리는 동안 마가렛은 아기 페기를 두드렸다. 우리는 페기가 속상해서 우는 것에 집중했고, 페기가 조금 진정했을 때 어머니가 페기를 유모차에 넣어서 화가 났던 감정을 두드렸다. 가장 중요한 점은 마가렛이 이 과정을 진행하는 내내 괴로워하지 않았다는 것이다.

마가렛은 아기 페기가 어머니가 할 수 있는 만큼 최선을 다했다는 것을 이해했으며 이제 괜찮아졌다고 말했다. 나는 상황을 다르게 느끼기 위해 페기가 필요한 것이 있냐고 물었다. 그녀는 어머니가 유모차 덮개를 열기를 원한다고 말했다. 덮개가 열리자 마가렛의 얼굴과 자세의 긴장이 풀리고 차분해졌다. 페기의 상태를 물어보자 그녀는 '행복해합니다. 페기가 잠들었어요'라고 대답했다. 세션을 끝마치기 전에, 나는 마가렛에게 차에 갇혔던 기억을 떠올려보라고 말했다. 그녀는 다시 보니 그 상황이 코믹하다며 웃기 시작했다.

며칠 뒤에 마가렛과 재회했을 때, 그녀를 차로 바래다주었다. 그녀는 아무 거리낌 없이 차 뒷좌석에 앉아 도착할 때까지 차분하고 행복한 모습을 하고 있었다. 이제 그녀는 주기적으로 주차 건물의 엘리베이터를 사용하고 있으며, 친숙하지 않은 빌딩에서도 편안하다고 말했다. 그녀가 70년 넘게 느낀 두려움이 25분 만에 아무 고통 없이 사라진 것이다.

조의 알레르기

조 트레와타가 직접 쓴 후기

나는 칼의 EFT 3단계 수강생이기도 하고, 거의 평생을 만성자가면역질환과 음식과민증을 앓아왔기 때문에 EFT의 알레르기 치유 효과에 많은 기대를 갖고 있었다. 칼은 전통 EFT에 매트릭스 리임프린팅을 접목한 세션에서 같이 시연할 파트너로 나를 초대했다. 세션의 결과는 굉장했다.

이것이 얼마나 큰 변화인지 먼저 내 상태에 대한 배경을 조금 설명할 필요가 있다. 2003년 여름 예쁜 아들을 낳은 다음 내 건강은 최악의 상태에 이르렀다. 몸의 기력이 완전히 빠져나갔고, 온몸이 건선으로 뒤덮였으며, 관절염이 몸 마디마다 통증을 일으켰기 때문에 의자에서 일어서거나 걸을 수도 없을 정도였다. 아기를 돌보기 위해서는 내 건강이 최상의 상태에 있어야 했다. 따라서 나는 엄격한 식단을 지켰고, 유제품을 먹지 않고 항抗칸디다candida(곰팡이) 다이어트와 함께 활생균probiotics을 먹기 시작했다. 이것은 아이를 갖기 2년 전 운동치료사로부터 권유받은 요법이었고, 극심한 고통이 찾아오기 전까지 관절통을 없애주었다.

임신 기간 동안 나는 입덧 때문에 다시 밀가루와 유제품과 설탕을 먹었다. 다행히 음식을 먹는 데 아무런 문제가 없었다. 아이가 태어난 뒤에 다시 엄격한 식단 조절을 시작했지만, 이번에는 관절통이 사라지지 않았다.

2004년 1월 내 몸 상태는 생명을 위협할 정도에 이르렀다. 몸을 움직일 수도 없었고, 농포성건선pustular psoriasis과 급성봉와염acute cellulitis 때문에 병원에 입원하게 됐다. 항생제와 면역 억제제를 통해 간신히 피부 증상은 개선됐지만 매일같이 관절 경직과 고통, 탈진을 경험해야 했다. 지푸라기라도 잡는 심정으로 2005년 8월 꽤 많은 비용을 들여서 알레르기와 환경 질환 전문 의사와 상담하여 검사와 저용량 면역제 요법 치료를 받았다. 6일간 계속된 검사에서 나는 48가지 음식과 화학 성분에 대한 검사를 받았다. 그리고 결과는 놀랍게도 그 모든 음식과 화학 성분에 과민하다는 것이었다.

몇 달 뒤 매트릭스 리임프린팅 시연에 참여했을 때, 나는 분명 '어떻게 매트릭스 리임프린팅이 음식 과민 반응을 해결하겠어?'라는 마음을 품고 있었다. 시연이 시작되자, 칼은 나에게 어떤 음식이 건강에 문제를 유발하느냐고 물었다. 처음에는 전통 EFT로 어릴 때 항상 마셨던 오렌지주스에 집중했다. 칼은 과민 반응을 처음 경험했던 때로 나를 이끌어주었다. 나는 15살에 병원에서 몇 가지 검사를 한 다음 관절염 진단을 받았다. 나는 병원에서 환자복을 입고 퉁퉁 부은 무릎의 엑스레이 사진을 찍기 위해 기다리고 있던 내 어린 ECHO를 두드리는 상상을 했다.

그다음 할아버지의 농장에 있는 더 어린 ECHO를 보았다. 나의 어린 ECHO는 천식과 건초열 증세를 보이고 있었다. ECHO는 외롭게 혼자 있었고, 그녀의 할머니와 할아버지는 농장 일로 바빠서 그녀를 돌봐줄 틈이 없었다. 나는 내 어린 ECHO를 소파에 앉히고 두드린 다음 ECHO가 오빠와 어른이 된 나와 함께 레고 조립을 하면서 즐겁게 노는 기억을 만들어주었다.

그다음 ECHO는 오빠가 어릴 때 나보다 항상 더 좋은 선물을 받게 된 것에 대해 느꼈던 감정에 집중했다. 이 과정에서 나는 '하긴, 오빠는 나보다 원하는 것을 분명하게 말했던 것 같아'라고 재해석했다.

그러자 나는 또 다른 기억 앞에 있었다. 나의 어린 고모가 자동차 사고로 비참하게 돌아가신 기억이었다. 당시 나는 6살이었기 때문에 사고에 대한 정확한 경위를 들을 수 없었고, 몇 년 뒤 사고에 대한 신문 기사 스크랩을 보고 나서야 알게 되었다. 나는 가족들이 나에게 거짓말을 한 것에 화가 났다. 나는 고모가 미끄러져서 머리를 다쳤다고 들었기 때문이었다. 나는 어린 ECHO를 두드리면서 아버지와 대화를 했고, 그녀에게 사실을 말해주지 않은 것에 대해 슬퍼한다고 말했다. 아버지는 어린 조가 사실을 알게 되면 다시는 자동차를 타지 않을까 두려워서 그런 거라고 재해석되었다.

매트릭스 리임프린팅 세션 이후 곧바로 큰 변화가 있었던 것은 아니다. 하지만 5일 뒤 새벽 왼팔을 들 수 없을 정도로 묵직함이 느껴졌고 강한 오한에 잠이 깼다. 특별히 추운 밤이 아니었기 때문에 침착해지려고 애썼지만 무서워졌다. 몇 년 전 급성봉와염에 걸렸을 때 다리가 온통 농포성 건선으로 뒤덮였던 모습이 떠올랐다. 그때도 팔이 굉장히 묵직했기 때문이었다. 꽤 오랫동안 오한을 느끼다가 이번에는 정반대로 고열에 시달리고 땀을 계속 흘렸다. 이 증상도 한동안 나타났다. 나는 호전반응healing crisis을 의심했고, 칼에게 연락해보니 그럴 가능성이 크다고 답했다.

그날 저녁 너무 아팠기 때문에 다음 날 출근하지 않았다. 집에서 쉬고 있을 때 또 다른 장면이 떠올랐다. 나는 아주 어릴 적에 농장에서 집으로 돌아가던 자동차 안에서 사냥된 꿩과 함께 차 뒷좌석에 앉아 있었다. 의미 있는 장면이라고 생각되었기 때문에 그것에 관해 리임프린팅을 했다. 몇 시간 뒤 슈퍼마켓에서 이상한 일이 일어났다. 생각만 해도 구역질이 나던 고기가 먹고 싶어진 것이다.

몇 주 뒤 나는 호기심에 음식 알레르기에 대해 재검사를 받기로 했다. 놀랍게도 48가지 식품군 중 밀가루와 설탕과 딸기를 제외하고는 모두 정상으로 나왔다.

나는 아직까지도 구체적인 사건에 집중하는 것이 어떻게 그렇게 오랫동안 갖고 있던 문제를 해결할 수 있었는지 이해하려고 노력하고 있다. 후기를 작성하고 있는 지금은 매트릭스 리임프린팅 시연이 있던 날로부터 5개월이 지난 뒤이며, 효과는 여전히 지속되고 있다. 그리고 당연히 매우 기쁘다.

제니와 커피

전문가 | 제임스 로빈슨

제니는 아주 희귀한 커피 알레르기를 몇 년 동안 앓아왔다. 커피의 냄새조차 몸을 마비시킬 정도로 극심한 알레르기였다. 마비 반응이 올 때는 몸이 완전히 굳어서 말을 못하게 되고, 장과 방광의 자제력을 잃게 된다.

제니의 알레르기는 주변 사람들도 불편하게 만들었다. 왜냐하면 그녀 주위에선 절대 커피를 마실 수 없기 때문이었다. 그녀는 친구들과 식당을 갈 때도 커피를 주문할 수 없었고, 주변 손님들이 커피를 주문하지 않게 해달라고 기도해야 했다. 사무실에서 직장 동료들은 커피를 마실 수 없었고, 혹시 밖에서 마시고 왔다면 그녀에게 말을 걸 수 없었다. 카페가 있는 도심의 길거리를 걷는 것조차 그녀에게는 모험이었다. 제니에게 집 밖의 삶은 지뢰밭과도 같았기 때문에 항상 해독제를 들고 다녔다. 수년간 커피 알레르기에 대한 두려움은 그녀를 괴롭혔고, 생각할 수 있는 모든 전통 치료 요법과 보완 대체 요법을 시도했지만 아무런 소용이 없었다. 그녀가 나에게 찾아온 이유는 이제까지 해본 적이 없는 치료를 경험하기 위해서였다. 그녀는 매트릭스 리임프린팅에 대해 처음 들어봤고 시도해본 적이 없기 때문에 왔다고 말했다. 그녀는 알레르기를 치유하리라는 희망은 이미 포기했고, 그저 그녀가 느끼는 좌절감을 조금이라도 덜 수 있었으면 좋겠다고 했다.

나는 천천히 제니를 두드리면서 언제 커피 알레르기가 발병했는지, 그리고 당시에 어떤 일이 있었는지 물어보았다. 그녀는 곧장 한 가지 기억을 떠올렸다. 그녀는 당시에 남자친구에게 심한 학대를 받는 관계를 갖고 있었고, 나체 상태로 욕설을 듣고 구타를 당하곤 했다. 그 이후로 다른 사람 앞에서 나체로 있는 것에 대한 두려움이 생겼다. 이 기억을 떠올릴 때 어떤 기분이냐고 물었다. 그녀는 "정말 돌아버리게 화가 납니다"라고 대답했다. 우리는 그녀가 느끼는 분노를 EFT로 두드렸고, 나는 속이 어느 정도 풀릴 때까지 분풀이를 해도 좋다고 했다.

그다음 나는 매트릭스 장면 리임프린팅을 하기 위해 제니가 나체로 구타를 당한 시점의 기억을 되살리게 했다. 나는 그녀를 안내해서 그녀의 ECHO에게 다가가 그녀가 누구인지 말한 다음 포옹과 함께 그녀를 정말 사랑하고 도와주러 왔다고 말하게 했다. 그녀의 ECHO가 느끼는 감정에 대해 묻자 그녀는 '분노'라고 답했고, 제니는 ECHO의 분노를 두드렸다. 그다음 제니는 ECHO에게 무엇이 필요한지 물어봤다. 그녀는 누군가 남자친구를 흠씬 때려줘서, 맞을 때의 기분이 어떤 것인지 알게 해주고 싶다고 말했다. 제니는 복수를 도와줄 사람으로 친오빠를 초대했다. 나는 그녀에게 이것을 할 수 있는 시간을 주었다.

그다음 나는 제니에게 ECHO가 폭력적인 남자친구에게 하고 싶은 말이 남아 있는지 물었다. 예를 들면 그녀가 느낀 감정과 그의 행동이 남긴 상처에 대해서 할 말이 있는지 물어보자, 그녀는 꼭 그렇게 하고 싶다고 대답했다. 그녀는 ECHO가 분노를 표출할 수 있도록 시간을 가졌다.

이 작업을 끝마친 다음 제니는 ECHO의 상태를 다시 확인했다. ECHO의 기분이 훨씬 나아졌고, 분노가 모두 사라져 마음에 평화가 왔다고 했다. 그녀는 ECHO를 새로운 장소로 보냈고, 이 영상은 마음에서 몸으로 보내진 다음 매트릭스로 내보냈다. 그다음 나는 그녀에게 원래 기억을 떠올려봤을 때 무엇이 보이는지 물었다. 그녀는 그곳에 평화만 남아 있다고 대답했다.

이 사건이 알레르기 반응에 어느 정도 기여는 했지만, 실질적 원인은 아니라는 느낌이 들었다. 그래서 나는 제니에게 이 사건이 커피 알레르기의 근본 원인인지 생각해보라고 말했다. 내가 천천히 그녀를 두드리는 동안, 그녀는 이 문제를 곰곰이 떠올려보았다. 그녀는 남자친구의 폭력으로부터 벗어나기 위해 보호 시설에 있었던 기억을 떠올렸다. 보호소에 정말 많은 사람들이 끊임없이 커피를 마시고 있었는데, 커피 냄새가 잠재의식 속에서 그때의 트라우마를 떠올리게 만들었던 것이다.

나는 그녀에게 보호소에서 중요했던 기억을 찾아보게 했고, 그녀의 모습과 주변 환경, 그곳에 있던 사람들에 대해 또렷이 기억해보라고 말했다. 내가 그녀를 두드리는 동안 그때의 ECHO에게 다가가 그녀가 ECHO를 도와주기 위해 왔다는 것을 알리도록 했다. 그리고 그녀의 어린 ECHO에게 포옹을 해주고, 정말 사랑하며 그녀가 겪고 있는 일에 대해 완전히 이해한다고 말하라고 했다. 또한 ECHO에게 이제 제니가 함께하면서 그녀가 나아질 수 있도록 최선을 다할 것이기 때문에 혼자 괴로워할 필요가 없다고 알려주었다.

제니는 어린 자신에게 그녀가 두드리기를 할 때 어떤 기분이 드는지 물어보았다. 그녀는 겁이 난다고 말했다. 우리는 그녀의 두려움을 두드렸다. 그다음 제니는 ECHO에게 그녀가 안전하다고 느끼기 위해 무엇이 필요한지 물어보았다. 그녀는 아버지와 오빠가 나타나 그녀를 안아주면 좋겠다고 말했다.

제니에게 어린 제니의 소원을 들어주라고 했다. 그녀는 보호소를 벗어나 아름다운 초원으로 가기를 원했다. 제니는 어린 자신과 초원을 함께 천천히 걸으며 즐거운 한때를 보냈고, 나는 그녀에게 충분히 누리고 나면 다음 단계로 갈 수 있도록 내게 알려달라고 했다. 과정이 끝났다고 느꼈을 때 제니는 ECHO에게 다시 한 번 포옹을 한 다음 사랑한다고 말했다.

그리고 새로운 기억을 마음속에 새겼고, 몸과 심장을 통과시킨 후 매트릭스로 보냈다.

그녀가 준비되었을 때 나는 제니에게 다시 원래 기억을 떠올려보라고 말했다. 그녀는 초원에서 즐겁고 행복했던 기억만 떠오른다고 대답했다. 결과를 확인하기 위해, 그녀에게 커피 냄새를 맡는 것에 대해 어떤 생각이 드냐고 물었다. 놀랍게도 그녀는 커피 냄새를 맡아도 좋을 것 같다고 했다. 나는 먼저 그녀에게 커피 냄새를 맡는 상상을 해보게 했고, 그녀는 아무런 반응도 일으키지 않았다. 이것은 굉장히 이례적인 일이었다. 왜냐하면 평소에 그녀는 커피에 대한 생각만으로도 몸에 반응이 일어났기 때문이었다.

제니는 실제 커피로 결과를 확인하고 싶어 했다. 이것은 매트릭스 리임프린팅 지침에 어긋나는 일이었다. 극심한 알레르기는 직접 테스트해서는 안 된다고 명시되어 있었다. 그러나 제니는 결과에 대한 책임을 지겠다고 약속하고 진짜 커피로 검사해보겠다고 했다. 어차피 일상이 커피에 대한 위협으로 가득했기 때문에 잃을 것이 없다고 강조했다. 그녀는 내 손에 해독제를 쥐어주고, 그녀에게 마비가 오면 어떻게 해야 되는지 알려주었다. 나는 커피가 들어 있는 병을 들고 와서 그녀에게 병을 보여주고 손에 쥐어주었다. 나는 그녀가 반응할 것을 대비해 EFT를 할 준비가 되어 있었다. 하지만 그녀는 여전히 아무 반응을 보이지 않았다.

제니는 뚜껑이 아직 닫혀 있는 커피 병을 코밑으로 가져오게 했다. 나는 계속해서 그녀의 몸 상태를 주시했지만, 아무 일도 일어나지 않았다. 그다음 병을 다시 멀리 가져가 뚜껑을 조심스럽게 열었다. 제니는 아직 괜찮았다. 완전히 열기 전에 병 입구가 은박지로 덮여 있는 것을 보여주었다. 그녀는 여전히 아무렇지도 않았다.

그녀가 준비됐다는 확신이 들었을 때 멀리서 은박지에 구멍을 하나 뚫었다. 그러곤 그녀가 냄새를 맡을 수 있도록 그녀에게 살금살금 다가갔다. 나는 계속 그녀를 주시하며 아주 느리게 다가갔다. 가까이 가자 그녀는 돌연 내 손에서 병을 뺏은 뒤 코밑에 들이대고 깊게 숨을 들이쉬는 것이 아닌가! 그녀는 큰 미소를 지어 보였고, 커피 냄새를 맡고도 멀쩡하다는 것이 믿기지 않았다.

제니는 커피를 마시고 싶은 생각이 전혀 들지 않았지만, 냄새를 맡아도 마비 반응이 오지 않는 것만으로도 삶의 질이 달라졌다. 나중에 그녀는 나에게 커피 병의 은박지를 완전히 뜯어내고 코밑에 들이대도 아무 신체적·정서적 반응 없이 편하게 냄새를 맡을 수 있게 되었다고 했다. 그녀는 마음에 평화가 왔으며 이제 다른 사람에게 알몸을 보여도 아무렇지 않을 것 같다고 말했다.

나는 제니가 직접 결과를 확인한 것이 굉장히 용감하다고 생각하며, 그녀에게 깊이 감사한다.

아담과 공구 상자

전문가 | 지나 스코필드

아담은 목적의식이 확고하지 못하다는 문제로 나를 찾아왔다. 그는 자신의 잠재 능력을 모두 발휘하지 못해 좌절감을 느끼고 있었다. 그는 굉장히 창의적이고 숙련된 도예가이자 목수였다. 하지만 공예품만으로는 돈을 충분히 벌지 못했고, 대부분 DIY 제품 제작과 내부 인테리어를 꾸미는 일로 생계를 꾸려나갔다. 이 일에 부분적으로 만족했지만, 원하는 만큼 창작 활동을 하지는 못한다고 느꼈다.

그는 돈 버는 일을 버거워했다. 늘 적은 돈으로 근근이 생활했고, 경제적으로 편안하다고 느낀 적이 거의 없었다. 나는 그에게 몇 가지 핵심 신념에 관한 문장을 보여주고 그가 얼마큼 동의하는지 인지 정도를 매기도록 했다. 아담은 '다른 사람들보다 돈을 많이 가져서는 안 된다'에 70퍼센트, '나는 사랑받을 수 없다'에 70퍼센트, 그리고 '불공평하다'에 80퍼센트를 주었다.

위의 핵심 신념을 살피던 중, 갑자기 그가 새로운 그룹 교육을 해야 하는 교생 실습이 두려워 임업과를 졸업하지 못한 이야기를 꺼냈다. 하지만 그를 고용한 친구가 당시 공부하던 동급생들에게 교생 실습을 해도 됐었을 거란 말을 하자, 아담은 할 수 있었던 일을 제대로 못했다는 자괴감이 들었다. 그는 자격증도 못 따고 자기가 좋아하는 일도 못 하게 만든 자신에게 큰 실망감을 느꼈다. 그는 숲에서 작업하고 아이들과 함께 창의적인 수업을 하고 싶었다.

나는 아담에게 이 상황과 감정에 집중하라고 했다. 그는 고통 지수 8의 좌절감을 느낀다고 말했다. 그는 이 감정이 잘게 부숴놓은 주황색 밀처럼 보인다고 표현했다. 우리는 그의 복부에 느껴지는 '주황색 좌절감'을 한 차례 두드리고, 다시 잘게 부숴놓은 듯 보이는 것에 대해서도 두드리기를 했다. 이 부분에서 많이 웃었고, 감정이 훨씬 가벼워졌다. 배에서 느껴진 좌절감은 가슴에서 실망감으로 변했다. '만약 동물에 비유한다면, 어떤 동물일까요?'라고 물어보았다. 그는 '파란색 사각형 영양'이라고 대답했다. 나는 아담에게 그 동물이 어떤 말을 하고 싶어 하는지 물었다. '왜 저를 불완전하게 만들었나요? 왜 완성하지 않았어요? 당신답네요!'라고 아담은 말했다.

우리는 '실망한 파란색 사각형 영양'이라는 연상 어구로 두 차례 EFT를 했다. 아담은 '나는 행복할 자격이 없어'라는 말에 80퍼센트의 인지 정도 값을 주었다. 영양이 지금 어떤 기분인지 다시 물었더니, 아담은 땅딸막한 사각형 영양의 몸이 늘어나 팔다리가 생겼다고 대답했다. 다시 한 번 어떤 기분인지 묻자 '불만을 느끼고 있어요'라고 했다. 왜 그 상태에서 나갈 수 없냐고 하자 '제가 못 나가게 막고 있어요'라고 했다. 안전하지 않기 때문이냐고 물어보자, '네'라고 대답했다. 창의적이거나 잠재 능력을 발휘하면 안전하지 않기 때문이냐고 물어보자, 그는 또다시 '네!'라고 대답했다. 그러자 아담은 5살 때 아버지로부터 어린이용 공구 상자를 선물받은 기억을 떠올렸다. 우리는 그의 5살 ECHO를 만나기로 했다.

아담이 장면 속으로 들어갔다. 그는 작은 어린이용 도구들이 가득 들어 있는 예쁜 공구 상자를 받고 굉장히 기뻐하던 모습을 묘사했다. 하지만 아버지는 그가 작업할 수 있는 나무나 자재를 주지 않았다. 따라서 창의적이고 열정적인 5살 아담은 도둑이 들어오지 못하도록 문지방에 일렬로 못을 박기로 마음먹었다. 아담이 5살 ECHO를 두드리자, 아담은 흐느끼며 이렇게 말했다. "왜 제대로 작업을 하지 못하고 공예품으로 돈을 벌

수 없었는지, 왜 늘 나 스스로를 비하했었는지 이제야 깨달았어요. 저는 그때 제가 창의적으로 내가 원하는 것을 하면 혼이 날 거라고, 안전하지 않다는 믿음을 가지게 되었어요." 아담은 ECHO를 계속 두드렸다. 아담의 ECHO가 어떤 기분인지 물어보자, 그는 "제가 원하는 방식으로 놀 수 없어요"라고 대답했다. 우리는 그 기분을 또 한차례 두드렸다.

아담의 ECHO가 훨씬 차분해졌다. 아버지가 혼내지 않고 다른 일이 일어나기를 원하는지 ECHO에게 물어보도록 했다. 아담의 ECHO는 아버지가 공구 사용법을 알려주고 작업할 재료를 주셨으면 좋겠다고 말했다. 성인인 아담이 아버지와 자신의 어린 ECHO에게 두드리는 상상을 했고, ECHO는 아버지께 공구 사용법을 알려달라고 말했다. 이 장면에서 그의 아버지는 굉장히 친절했고, 어린 아담이 한 번도 물어본 적이 없기 때문에 사용법을 알려줄 필요가 없다고 생각했고, 아이에게 사용법을 가르쳐주어야 한다는 생각을 미처 하지 못했다. 따라서 아담의 ECHO가 아버지에게 도움을 청하자 그 자리에서 작은 문과 문틀을 함께 만들었고, 어린 아담은 굉장히 신나 했다.

그다음 나는 아담의 ECHO에게 다른 장소에서 놀고 싶은지 물어봤다. 아담과 그의 ECHO와 아버지는 함께 나무 위의 집을 지으러 갔다. 그들 모두 즐거운 경험을 하고 난 뒤, 나는 아담에게 이 새로운 장면을 마음속에 떠올린 다음 색깔과 좋은 감정을 생생하게 떠올리고 심장으로 보냈다가 매트릭스로 내보내게 했다.

그가 눈을 뜨고 현재로 돌아왔을 때, 나는 그에게 잠시 눈을 감고 아버지가 공구 상자를 주던 날을 떠올려보고 달라진 점이 있는지 알려달라고 했다. 그는 이제 그것이 굉장히 행복한 장면이라고 말했다. 어린 아담은 아버지에게 공구를 어떻게 쓰는지 물어보았고, 아버지가 오두막으로 그를 데려가 사용법을 알려주고 같이 물건을 만드는 장면이 보인다고 했다.

우리는 그가 처음 느꼈던 좌절감과 '불공평하다', '다른 사람들보다 돈을 더 많이 벌어선 안 돼', '나는 사랑받을 수 없어', 그리고 '나는 행복할 자격이 없어'의 고통 지수와 인지 정도를 다시 측정했다. 그는 더 이상 이것이 문제가 아니고, 그가 그런 생각을 했다는 것조차 믿기 힘들다고 대답했다.

세션이 끝나갈 때쯤 아담은 훨씬 적극적이고 행복해 보였다. 세션이 시작했을 때 감기 기운이 있었지만 증상이 완화되었고, 임업 자격증을 따는 것에 대해 훨씬 긍정적이었고, 창의력을 원하는 대로 발휘할 수 있을 것 같다고 말했다. 또한 영양이 두 마리가 되었고, 그가 창작할 수 있도록 양옆에서 도와줄 거라고 말했다.

이틀 뒤 아담은 더 이상 아들들에게 선물할 공구 상자를 사기 위해 중고 가게를 전전하지 않게 되었고, 아이들과 훨씬 더 잘 소통할 수 있게 되었으며, 그것을 즐길 수 있게 되었다고 말했다.

알레르기에서 풍족함까지

전문가 | 손드라 로즈

앰버는 인생 상담 코치였고, 평생 알레르기와 천식을 앓았다. 그녀는 어린 시절 기억을 통해 증상을 완화시키길 원했다. 그는 일전에 다른 전문가에게 도움을 받은 적이 있으며, 그녀의 알레르기가 세상에 대한 두려움과 연관되어 있다는 것을 인지하고 있었다.

그녀는 어릴 때 굉장히 예민한 아이였고, 가난으로 인해 늘 가정 불화가 끊이질 않았다. 그녀는 크리스마스 때 브라질 호두 반쪽을 먹고 과민성 쇼크가 왔던 기억을 다루기로 했다. 이 사건은 그녀가 8살 때 알코올 중독자였던 삼촌 댁을 들렀을 때 일어난 일이다. 앰버는 당시 기억을 예전에 EFT로 다룬 적이 있지만 이번에는 매트릭스 리임프린팅을 시도해보고 싶었다.

기억 속의 앰버는 병원 응급실에서 알레르기 반응 치료를 받고 있었다. 그녀는 이 장면 속으로 들어가 그녀의 ECHO를 만났다. 그녀의 ECHO는 아직 질식에 대한 두려움이 있었고, 목에 조임을 느꼈다. 우리는 ECHO가 긴장을 풀 때까지 그녀의 증상을 두드렸다. 그다음 ECHO에게 무엇이 더 필요한지 물어보았다. 그녀는 병원이 추워서 있기 싫고, 집도 안전하지 않기 때문에 돌아가고 싶지 않다고 말했다. 그녀의 불행한 유년기를 고려했을 때 아주 놀라운 일은 아니지만, 새로운 장소를 가보겠냐고 묻자 뜻밖의 일이 일어났다.

그녀의 ECHO는 완전히 다른 어린 시절의 삶을 살고 싶다고 말하더니, 런던의 고급 연립주택에서 사는 장면을 만들어냈다. 그녀의 부모님은 부자였고, 훨씬 여유롭고, 행복하고, 인자하고, 너그러웠다. 집 안은 온통 붉은색과 금색 크리스마스 장식으로 가득했고, 풍족한 음식과 행복감과 풍요로움으로 꽉 차 있었다.

앰버는 이 새로운 장면이 무척 마음에 들어 그녀의 머릿속에서 일어나는 일을 세세하게 묘사하며 그녀의 ECHO와 그곳에서 15분 이상 함께 있었다. 어릴 때 간절히 바랐던 크리스마스가 그녀의 머릿속에서 모두 실현된 것이다. ECHO가 좋아하는 가족 구성원들만 초대되었고, ECHO도 앰버만큼 그 순간을 즐겼다. 앰버는 ECHO와 함께하는 내내 얼굴에 아름다운 미소를 짓고 있었다. 나는 그녀에게 원하는 만큼 시간을 주었고, 이것은 치료에 굉장히 유익했다.

우리는 ECHO를 앰버의 심장에서 함께 숨 쉬게 한 뒤 매트릭스로 내보냈다. 나는 앰버에게 원래 장면을 떠올릴 때 여전히 갈등을 느끼는지 물었다. 그녀는 더 이상 아무 갈등을 느끼지 않았고 편안하다고 했다. 실제로 브라질 호두 알레르기를 시험하는 것은 당연히 안 되지만, 일상에 전혀 불편함을 느끼지 않았기 때문에 그녀는 더 이상 알레르기의 스트레스를 받지 않았다. 그녀는 ECHO와 함께 새로운 영상 속에서 더 시간을 보내며 그곳에서 에너지를 더 흡수하길 원했다.

1주일 뒤 앰버는 다시 한 번 찾아왔고, 나는 그녀의 변화된 삶에 굉장히 놀랐다. 그녀는 매트릭스 리임프린팅을 한 뒤 1주일 만에 그녀의 내담자 수가 평소보다 두 배가 되었다고 했다. 이 문제에 대해 앞으로 좀 더 치유 작업이 필요했지만, 3개월째 계속 그녀의 알레르기 증상은 많이 완화되었고, 천식용 흡인제를 거의 사용하지 않을 수 있었다.

그녀는 여전히 많은 내담자가 찾아오고 있고, 이제 상담료를 올릴 계획이다. 그녀는 자신이 원하는 것을 끌어당길 수 있다는 믿음이 깊어졌고, 돈에 대해서도 훨씬 느긋하고 만족스럽게 느끼고 있다.

찰리와 새 학교

전문가 | 캐롤 크라우더

찰리는 사랑스럽고 감수성이 풍부하고 똑똑한 11살 남자아이다. 축구를 정말 좋아하고, 맨체스터 유나이티드의 열렬한 팬이며, 나는 개인적으로 찰리가 나이에 비해 영적으로 성숙하다고 생각한다.

찰리의 어머니는 초등학교 2학기 마지막 주에 찰리와의 세션을 부탁했다. 찰리는 열한 개가 넘는 시험을 마쳤고, 9월에 중학교 입학이 임박해 있었다. 찰리는 곧 새 학교를 같이 다니게 될 두 명의 동네 형들과 있었던 불편한 일 때문에 걱정이 많았다. 첫 번째 세션에서는 EFT 영화관 기법을 통해 기억 속의 불안함과, 새 학교에 갈 때 버스를 오래 타야 하는 것에 대한 불안함을 함께 두드렸다.

찰리는 이후에 내가 진행하는 EFT 워크숍에 참석했고, 참석자들을 위해 자기가 그린 EFT 타점 포스터를 보여주었다. 그는 EFT의 전 과정을 금방 배웠고, 자신 있게 EFT를 사용했다.

찰리가 중학교에 입학하기 며칠 전 두 번째 세션을 가졌다. 그는 중학교 첫날이 무척이나 걱정됐던 모양이다. 찰리가 EFT를 자유자재로 썼기 때문에, 이번에는 매트릭스 리임프린팅을 시도해보기로 했다. 매트릭스 리임프린팅을 통해 얻은 결과는 놀라웠고, 이 부분은 찰리의 말을 직접 옮겨 적었다.

나는 중학교 입학 첫날이 많이 걱정됐다. 캐롤은 두려움을 극복하는 방법을 알려주었고, 학교에 가는 것이 걱정됐던 기억을 떠올려보라고 했다. 캐롤이 나를 두드리는 동안, 나는 초등학교 입학 첫날을 기억했다. 나는 학교에 가고 싶지 않았다. 캐롤은 아빠의 자동차 뒷좌석에 앉아 있는 7살 찰리가 있는 장면으로 들어가 학교에 가는 것에 대해 느끼는 두려움을 두드리도록 했다.

캐롤은 내가 아빠와 함께 놀이터에 서 있는 장면을 떠올릴 수 있도록 도와주었다. 나는 학교 놀이터에 서 있는 7살 내 모습을 볼 수 있었다. 아빠는 담임 선생님에게 내가 겁을 많이 먹었다고 설명하고 있었다. 나는 아빠를 꼭 끌어안고 아빠 배에 얼굴을 파묻었다.

나는 ECHO가 나를 볼 수 있도록 두드렸다. ECHO가 돌아서서 나를 봤을 때, 나는 그에게 내가 누군지 소개했다. 나는 ECHO와 함께 학교 한 바퀴를 같이 돌았고, 놀이터로 돌아가 그의 새 친구들을 보여주었다. 그다음 내가 그를 돌봐줄 것이니 안심하라고 말했다. 7살 나는 굉장히 행복해 보였다. 그다음 나는 ECHO를 담임 선생님에게 데려가 인사를 시켰다. 아빠는 집에 돌아가고 없었지만, 그는 여전히 행복해 보였다.

그래서 이번에는 미래의 18살 나를 불러 새 중학교를 함께 둘러보고, 18살 내가 지금의 나를 돌봐주는 상상을 했다. 나중에 대학교에 입학할 때는 21살의 내가 도와줄 것이다!

심리치료사이자 EFT 전문가 | 레이첼 켄트

나는 가끔 내담자와 상담할 때 부모가 방에 있다고 생각하고, 부모와 '해결하지 못한 일'에 대해 지금 옆에 같이 있는 것처럼 표현할 수 있게 해준다. 그렇게 하고 나면 그 문제로부터 해방되거나 완전해진 느낌을 받을 수 있다. 한번은 내담자가 부모에 대한 감정을 표현하는 것을 굉장히 어려워했다. 왜냐하면 그는 부모에게 부정적인 감정을 표현하지 않음으로써 부모를 정서적으로 지지해주었기 때문이다. 이럴 경우 나는 내담자에게 어떻게 하면 부모님이 들을 준비가 되겠는지, 그리고 본인이 말할 준비가 되겠는지 물어본다. 다음은 위와 같은 경우에 매트릭스 리임프린팅을 통해 좋은 결과를 얻은 사례이다.

조시는 스스로 '실패작'이라는 생각이 들었기 때문에 EFT를 받으러 나를 찾아왔다. 그녀는 인생을 위한 멋진 계획이 있었지만, 무언가가 그녀를 멈추게 하고 있었다. 그리고 아직까지 그것이 무엇인지 확실하게 모르고 있었다. 처음 그녀와 대화했을 때 그녀는 직장에서 사람들이 그녀를 진지하게 받아들이지 않는다는 믿음이 있다는 것을 발견했다. 그녀는 이 믿음이 자기개발 워크숍을 독자적으로 진행하지 못하는 이유라고 생각했다.

나는 그녀에게 '진지하게 받아들여지지 않았던 경험'의 구체적인 기억을 떠올려보라고 했다. 그녀는 최근에 오래된 학교 친구를 만나 상담치료에서 받은 새로운 기법에 대해 수다를 떨고 있었다. 그 친구는 한쪽 눈썹을 치켜들고 '말도 안 돼'라는 듯한 표정을 그녀에게 지어 보였다. 그

표정을 본 조시는 곧바로 창피함을 느끼고 말하지 말았어야 한다는 생각에 어딘가로 숨고 싶은 심정이었다. 우리는 그녀가 느낀 수치심과 분노를 두드렸다.

두드리면서 나는 '진지하게 받아들여지지 않았던 경험' 중 조시에게 큰 영향을 미쳤던, 조금 더 과거의 사건을 살펴보는 것이 좋겠다는 생각이 들었다. 따라서 나는 이렇게 질문했다. "훨씬 더 어릴 적에 진지하게 받아들여지지 않았던 경험을 한 적이 있나요?" 조시는 바닥을 내려다보며 잠시 생각에 잠겼다. 그녀의 얼굴이 붉어지는 것을 보았다. "무엇이 기억납니까?"라고 물어보았지만 그녀는 숨이 흐트러지고 말을 꺼내기 어려워했다. 우리는 계속 두드리기를 했다.

조시는 7살 무렵 부모님, 오빠, 언니와 함께 부엌에 앉아 있었다. 내용은 기억할 수 없지만, 온 가족이 어떤 주제로 대화를 나누고 있었다. 그녀는 대화에 꼭 참여하고 싶었기 때문에 말할 차례가 오기를 기다리고 있었다. 하지만 모두 한꺼번에 얘기하고 있어서 좀처럼 대화에 끼어들 수가 없었고, 조시는 말을 하지 않으면 터지기 일보직전이었다. 마침내 조시가 말을 꺼냈지만, 너무 오랫동안 기다렸기 때문에 하고 싶었던 말이 제대로 나오지 않았다. 그 순간 조시는 만감이 교차했다. 첫째로, 말하고 있는데 아버지가 그녀를 보지 않고 있었다. 둘째로, 아버지가 인상을 쓰고 있었다(아버지가 인상을 쓰면 늘 뭔가가 잘못된 것만 같았다). 셋째로, 오빠와 언니가 눈빛을 교환하며 조소를 지었다. 조시는 비참하고 수치스러웠다. 그녀는 하고 싶었던 일을 망쳤고 아무도 그녀를 진지하게 받아주지 않았다.

나는 조시를 두드리면서 마음속에 7살 조시를 떠올리라고 했다. 그녀의 7살 ECHO가 그 방의 어디에 있고, 어떤 모습을 하고 있는지 물어보았다. 조시는 초록색 치마에 구두를 신고 있고 머리는 흑갈색이라고 했다. 그다음 조시는 7살 ECHO에게 그녀가 누구이며 무엇을 할 것인지 가르쳐줬다. 그녀의 ECHO는 이것에 동의했다. 조지는 그녀의 ECHO를 두드리기 시작했고, 상처받은 그녀의 마음이 잠시 격해졌다가 다시 수그러드는 것을 느꼈다. 나는 조시에게 그녀의 ECHO가 무엇을 원하는지 물어보게 했다. 그녀가 마음을 터놓고 얘기할 사람이 필요한지 물어보았다. 어린 조시는 아버지에게 그녀가 얼마나 상처받았는지 말하고 싶었다. 하지만 무언가 그녀를 멈추게 했다. 그녀는 아버지에게 방어적인 태도를 취했고, 그녀가 받은 상처와 분노를 표현하는 것이 부끄럽게 느껴졌고, 그것을 견딜 수가 없었다. 그렇다면 무엇을 하는 것이 좋을까?

그녀는 갑자기 아버지에게도 두드리기를 해주면 그녀가 하려는 말을 조금 더 편하게 들을 수 있을 거란 생각이 들었다. 따라서 어른 조시는 아버지를 두드리며 어린 조시가 하고 싶은 말을 진지하게 들어달라고 부탁했다. 어린 조시는 아버지가 부탁을 들어주는 것에 크게 안심했고, 그녀가 느꼈던 상처와 분노를 아버지에게 호소했다.

그녀는 이 과정이 굉장히 치유적이라고 느꼈고, 아버지는 식구들이 그녀가 막내이기 때문에 대수롭지 않게 여겼던 것을 미안해했다. 내가 그녀를 두드리는 동안 조시는 마음속에서 아버지와 대화를 나누었다.

조시가 마음의 안식을 찾았을 때 무엇을 바꾸고 싶은지 물어보았다. 그녀는 언니와 오빠에게 더 하고 싶은 말이 있는지 알아보겠다고 했다. 하지만 언니와 오빠는 그녀가 아버지와 한 대화를 들었기 때문에 조시를 존중하며 바라보고 있었다. 조시는 마침내 가족들이 자기를 진지하게 받아들인다고 느낄 수 있었다. 그녀는 안도의 눈물을 흘렸고, 이제 가족을 용서하고 싶다고 말했다.

새롭고 아름다운 장면이 만들어졌다. 조시는 온 가족과 함께 자주 간 해변 휴양지를 가기로 했다. 한 가지 다른 점이 있다면, 조시도 소중한 가족의 일원이라고 느꼈고, 굉장히 행복한 기억으로 남았다는 것이다.

새로운 장면을 매트릭스로 내보낸 뒤, 나는 조시에게 원래 기억을 떠올렸을 때 아직도 슬픔이 느껴지는지 물었다. 그녀는 이제 더 이상 상관없는 일이 됐기 때문에 기억하기 어렵다고 말했다. 이제 그녀는 아름다운 추억만 남아 기운이 넘쳤다.

몇 주 뒤 나는 조시에게 그녀가 하는 수업이 어떤지 물었다. 그녀는 굉장히 밝게 대답했다. 그녀는 자신감이 느껴지고 참석자들과 좋은 관계를 형성했고 모두 그녀를 진지하게 받아들인다고 했다.

이지와 유니콘

전문가 | 에마 서머즈

우리는 프랑스에서 캠핑 휴가를 보내고 있었고, 숲 근처에 텐트를 쳤다. 9살인 내 딸 이지는 이 지역에 야생 멧돼지가 나온다는 이야기를 듣고 밤 시간을 진짜로 걱정하기 시작했다. 며칠 지내는 동안 이지는 한밤중에 씩씩거리는 숨소리를 들었다며 겁에 질려서 다른 사람 침대로 올라와야 안심을 했다.

다음 날 저녁 취침 전 딸아이는 "혹멧돼지"라고 하면서 굉장히 불안해했다. 혹멧돼지는 성질이 아주 얌전해서 어른들이 옆에 있으면 안전하다고 아무리 안심을 시켜도, 안절부절못하면서 혼자 있기를 싫어했다. 나는 매트릭스 리임프린팅을 시도해보기로 했다. 실제로 이지는 전통적인 EFT를 좋아하긴 했지만, 매트릭스 리임프린팅이 이지의 생생한 상상력에 맞을 거라고 판단했다. 이지에게 눈을 감으라고 하고 두드리기를 시작했다. 딸에게 미래의 자기가 텐트에서 자고 있다고 상상해보라고 했고 어떤 느낌인지 물었다. 그 애는 혹멧돼지가 텐트로 쳐들어올 것 같아서 두렵다고 했다. 잠자는 이지를 보호해줄 수 있는 거라면 무엇이든지 그 영상 속으로 데려오라고 했다. 천사나 빛, 혹은 다른 동물(이지는 동물들을 특별히 좋아하는 것을 알고 있기 때문에) 같은 것들을. 이지는 말을 데려오고 싶다고 했고, 그 말이 무슨 색인지 물었더니 흰색이라고 했다.

나는 잠자는 이지 옆에 마법의 하얀 말이 서 있어서 혹멧돼지가 오더라도 안전하게 자신을 지켜주고 있다고 상상하게 했다. 잠자는 이지를 안전하게 지키기 위해 더 필요한 것이 있냐고 물었다. 이지는 그 말이 하얀 빛을 내서 자기를 감싸주고 있는데, 뿔이 한 개 달려 있다고 했다. 유니콘이냐고 물으니 그렇다고 했다. 유니콘에게 이름이 있는지 묻자 스타라이트Starlight(이지가 좋아하는 책에 등장하는 유니콘의 이름)라고 했다. 그래서 나는 잠자는 이지를 스타라이트가 마법의 하얀빛으로 감싸주고, 혹멧돼지를 무서워하는 그녀 바로 옆에서 밤새도록 지켜줄 거라고 상상하게 했다. 그제야 이지는 평온해졌고 상상하는 장면에 만족스러워했다. 나는 이지에게 그 장면을 머릿속으로, 심장 속으로 보내고 다시 우주로 내보내라고 했다. 이 과정 후에 이지는 행복해하며 굿나잇 키스를 하고 텐트를 떠났다. 다음 날 아침 나는 이런 일들을 거의 잊고 있었는데, 이지가 자발적으로 내게 이야기하기를 어제 한 것이 큰 효과가 있어서 흑메돼지에 대한 걱정이 사라져버렸다고 했다. 그날 아침 이지는 캠핑 와서 처음으로 숲 속으로 나가 탐험을 즐겼다. 그 이후로는 캠핑 기간 내내 흑멧돼지에 대한 걱정을 완전히 잊었다.

캐롤과 어머니의 사랑

전문가 | 클레어 헤이스

캐롤은 총명하고 의식이 깨어 있는 중년의 여성이었다. 그녀는 개인 상담소를 개업하느라 한창 바빴다. 그녀는 상담사였고 스스로 자기치유 작업을 많이 했지만, 추가로 도움이 필요할 때 EFT를 찾았다. 그녀는 나와 두 번의 EFT 세션을 했는데, 각자 다른 이유로 찾아왔으나 핵심 기억은 항상 같았다. 첫 번째 세션에서는 영화관 기법을 사용했고, 두 번째 세션에서는 매트릭스 리임프린팅도 함께 사용했다. 두 번의 세션 모두 성공적이었으나 몇 가지 차이점은 특별히 주목할 만한 가치가 있다.

캐롤의 첫 번째 세션은 긴급 EFT 상담이었다. 그녀가 자신의 일을 공개 석상에서 처음 발표하던 날 아침 그녀는 갑자기 발표에 대한 두려움이 생겼다. 그녀는 숙련된 발표자이자 워크숍 리더였기 때문에, 평소와 다르다는 것을 느꼈다. 그녀에게 저녁 때 사람들 앞에서 발표할 것을 상상하면 어떤 기분이 느껴지는지 물어보자 그녀는 울면서 대답했다. "제가 보이지 않아요. 제가 그곳에 없어요." 그녀가 과거에 비슷한 기분을 느낀 적이 있는지 물어보자, 그녀는 곧바로 유년기의 한 사건을 떠올렸다.

캐롤은 형제 중에 맏이였고, 기억 속의 그녀는 5~6살 정도였으며, 부엌에 서 있었다. 그녀는 어머니의 뒷모습을 보고 있었고, 어머니에게 무언가 물었지만 어머니는 부엌일이 바빠서 대답하지 않았다. 캐롤은 분해서 엄마는 항상 시간이 없다고 소리쳤다. 그러자 어머니는 아무리 바빠도 캐롤을 사랑하며 그녀는 굉장히 특별한 딸이라고 대답했다. 이 얘기를 들은 것은 긍정적인 기억이라고 말할 수도 있겠지만, 캐롤은 그렇지 않았다. "저는 어머니를 믿지 않았어요"라고 그녀는 말했다.

처음에는 EFT 영화관 기법을 사용했다. '나는 존재감이 없어'와 '가족 안에서 내가 설 자리는 없어'라는 감정을 두드렸다. 그다음 우리는 그녀의 핵심 신념을 한 가지 찾았다. '나는 숨 쉴 가치가 없어. 나는 이 세상에 존재하면 안 돼.' 캐롤은 이것을 듣자 저녁에 사람들 앞에 서 있는 자기 모습이 왜 보이지 않았는지 알 것 같다며 웃음을 터뜨렸다.

우리는 숨 쉬거나 존재할 가치가 없다는 생각의 고통 지수가 10에서 0이 될 때까지 계속 두드렸다. 그녀는 어머니가 그 상황에서 더 좋은 말을 할 수는 없었을 거라고 말했다. 그리고 이제 사람들 앞에서 발표하는 자기 모습이 보이며, 사람들이 경청하는 것을 상상할 수 있다고 했다. 실제로 그날 저녁 그녀는 굉장히 자신감 넘치는 발표를 했기 때문에 새로 그녀를 찾아오는 내담자 수가 늘어났다.

몇 개월 뒤 캐롤은 일에 압도되는 느낌 때문에 다시 나를 찾아왔다. 그녀는 새로운 프로그램을 시작하는 일 때문에 또다시 대중 앞에 나가야 했다. 그녀는 고통 지수 10의 스트레스를 느끼고 있었다. 그녀는 '성공에 대한 두려움'과 '실패에 대한 두려움'을 동시에 느끼고 있었다. '성공에 대한 두려움'은 '반드시 성공해야 한다'는 믿음에서 기인했고, '실패에 대한 두려움'은 '나는 실수투성이다'라는 믿음에서 기인했다. 우리는 먼저 감정의 갈등을 해소하기 위해 두드리기를 했다.

나는 그 감정과 관련하여 떠오르는 기억이 있냐고 물었다. 그녀는 또다시 부엌에서의 일을 떠올렸다. 그녀는 이미 해결했다고 생각한 기억이 다시 떠올라서 놀란 눈치였다. 나는 그 기억에 아직까지 ECHO가 남아 있기 때문에, 이번에는 매트릭스 리임프린팅을 사용해서 살펴보기로 했다. 그녀는 새로운 기법에 호기심을 느꼈고 다시 한 번 그때의 기억 속으로 들어갔다.

캐롤이 ECHO에게 자기 소개를 한 다음, ECHO를 도와주기 위해 왔다고 전하게 했다. ECHO는 어른이 된 캐롤을 반갑게 맞았고, 둘이서 ECHO가 안전하다고 느끼는 침실로 들어갔다. ECHO는 어른 캐롤의 무릎에 앉아, 그녀에게서 '마법의 점들'을 두드리는 방법을 배웠다. 그녀는 캐롤의 무릎에 앉아 있는 것이 좋았지만, 엄마를 찾으러 금방 사라졌다. 그녀의 ECHO는 엄마에게 '마법의 점들'을 알려주고 엄마와 함께 침실로 돌아왔다. 이번에 ECHO는 엄마의 무릎에 앉았고, 엄마는 ECHO가 정말 알아들 수 있게 사랑한다고 표현했다. 엄마는 ECHO를 오랫동안 안아주었고, 같이 창문 밖의 풍경을 바라보며 ECHO는 서로 연결되어 있는 느낌을 받았고, 아무런 압박 없이 사랑을 느낄 수 있었다.

캐롤이 한동안 안정을 취하고 났을 때 더 이상 ECHO가 원하거나 필요한 것이 없는지 확인하고, 다시 현재로 돌아왔다.

캐롤은 어머니와의 아름답고 새로운 관계에 놀라움을 금치 못했다. 이것은 어머니에 대한 '불신'을 완전히 치유한 것이다. 이전에 캐롤은 자기 어머니가 자기를 사랑하고 최선을 다했다는 것을 100퍼센트 이해하고 있다고 믿었었다. 그런데 이번에는 진심으로 그것을 느꼈다. 말할 필요도 없지만, '반드시 성공해야 한다' 그리고 '나는 실수투성이다'라는 생각도 사라졌다. 어머니의 사랑을 온전히 느꼈기 때문에 더 이상 그런 부정적 믿음이 작동하지 않게 된 것이다. 캐롤은 새롭게 생겨난 긍정적인 에너지를 가지고 직장으로 돌아갔다.

두 세션 모두 효과적이었으며 그녀에게 유익했다. 캐롤은 매트릭스 리임프린팅이 그녀의 깊은 상처를 치유했다고 느꼈다. 이 세션의 효과는 더욱 진전되어 어머니와의 관계도 좋아지게 되었다.

존과 천식

존 불로우가 스스로 매트릭스 리임프린팅을 시도한 사례

작년 여름 나는 EFT만으로 건초열 증상과 천식을 치료하기 위해 주기적으로 사용한 흡입용 스테로이드와 항히스타민제, 그리고 경구용 천식

치료제를 완전히 중단했다. 초기에 두드리기를 통해 증상이 완화되는 것을 보았지만, 꽃가루에 노출되면 증상이 재발했다. 고양이, 집 먼지 진드기, 연기와 향수 알레르기는 EFT로 좀처럼 해결되지 않았고, 6개월 이상 약을 먹지 않자 증상이 악화됐다. 그러나 나는 계속 견뎌내기로 마음먹었고, 알레르기를 일으킨 핵심 신념을 찾아낼 수 있을 것이라고 확신했다. 저번 주 어느 날 새벽 5시에 나는 전날 정원을 가꾸고 난 뒤 시작된, 코가 막히고 숨이 차는 증상 때문에 잠이 깼다. 증상을 몇 차례 두드리고 난 다음, 'S-L-O-W EFT'(각 경혈을 1~2분간 눈을 감고 지속적으로 두드리는 것)를 하면서 증상과 관련된 과거 사건과 감정을 떠올렸다. 놀랍게도 아버지와 새어머니가 싸우고 있고 당시 5살이었던 내가 아무것도 하지 못한 채 우두커니 서 있던 기억이 흐릿하게 떠올랐다.

나는 EFT 영화관 기법을 사용하기 위해 구체적인 사건을 떠올렸지만, 아무것도 생각나지 않았다. 아버지와 새어머니가 자주 싸우셨기 때문에, 유년기부터 청소년기까지의 나는 화가 난 부모님의 모습, 고함 소리, 화난 몸짓, 쾅 닫힌 문, 그리고 그때마다 언제 맞을지 모른다는 두려움이 뒤섞인 만화경을 보며 사는 것 같았다. 내가 어릴 때 터득한 대처 방법은 나를 그 상황에서 분리시키고 그곳에서 사라져 그곳에 존재하지 않는 것이었다. 그래서인지 내 유년기 시절의 추억은 희미했다. 따라서 구체적인 사건이 떠오르질 않았기 때문에, 나는 굉장히 짧은(2분짜리) 시나리오를 지어내고, '무서운 엄마 아빠'라는 영화 제목을 붙였다.

영화 속의 나는 5살이었고, 아버지가 새어머니와 같이 살게 될 무렵이었다. 친어머니가 내가 생후 10개월 아기였을 때 (영원히 회복되지 않은) 폐

결핵으로 요양원으로 가셨기 때문에 새어머니와 살기 전까지 나는 할머니와 같이 생활했다. 매트릭스 리임프린팅을 사용하기에 가장 적합해 보이는 순간이었기 때문에, 나는 61살의 내가 5살 아이를 두드리면서 어떤 감정을 느꼈는지 물어보았다. 고통 지수를 매기지는 않았지만 5살의 나는 굉장히 겁에 질려 있었다. 나는 새어머니의 이탈리아인 특유의 불 같은 성격 때문에 그런 것일 거라 가정하고, 영화 제목을 몇 차례 두드렸다.

갑자기 숨이 조여오기 시작했다. 천식 발작이 오고 있었던 것이다. 나는 5살 아이의 두려움을 완전히 느낄 수 있었고, 두드리기 시작하면서 올라온 천식을 무사히 극복할 수 있을까 걱정했다. 새어머니의 두려움에 대해 두드릴수록 점점 더 숨이 죄어왔다. 생각해보면 그때가 내가 경험해본 가장 무서운 천식 발작이었다. 다행히도 상담사로서의 경험 덕분에, 증상의 악화는 호전 반응의 일종이며 문제에 적중했다는 의미이고 꾸준히 두드리기를 지속하는 것이 중요하다는 걸 알고 있었던 터라 고통을 참고 계속 두드렸다. 고집 센 늙은 노인인 내가 5살 ECHO에게 무엇이 두려운지 물을 만큼 정신이 돌아왔을 때, 그는 곧바로 "아빠가 고함치는 것이 무서워요. 아빠가 저를 때릴 것 같아요"라고 대답했다. 이 두려움에 관해 두드리자, 천식 증상이 갑자기 사라져버렸다! 이런 종류의 천식 발작은 아무리 강한 약을 쓴다 해도 증상이 그렇게 빨리 완화될 수는 없다.

아버지가 고함치는 것이 중요 원인이었다는 것이 도무지 이해되지 않지만, 이제는 분명하다고 받아들일 수밖에 없다. 5살의 나를 두드리면서 '나 자신을 온전히 받아들이고 사랑합니다'라고 하거나 '나는 좋은 아이야'라고 하는 것이 편하지 않았고, '할머니가 나를 사랑하셔'가 훨씬 더 마음에 와 닿는다는 것을 깨달았다. 나중에는 애정을 담아 "할머니랑 존이 나를 사랑해"라고 말했다.

두드리기를 하면서, ECHO가 새어머니를 정말 사랑한다는 것을 발견했다. 새어머니는 굉장히 모성애가 강하고, 여성스럽고, 따뜻한 사랑을 주는 분이었으며, 아버지에게 내가 매 맞지 않도록 보호해주었다. ECHO로부터 직접 듣고 나니, 그때의 감정을 완전히 이해할 수 있었다. 하지만 그것이 단순히 말로써가 아니라 감정으로 와 닿아 깜짝 놀랐다.

부모님 한 분 한 분에 대해 내가 느꼈던 감정을 두드렸고, 5살의 나는 아버지의 분노와 좌절의 모습 뒤에 가족에 대한 깊은 사랑이 가려져 있었다는 것을 깨닫게 되어 정말 기뻤다. 그리고 아버지의 분노는 첫 부인이 결핵으로 불과 1년 전에 세상을 떠난 것에 대한 슬픔 때문이었던 것 같았다. 61살 나와 5살 나는 침대 머리맡에 두는 강아지 인형을 함께 꼭 끌어안고 강아지의 코에 입맞춤을 하고 서로에게 사랑이 흐르는 것을 느끼며 두드리기를 마쳤다.

내가 상담해온 내담자들이 해방감을 느끼는 것을 많이 보아왔지만, 내가 직접 느껴보기는 처음이었다. 내 마음이 굉장히 자유로워지는 것을 느꼈다. 가장 고무적인 것은 지금 5살 때의 추억을 다시 떠올리면 이전과 아주 다르게 느껴지고 매우 긍정적이라는 것이다.

1년 뒤 존은 다음의 내용을 추가했다.

나는 꾸준히 EFT로 천식을 다루었고, 꽃가루와 집 먼지 진드기 알레르기가 10개월 이상 나타나지 않고 있다. 아직 몇 가지 알레르기 유발 항원들이 남아 있지만, 매트릭스 리임프린팅과 다른 EFT 관련 기법들을 꾸준히 실천하면 내가 천식을 완전히 극복할 수 있게 도와줄 거라는 것에 큰 희망을 갖게 되었다.

다음 사례는 9·11 테러에 대해 굉장히 생생하게 묘사했다는 점을 유념해주기 바란다. 많이 예민하거나 쉽게 동요한다면 읽지 않을 것을 권한다.

클레어와 쌍둥이 빌딩

전문가 | 수지 셸머딘

클레어는 9·11 테러 쌍둥이 빌딩 생존자로 우울증을 진단받았고, 도움을 받기 위해 나에게 연락했다. 그녀는 다른 심리치료 상담 예약이 있었지만 그날 보고 들었던 것을 다시 떠올리고 싶지 않아서 상담 받으러 가는 것을 계속 미루고 있던 터였다. 그녀의 친구는 그 전에 먼저 매트릭스 리임프린팅을 해보는 것이 어떻겠냐고 권유했다.

클레어는 잠을 못 자고 있고, 밖에 나가지도 않고, 인생이 무너지는 것만 같다고 말했다. 그녀는 눈을 감을 때마다 보이는 한 장면이 자신을 계속 괴롭힌다고 말했다.

그녀는 쌍둥이 빌딩에서 막 도망쳐 나왔고, 정확히 무슨 일이 일어났는지 몰랐으며, 쇼크 상태에 있었다. 그녀는 나에게 꼭 이 장면 속으로 들어가야 하는지 물어봤고, 나는 준비가 되면 들어가도 좋다고 했다. 그러더니 그녀는 나에게 오즈의 마법사의 도로시처럼 빨간 구두를 신고, 뒷굽을 두드리면 그곳에서 빠져나올 수 있냐고 물었다. 클레어가 안심할 수 있도록 먼저 장면에 들어갔다 나오는 연습을 해보기로 했다. 연습을 성공적으로 마치고, 다음번 장면 속으로 들어갔을 때 클레어는 자신의 ECHO를 마주할 수 있었다. 나는 그녀에게 그녀가 현재 가지고 있는 모든 지식으로 ECHO를 도와줄 수 있다는 것을 상기시켜주었다.

클레어는 자기소개를 마치자마자 그녀의 ECHO를 두드리기 시작했다. 그녀의 ECHO는 굉장히 혼란스럽고 제정신이 아니었다. 하지만 안전한 곳으로 가보지 않겠냐는 제안을 거절하고 남으려고 했다. 우리가 도와주는 동안 장면이 정지되는 것은 괜찮지만, 그곳에 머물러 있기를 원한다고 했다. 그녀는 계속 이 말을 반복했다. "모든 게 잘못됐어. 잘못돼도 한참 잘못됐어." 클레어는 그녀의 ECHO가 진정할 때까지 계속 두드렸다. 그런 다음 클레어는 ECHO에게 그날 무슨 일이 있었는지 설명했다. 그녀에게 테러 공격으로 쌍둥이 빌딩이 무너졌다는 것을 알려주었다. ECHO는 그녀를 믿지 않았고, 클레어는 계속 그녀의 두려움과 쇼크를 두드렸다. 클레어는 다음 날 신문 기사를 가져와 테러 공격의 증거를 ECHO에게 보여주었다. 클레어는 이 과정 내내 ECHO를 두드렸다.

이 시점에 영상은 아직 정지되어 있었다. 작동을 시키려면 클레어와 ECHO의 두려움에 두드리기를 해야 했다. 클레어와 ECHO는 두 손을 마주 잡고 견뎌낼 수 있다고 서로를 다독였다. 나는 그들에게 언제든지 장면을 정지해도 좋다고 상기시켰다. 클레어가 장면을 풀자 ECHO의 감정이 많이 흔들렸다. 그녀는 구두 뒷굽을 두드려 그 장면에서 빠져나왔다. 사람들이 살기 위해 쌍둥이 빌딩에서 뛰어내릴 때 묵직하게 나는 '퍽' 소리가 그녀를 미치게 했다. 이 소리가 클레어를 항상 괴롭혀왔던 것이다. 그녀는 다시 ECHO와 함께 장면 속으로 돌아가 그 소리가 불러일으키는 감정을 두드렸다. 클레어는 두드리면서, 사람들이 뛰어내리기 때문에 구조대가 빌딩 안으로 들어가지 못하게 됐다고 말했다. 그러다가 갑자기 그녀는 이렇게 말했다. "오 세상에, 천사들이었어요. 사람들이 빌딩으로 들어가지 못하게 막은 거예요. 천사들이 자신을 희생해서 사람들을 구했어요." 그녀는 천사들에게 감사를 표했다. 그다음 구두 굽을 두드려 ECHO와 함께 그곳을 빠져나왔다. 그녀는 상황을 돌아볼 시간이 필요했다.

잠시 휴식을 취한 뒤, 클레어와 그녀의 ECHO는 장면 속으로 돌아갔다. 그녀는 천사들이 사방에 보인다고 말했다. 비록 그날이 인생 최악의 날이었지만, 이제까지 한 번도 본 적이 없었던 빛을 보게 되었다고 했다. 이제 그날 얼마나 용감한 사람들이 많았는지 알게 되었다. 다른 사람들이 하는 얘기는 많이 들어보았지만, 그녀가 알아차린 것은 이번이 처음이었다. 그녀의 ECHO는 새로운 장소에 가기보다 천사와 함께한 새로운 장면, 사람들의 용기와 빛을 상징하는 이 장면의 일원이 되기를 선택했다.

세션 이후 클레어는 완전히 기력이 빠져 있었다. 며칠 뒤 클레어와 대화했을 때, 그녀는 첫날 밤엔 꿈을 굉장히 많이 꾸었지만 그다음 이틀간은 잠을 푹 잘 수 있었다고 했다. 그녀는 매일매일이 활기차고 이제야 자기 자신을 되찾은 것 같다고 말했다. 클레어는 테러가 있던 날 분노를 느꼈던 몇 가지 사건에 대해 또 한 번의 세션을 가졌다. 그녀는 의사의 동의 하에 더 이상 항우울제를 복용하지 않고 있다. 그녀는 자신의 인생을 즐기고 가족과 함께하는 데 더 시간을 쓰기로 결정했다.

승리에 대한 조의 두려움

전문가 | 수지 셸머딘

조는 프로골프 선수이고, EFT를 통해 그의 점수를 향상시키고 싶어 했다. 그는 이전에 스포츠 심리학자와 인지치료 전문가의 도움을 받아 어느 정도 성과가 있었지만, EFT가 그의 실력을 향상시킬 것이라는 점에 대해 드러나게 회의적이었다.

상담 초기 때 그는 자신의 코치를 굉장히 존경하며, 그가 존경하는 다른 골프 선수들과 함께 경기를 한다는 것에 큰 프라이드를 느낀다는 것을 발견했다. 그의 말투에서 그는 자기 실력이 절대 다른 선수들을 추월할 수 없다는 믿음이 느껴졌다. 나는 그에게 다른 실력 있는 선수들을 이겼을 때 어떤 기분일 것 같은지 물었다. 그는 머뭇거리며 끝내줄 것 같다고 대답했다. 조는 자신이 항상 평균 수준의 선수라고 생각했다. 실력이 나쁘지도 않지만 특별하지도 않다고 생각했다.

조는 다른 스타 골프 선수가 자기 게임에 대해 칭찬을 한 적이 있었는데 그것이 순수한 마음에서 우러나온 것이 아니라 인사치레라고 생각했다. 그는 그때의 일을 특히 생생하게 기억하고 있었기 때문에, 나는 그때의 기억 속 장면을 정지시키고 장면 속 조를 두드리도록 했다.

그 장면 속에서 조는 조용하고, 내성적이고, 자신감이 없어 보였다. 조는 어린 조에게 자기소개를 한 다음 그가 왜 왔는지 설명해주었다. 어린 조를 두드리면서, 그는 잠재력을 충분히 발휘하지 못한다는 것에 대한 두려움이 있다는 것을 알게 되었다. 그리고 이기지 않으면 사람들 앞에서 우승 소감을 발표할 필요가 없다는 이득이 있었다.

그곳에서 우리는 세 가지 관련 기억을 찾을 수 있었다. 첫 번째는 조가 우승 소감을 망친 기억, 두 번째는 시상식에서 발표를 망친 기억, 그리고 세 번째는 학교 발표를 제대로 하지 못한 기억이었다. 조는 이 기억을 모두 행복하고 긍정적인 장면으로 바꾸었다. 나는 조에게 다음 세션까지 집에서 매트릭스 리임프린팅을 해보라는 숙제를 내주었다. 조는 세션을 한 날로부터 2주 뒤에 두 개의 경기가 있었다. 그는 첫 번째 경기에서 3위를 했고 결과에 만족했지만, 우승도 노릴 수 있다고 생각했다. 그는 발표에 대한 두려움을 두드리면서 우승 소감을 미리 쓰고 연습했다. 우리는 매트릭스 미래의 자기 리임프린팅 지침을 사용하여, 대중이 그에게 박수치고 경쟁 선수들이 우승을 축하해주는 장면을 그렸다.

두 번째 경기에서 그는 우승을 거머쥐었다. 그의 선수 인생 최고의 경기였다. 우승 소감 발표도 잘했고, 이후의 경기에서도 좋은 성과를 냈다.

이 사례를 쓰고 있었을 때, 조는 1년 경기 중 3분의 1을 마친 시점이었고, 그가 정한 목표치를 이미 넘어선 상태였다.

매트릭스 리임프린팅과
세계 변화

이 책에서 우리는 과거와 미래를 다시 쓸 수 있는 매트릭스 리임프린팅을 소개했다. 우리는 통합 에너지장으로 연결되어 있으며, 트라우마를 겪을 때 우리 의식의 일부가 장 또는 매트릭스에 에너지 의식 홀로그램으로 남게 된다는 것을 보여주었다. 그리고 ECHO가 어떻게 우리 신념과 삶, 나아가 건강과 행복의 모든 단계에 영향을 주는지 보여주었다. 또한 당신의 몸과 마음의 건강을 변화시킬 수 있는 특별한 기법과 지침을 소개했다.

매트릭스 리임프린팅의 효과는 단지 자기 건강과 행복을 바꾸는 데 그치지 않는다. 긍정적인 기억은 부정적인 기억보다 훨씬 강력하다. 우리 모두가 매트릭스로 연결되어 있다는 것을 고려했을 때, 우리는 기억의 일부를 긍정적으로 바꾸는 것만으로도 전체에 영향을 미칠 수 있다.

여러 매트릭스 전문가들이 대리 매트릭스 리임프린팅을 하고 있다. 에너지 기법을 다른 사람을 위해 대신 사용하는 것은 새로운 것이 아니다. 매트릭스 리임프린팅 역시 향후에는 친구, 가족, 동물 또는 재난 피해자가 트라우마를 해소할 수 있도록 도와주는 대리 두드리기를 하게 될 수 있다.

　이 글을 한 편의 시로 마무리하도록 하겠다. 이 시는 칼의 매트릭스 리임프린팅의 제자인 헤이즐 트뤼도Hazel Trudeau가 매트릭스 리임프린팅의 비전을 나누기 위해 쓴 것이다. 그녀의 시는 우리가 말로 다 표현하지 못하는 것을 담아냈다.

매트릭스

지혜로운 자들이 '장'에 대해 알려주었네 – 내가 탐구할 수 있는 내면 세계.

하여 나는 의식을 넘어 더 많은 것을 알아보았지.

가까운 과거와 먼 과거의 저장고,

넓고 광활한 깊은 지하의 다채로운 도서관.

각자 이야기가 있는 화려한 액션 영화,

모든 가능한 시나리오와 드라마, 연극과 테마.

어떤 것은 순수하고 아름다워서 숨이 멎을 것만 같았네.

그곳은 내가 죽는 날 가게 될 신성한 장소.

어떤 것은 내 감각을 먹먹하게 하고 아픈 가슴을 둘로 쪼갰지;

어린아이들이 갇히고 무시당하고 외롭고 소외됐네.

겁에 질려 필사적인 ECHO – 과거의 작은 존재들,

너무 오래전에 만들어져 지금은 무쇠 틀에 갇혀버렸네.

내가 견딜 수 없을 때 트라우마를 통해 저장된,

드라마, 공포, 질병과 고통스러운 갈등이 난무하는 전쟁터.

그것을 마주해야 한다는 것을 알고 있었지만, 너무 오랫동안 애써 외면하다

몸에 이상이 오고 삶이 뜻대로 되지 않았다네.

마주하기 두려웠지만 나는 감히 자유로워지길 선택했지.

ECHO 너머에 건강의 바다가 있다는 것을 느꼈기 때문에.

하여 한 발 한 발 힘들게 내디뎌가며 분리된 자아를

통합하기 위해 애썼네: 체계적으로 나의 매트릭스 상태를 바꾸었지.

마음속 도구와 빛으로 무장하고, 작은 존재들이 각자 행복의 길을

찾을 수 있도록 도와주었네… 나는 내 몸이 자유로워지는 것을 느꼈지!

내 기운의 장 속에 갇힌 에너지 주머니가

움직이더니, 놓아주고, 해소되어 사랑으로 대체되었네.

아픈 이야기를 다시 살리고, 풀어주고, 함께 작업하며,

한 ECHO에서 한 ECHO로 서로 도우며 자취를 따라갔네.

연결 고리마다 아픔이 치유되었고, 나의 ECHO는 새로운 선택을 할 수 있었네.

그들의 목소리에서 새로운 희망을 듣고 느끼는 것은 얼마나 행복한 일이던가.

모두 해결되기까지 시간이 걸렸네. 신성께서 나를, 더 이상 숨을 필요 없이,

다른 날로 가는 길로 인도하심을 느꼈네.

강력한 치유자 사랑은 속세의 고통을 녹여버렸고,

완벽한 흐름이 나에게 많은 이익을 가져다주었네.

내 영혼은 이 마법으로 내가 구하는 것을 끌어당겼고,

신성함으로 활기를 띠고, 나는 온종일 평화 속에 있었네.

자연의 섭리가 흘러들어와 내 모든 세포가 노래 부르고,

내 심장은 모든 사물과 하나가 되어 조화롭게 뛰고 있네.

감사가 진심으로 우러나와 스스로 정돈됨을 느끼네.

그러나 그 무엇보다 가치 있는 것은 마침내 내가 완전해진 것을 느낀다
는 것이지!

마지막으로, 스스로 변화하기 위해서는 이 책에서 소개한 기법을 실
제로 연습해야 한다는 것을 당부하고 싶다. 아는 것만으로는 ECHO가
가진 트라우마를 바꿀 수 없다. 그러나 기법을 규칙적으로 사용하면 여
러 단계에서 변화를 가져오게 될 것이다.

당신 앞에 펼쳐지는 매트릭스 리임프린팅의 여정에 평화를 기원한다.

옮긴이 치유 사례

지영 씨의 망고 알레르기

　호주 유학 중인 27세의 대학원생 김지영(가명) 씨는 방학 중 귀국해 있을 때 만났다. 최근 1년간 학교 주치의에게 우울증으로 상담 받고 우울증 약을 복용하며 한 학기 휴학 중이었다. 우울증 자체는 프로작 복용으로 많이 호전된 상태였다. 다루어야 할 여러 가지 이슈가 있을 것으로 짐작되었지만, 우선 가벼운 감정 문제를 EFT로 다루면서 관계를 형성하고 두드리기 기법에 익숙하게 하는 것이 좋겠다고 판단되었다. 최근에 다루고 싶었던 문제가 있는지 물어보자 오랜 만에 이모 집에 갔다가 망고를 대접받은 일을 이야기했다. 그녀는 망고 알레르기가 있어서 거절하느라고 무척 난처했다고 했다. 사실 다니고 있는 학교 등굣길에 망고나무 가로수가 있어서 꽃이 피는 계절에는 나무 밑을 지나기만 해도 피부에 가려운 반점이 생겨 항히스타민제를 가지고 다녀야 한다는 것이었다. 신체적인 증상 중 알레르기야말로 정서적인 스트레스나 트라우마와 상당히 관련이 크기 때문에 우선 매트릭스 리임프린팅을 시도해보았다.

그녀에게 눈을 감고 망고 꽃이 활짝 핀 가로수 길을 걷고 있다고 상상해보라고 하자, 목 안이 조이고 구역질이 날 것 같은 느낌이라고 했다. 이런 느낌을 떠오르게 하는 아주 어렸을 때의 기억을 떠올려보라고 했더니 5살 때였다고 했다. 그 기억의 동영상 장면으로 지금의 지영 씨가 들어가보라고 했다. 말하는 것이 괜찮으면, 어떤 장면이고 5살 지영이는 어떤 모습인지 설명해달라고 했다.

"핫팬츠에 끈으로 묶은 민소매 옷을 입고 있고 점심을 잔뜩 먹고 배부른 상태에서 식탁 앞에 앉아 있어요. 엄마가 망고를 한 바구니 가져와서 큰 접시에 수북하게 망고를 깎아서 잘라놓더니 포크로 찍어서 먹으라고 해요. 그런데 으악, 나는 엄마 모습만 상상해도 싫어요! 끔찍해요!"

그녀는 울기 시작했다. 갑작스런 감정 고조에 얼른 눈을 뜨고 그 장면에서 나오게 했다. 어머니에 대한 지금의 감정을 구체적으로 표현해보라고 하자, 새까만 가시 다발로 가슴을 쑤시는 것 같고 분노를 느낀다고 했다. 고통 지수는 10점이라고 했다. 트라우마 장면에 동화되어 너무 고통스러워했기 때문에 일단 어느 정도 냉정을 찾을 수 있도록 EFT 두드리기를 시작했다. 정수리에서 손날까지 차례로 두드리기를 세 번 돌았을 때 반 정도는 누그러졌고, 다시 기억의 장면으로 들어갔다.

어린 지영이는 망고가 목으로 넘어가는 미끄덩한 느낌이 너무 싫어서 망고를 안 좋아했다. 엄마는 이 맛있는 망고를 왜 먹지 않느냐고 혼내기 일쑤였는데, 그날은 최악이었다. 방금 전 잔뜩 점심을 먹고 난 후인데, 큰 접시 가득 담긴 망고 조각 중 하나를 포크로 찍어 지영이 입에 들이댄 것이다. "이거 다 안 먹으면 맞을 줄 알아!" 지영이는 눈물을 흘리며 억지로 몇 조각을 숨도 쉬지 않고 꾸역꾸역 넘기다가 결국 한꺼번에 토해냈고, 그날 저녁 내내 설사를 하며 배앓이를 했다.

기억의 장면 중 가장 극적인 부분에서 멈추라고 하자 엄마가 망고를 억지로 입에 넣어주는 장면에서 멈추었다. 그 장면 속으로 지금의 지영 씨가 들어가 5살 지영이에게 자신을 소개하고 지영이를 안심시킨 뒤 이 상황에서 지영이의 기분이 나아지려면 어떻게 도와줘야 할지를 물어보라고 했다. "5살 지영이가 뭐라고 해요?" "지영이는 망고가 목으로 넘어가는 게 정말 싫은데 안 먹으면 맞을까 봐 무섭다고 해요. 무서운 엄마를 보면 숨이 막힌대요." 어린 지영이에게 두드리기를 해도 좋은지 물어보라고 하니 허락했다고 했다. 나는 그녀의 손을 잡고 손가락 끝을 가볍게 두드리면서, 아이가 충분히 안정하도록 기억 속 지영이에게 두드리기를 해주라고 했다. "망고를 정말 먹기 싫은데 안 먹으면 엄마에게 맞을까 봐 무섭지만 너는 괜찮은 아이란다"라는 확언을 하고 '망고를 먹기 싫어'와 '엄마에게 맞을까 봐 무서워'를 요약어로 EFT를 하였다. 그녀는 어린 지영이가 원하는 대로 엄마를 가로막고 서서 지영이를 감싼 채 두드리기를 하며 계속 "너를 지켜줄 거야" 하고 안심시켰다.

이제 지영이가 무엇을 더 하고 싶은지 물어보라고 하자, "엄마, 나는 음식 쓰레기통이 아니야!" 하고 소리를 지르고 싶어 한다고 했다. 그리고 그녀가 엄마를 잘 설득해서 어린 지영이를 부드럽게 대해주라고, 엄마가 무섭게 안 해도 지영이는 자기 일 알아서 잘하는 훌륭한 아이라고 말해 달라고 한다고 했다. 나는 "지영이가 원하는 대로 다 하게 해주세요. 충분하게 하고 나면 알려주세요"라고 말했다. 어린 지영이는 자신과 엄마를 동시에 이해하는 어른 지영 씨의 보호에 안심하며 다 함께 바닷가로 놀러 가고 싶다고 했다. 눈부신 햇빛이 가득한 바닷가에서 재미있고 즐거운 시간을 보내며 그 장면의 밝은 빛과 에너지를 머릿속에 가득 채우게 했다. 그리고 온몸 세포 하나하나에 트라우마가 끝났다고 전한 뒤 다시 그 빛과 에너지를 심장 속으로 모이게 했다. 그다음 온몸을 투과해서 그녀를 둘러싸고 있는 우주 공간 속으로 퍼져나가게 했다. 마지막으로 충분히 이 에너지를 느끼라고 했다.

눈을 뜨라고 했을 때 그녀는 마음이 훨씬 편안해졌다고 했다. 다시 눈을 감고 그 장면으로 가보자고 했다. 어린 지영이는 점심을 먹은 뒤 마당에서 놀고 있고, 엄마는 식탁에서 혼자 망고를 먹으며 밖에서 놀고 있는 지영이를 편안한 미소로 바라보고 있다고 했다. 매트릭스 리임프린팅 후에 당시의 기억을 다시 떠올리면 문제가 없는 장면으로 달라져 있거나 아무 기억이 나지 않는 경우가 대부분이다.

지영 씨의 우울증과 어머니와의 관계 문제를 좀 더 깊이 있게 다루기로 했고, 집에서 매일 저녁 두세 가지씩 걸리는 감정들을 찾아 EFT를 하라는 숙제를 주었다. 그녀는 알레르기가 어린 시절의 감정과 관계가 깊다는 데 놀라기도 했고, 트라우마의 기억이 누그러지는 경험을 긍정적으로 받아들였다. 알레르기에 대해 EFT나 매트릭스 리임프린팅을 한 후 직접 알레르기 물질에 노출하는 테스트는 금지하고 있다. 그렇지만 지영 씨는 항히스타민제를 복용할 각오로 시험해보고 싶어 했고, 실제로 망고를 만지고도 가렵지 않다는 것을 확인했다고 다음 상담에서 이야기했다. 무엇보다도 망고라는 단어만 떠올려도 진저리가 쳐지던 느낌이 사라진 것이 신기하다고 했다. 그녀는 이후 상담에도 적극적인 신뢰감을 가지고 찾아오게 되었다.

잡지사 기자인 31세 문재경(가명) 씨는 최근 3년간 반복되는 불면과 우울 성향 때문에 나를 찾아왔다. 특히 최근 몇 개월간은 수면제를 먹어도 잠이 잘 오지 않아서 복용 양을 늘리려다가 습관성이 될까 봐 불안하여 불규칙적으로 약을 복용했다고 말했다. 직장에서는 비교적 성공적으로 일해왔다고 했고, 동료들과의 관계나 일로 인한 스트레스는 다들 겪는 만큼이지 특별히 힘들지는 않았다고 했다.

우울하고 불면인 상태가 처음에 어떻게 시작이 되었는지 질문했을 때 그녀는 잠깐 눈시울이 붉어졌다. 실은 3년 전 사랑하는 남동생을 잃었다고 했다. 좀 더 자세히 이야기하기를 권하자, 당시 26세였던 동생이 갑자기 죽게 되었는데 자기 때문이라는 자책감이 떠나지 않아 동생이 떠오르면 늘 가슴이 아프다고 했다. 감정의 고조가 심해져서 그녀와 함께 호흡 EFT로 두드리기를 했다. 호흡이 편해지자 그녀는 자기가 평소 이렇게 숨 쉬는 것이 힘들었는지 몰랐다고 하며 두드리기의 효과에 신기해했다. 통상적인 EFT를 세 차례 반복하여 동생을 떠올릴 때의 슬픔이 많이 누그러졌고, 좀 더 편하게 동생에 관한 이야기를 계속할 수 있게 되었다.

재경 씨의 동생은 5살 때 류마티스성 심장염을 앓은 뒤 합병증으로 심부전증을 앓고 있어서 항상 심장의 부담을 덜어주는 약을 복용해야만 했다. 그리고 동생이 몇 년 사귀던 여자친구가 있었는데, 자신의 건강 때문에 엄두를 내지 못하다가 어느 날 용기를 내어 청혼을 했으나 완곡히 거절당했다. 몸이 약해도 늘 밝은 미소를 잃지 않고 누나가 이기적인 행동을 해도 감싸주는 착하고 너그러운 동생이었는데, 그 뒤로 자신의 병에 대해 절망하기 시작했고, 우울증에 빠져서 괴로워했다. 그녀는 몇 달간 괴로워하고 있는 동생을 격려하고 아픔을 잊는 데는 여행이 최고라며 등

떠밀듯이 남해로 떠나보냈다. 그녀는 여행을 떠나는 동생이 약을 챙기지 못했다는 것을 미처 눈치채지 못했다. 이틀 뒤 여행지에서 연락이 왔을 때 동생은 감기가 걸려 숨이 좀 차지만 그런대로 잘 지낸다고 했고, 걱정을 끼치고 싶지 않은 마음에 약을 가져오지 못했다는 사실을 말하지 않았다. 그 뒤로 사흘째 연락이 없자 그녀는 동생이 마음을 추스르느라 그러겠거니 했는데, 병원 응급실에서 보호자를 찾는 전화가 왔다. 심부전증이 악화되어 중환자실에 입원해야 한다는 소식이었다. 그제야 가족들은 그가 위중한 상태였다는 것과 약을 먹지 않으면 얼마나 위험한지를 잊고 있었다는 걸 깨달았다. 가족들은 급하게 병원으로 달려갔고, 회복이 어렵게 되자 서울의 대형 병원으로 옮겼지만 동생은 끝내 회생하지 못했다. 재경 씨는 동생을 강권하여 오지로 여행을 보내고 약을 제대로 챙겼는지 확인하지 않았던 자신이 결국 동생을 죽음으로 내몰았다고 가슴을 치며 슬퍼했다고 했다. 그리고 어린 시절부터 부모의 관심을 늘 병약한 동생에게 빼앗겼던 상처에서 생긴 동생에 대한 미움이 그 애를 죽게 내버려둔 것이 아닌가 하는 죄책감도 그녀를 괴롭혔다고 했다.

그녀에게 동생과 관련된 가장 어렸을 때의 기억을 떠올려보라고 했다. 그녀는 초등학교 1학년 때 받아쓰기 100점을 받고 뛰어와 엄마에게 자랑했던 일을 이야기했다. 아픈 동생을 간병하느라 걱정이 많은 엄마는 "너는 누나고 건강하니까 당연히 네 일을 네가 잘 알아서 해야지" 하며 대수롭지 않게 말했다. 그때의 엄마의 그늘진 얼굴과 '엄마에게 나는 아무것도 아니고 엄마는 나를 사랑하지 않아'라는 슬픈 충격이 어린 가슴에 사무치던 장면이 떠올랐다. 동생이 병에 걸린 뒤로 엄마는 늘 동생을 보호했고, 어린 재경 씨가 평소에 동생을 잘 보살피고 놀아주는데도 어쩌다 동생과 다투게 되면 늘 동생 대신 억울하게 혼난다는 생각이 들어서 외로웠다. '엄마는 동생만 중요해. 나는 예뻐하지 않아. 나는 아무것도 아니야. 사랑받지 못해' 하는 생각이 어린 시절 기억의 중요한 부분이었다.

　나는 지금 이렇게 잘 성장해서 성공한 어른인 그녀가 그 장면 속으로 들어가 어린 재경이에게 자신을 소개하고 도움을 주겠다고 말하도록 안내했다. "어린 재경이가 어떻게 하고 있어요?" "자기 방 침대에 엎드려 울고 있어요." "재경이에게 어떻게 하면 기분이 좋아지겠는지 묻고, 무엇이든지 마음대로 할 수 있다고 말해주세요." "안아달라고 해서 그렇게 했어요. 그리고 재경이에게 두드리기를 해주고 싶어요." "재경이에게 살짝 두드려주면 기분이 좋아질 거라고 말해주고 두드리기를 해줘도 괜찮은지 물어보세요." 어린 재경이가 좋다고 하자, 나는 그녀의 손을 잡고 가볍게 손가락에 두드리기를 하면서 그녀가 상상 속에서 어린 재경이에게 두드리기를 하게 했다. '엄마가 동생 때문에 너무 걱정이 되어서 너를 보아주지 않지만 너는 훌륭한 사람이야'를 확언으로, '엄마가 봐주지 않아서 슬퍼'를 요약어로 두드리기를 했다. 그녀는 따라 말하며 두드리기를 한차례 하고 아이가 기분이 좋아졌다고 했다. 그리고 어린 재경이가 엄마가 자신을 사랑하지 않는 것이 아니라 동생 걱정 때문에 엄마도 힘든 것뿐임을 이해했다고 했다. "더 원하는 것이 있는지 묻고 아이가 마음껏 누리게 해주세요"라고 하자, 아이는 그녀의 손을 이끌고 엄마와 동생이 있는 곳으로 가서 엄마에게도 두드리기를 해주면 좋겠다고 했다. "아이가 원하는 대로 해주세요. 그리고 다 끝나면 말씀해주세요." 그녀는 상상 속에서 젊은 엄마에게 두드리기를 하여 마음을 안정시켰고, 재경이가 아직도 어린아이이며 아이에게는 엄마의 관심이 필요하다고 말했다. 엄마는 동생이 늘 아프니까 그 애 걱정만 했지 재경이도 아직 어려서 힘들어하는 것을 모르고 있었다며, 나중에 동생을 책임지게 될지도 모르니 강한 아이로 키우려고 차갑게 대한 것이 미안하다고 했다. 편안해진 엄마가 어린 재경이에게 미안했다고, 재경이도 동생과 똑같이 소중하다고 말하자 재경이는 마음이 흡족해졌고 엄마와 동생을 작은 팔로 감싸 안으며 행복해했다. 재경이에게 엄마와 동생과 어디 가고 싶은 데가 있는지 물으니 괜찮다고 했다. 자기 방에 가서 일기를 쓰면 좋겠고 어른 재경 씨가 꼭 수호천사 같아서 계속 함께 있으면 된다고 했다. 그녀는 천사의 밝은 핑크색 빛을 아이의 머릿속에 가득 채웠다가 온몸으로 보내고 다시 심장으로 보냈다가 아이를 감싸고 있는 주위로 빛이 퍼져나가게 했다.

재경 씨가 눈을 다시 떴을 때 마음이 아주 가벼워진 느낌이라고 했다. 눈을 감고 동생을 다시 떠올려보라고 했을 때 그녀는 환호성을 질렀다. "동생이 눈부신 하얀빛을 띤 천사처럼 보여요." "동생이 뭐라고 하나요?" "동생이 우리 가족 모두에게 감사하다고 해요. 26년간 자기를 지극한 사랑으로 보살펴주어서 고맙다고요. 그리고 자기는 이제 불편한 몸을 떠나서 아주 행복하다고요. 아픈 몸으로 오래 살아 있는 것이 오히려 그 애에게는 힘든 일이었군요! 맞아요, 우리가 동생이 오래 머물기를 바란 거예요. 동생이 나에게도 감사하고 사랑한대요." 그녀는 천사가 된 동생과 함께 아름다운 초원으로 가서 마음껏 눈부신 하얀빛을 누리고 온몸으로 그 빛과 에너지를 보냈다가 심장 속으로 보낸 뒤 다시 몸을 투과해서 그 빛을 주위의 세상으로 퍼져나가게 했다.

그녀는 이 과정이 경이롭다고 했다. 3년간 자기를 짓누르던 죄책감이 단번에 사라지고 동생의 죽음을 행복하게 받아들이게 된 것에 감사했다. 2주 후에 그녀는 다시 상담실을 찾았는데, 나빠져서가 아니라 더 좋은 소식을 전하기 위해서라고 했다. 자기는 늘 외모가 예쁘지 않아서 일이 잘 안 풀린다고 생각했고 예쁠 자격이 별로 없다고 생각했는데, 예쁠 자격이 있는 자기에게 상으로 예쁜 옷을 사주고 미용실에서 머리도 예쁘게 했다고 했다. 나는 '예쁘지 않고 사랑받지 못하는 아이'라는 믿음이 없어지면서 이렇게 달라진 것 같다고 했다. 그녀는 잠을 잘 잘 수 있게 되었고, 우울도 기억에서 사라졌다고 했다. 유년기의 트라우마 하나를 리임프린팅한 것이 일으킨 파급 효과에 나도 놀라고 감탄했던 사례였다.

옮긴이의 자기치유

작년 겨울 기온이 영하 10도까지 떨어진 날이었다. 차를 운전하여 출장 상담을 가던 길이었다. 온풍기를 세게 틀고 강변 북로를 달리고 있었다. 최근 선물 받은 패딩 점퍼를 처음 입고 나와 옆자리에 놓아둔 참이었는데, 점점 콧속이 가려워지고 입안에 거품 같은 침이 고이기 시작했다. 뭔가 털 알레르기가 일어나는 느낌이었다. 평소 토끼털과 강아지털 알레르기가 있긴 했다. 아침 햇살이 앞창으로 비쳐 들어오는 방향이 되었을 때 온풍기의 바람결에 흩날리는 가느다란 깃털들이 보였다. '아차, 점퍼에서 삐져나오는 솜털이 이렇게나 많았구나!' 오리털 점퍼는 별문제가 되지 않는데, 거위털은 불편하다는 걸 최근 알게 된 터였다. 거위털 패딩에 대한 주의가 없을 때 받은 선물이라 별생각 없이 입고 나온 것이었다. 환기를 위해 문을 열어보았지만, 달리는 차에서 영하 10도의 바람을 맞는 것은 힘든 일이었다. 아직도 1시간 반은 더 가야 하는데 어쩌지 싶었다. 차를 세울 수도 없고, 여러 가지 궁리들이 흘러가다 불현듯 이럴 때 매트릭스 리임프린팅을 해보자는 생각이 났다.

운전 중이라 눈을 감을 수는 없었지만 서행 중인 차들의 흐름을 따라가며 기억을 더듬던 중, 3살 무렵 시골 할머니 댁에서의 일이 생각나면서 스스로 깜짝 놀랐다. '맞아, 이런 일이 있었지!' 하는 경이로움과 함께, 내

키만 한 거위로부터 공격을 받았던 장면이 떠올랐다.

1년 반 터울의 남동생과 엄마 품을 경쟁하다 울면서 엄마 등에 업히곤 하던 이 아이는 아버지의 고향에 몇 달씩 맡겨지곤 했다. 아이는 시골 마당에서 혼자 놀 거리를 찾아내며 잘 놀았다. 하루는 할머니나 사촌 언니와 함께 놀러 가던 큰할머니 댁에 혼자 가겠다고 길을 나섰다. 큰할머니 댁은 200미터 정도밖에 떨어지지 않았지만 어린아이에게는 꽤 자랑스러울 모험이었다. 그런데 길을 가는 도중 큰할머니 댁 옆집을 지나가다가 마당에 놓아기르는 거위와 마주친 것이다. 거위는 제 몸집 정도의 키를 가진 아이가 만만했던지 느닷없이 달려들어 부리로 어깨를 쪼기 시작했다. 아이가 공포에 질려 자지러지게 울자 거위의 주인 할머니가 뛰어나와 거위를 쫓고 아이를 안아 올렸다.

나는 기억의 영상을 되돌려 거위가 나타나기 직전에서 장면을 정지시켰다. 나의 3살 ECHO에게 나는 너를 항상 지켜주고 있는 미래의 너라고 인사하고 무엇을 도와주면 좋겠는지 물었다. 큰할머니가 칭찬해주실 것을 기대하고 혼자 가고 싶었는데 거위가 나를 쫄 줄은 몰랐다고, 거위가 오지 못하게 할머니가 나를 안고 큰할머니 댁에 데려다주면 좋겠다고 했다. ECHO의 소원대로 ECHO를 안아 올리고, 거위는 우리에 갇혀 ECHO를 멀리서 지켜보게 했다. 그 앞을 지나자 ECHO는 '거위야, 안녕' 하고 손을 흔들며 인사했다. 큰할머니 댁 앞에서 ECHO는 '이제 됐어요' 하고 품에서 내려달라고 했다. ECHO에게 "거위에게 쪼여서 무서웠지만 너는 훌륭한 사람이란다. 너를 항상 지켜줄 거야. 아무것도 너에게 해를 끼치지 못해"라고 말한 뒤 아이의 머릿속에 따뜻한 안정감을 가득 채우고 가슴속으로 보냈다가 다시 아이의 온몸을 둘러싼 세상으로 내보냈다.

이것이 효과가 있을까? 알레르기가 금방 없어지지 않을 수도 있는데,

하는 생각들이 이어졌지만, 이 작업의 영상이 상상 속을 흘러가는 동안 나는 거위털의 불편함이 어디서 왔는지 알게 되었고, 입안과 호흡기를 관장하는 자율신경계와 과민반응을 하던 면역계가 이 과정을 이해한 듯이 안정되어 있는 것을 느꼈다.

무사히 1시간 반을 운전해 갈 수 있었고, 나중에는 거위털 이불도 덮을 수 있게 될 만큼 내 잠재의식은 거위가 위험하지 않다는 것을 믿게 되었다.

알레르기는 의학적으로 위급한 상황이 재발할 수 있기 때문에 자기치유의 과정을 할 때 주의할 필요가 있다. 아나필락시스나 천식 발작처럼 위중한 병력이 있는 경우에는 반드시 전문가에게 상담을 의뢰해야 한다.

책

Gregg Braden, *The Divine Matrix: Bridging Time, Space, Miracles, and Beliefs*, Hay House, 2007. ;《디바인 매트릭스》(김시현, 굿모닝미디어, 2012)

Doc Childre, *The Inside Story: Understanding the Power of Feelings*, HeartMath, 2003.

Doc Childre, Howard Martin and Donna Beech, *The HeartMath Solution*, HarperCollins, 1999.

Dawson Church, *The Genie in Your Genes: Epigenetic Medicine and the New Biology of Intention*, Elite Books, 2007.

Larry Dossey, *Healing Breakthroughs: How Your Attitudes and Beliefs Can Affect Your Health,* Piatkus, 1993.

Donna Eden, *Energy Medicine: How to Use Your Body's Energies for Optimum Health and Vitality*, Piatkus, 2008.

Gill Edwards, *Living Magically*, Piatkus, 1992.

— , *Pure Bliss: The Art of Living in Soft Time*, Piatkus, 1999.

— , *Wild Love,* Piatkus, 2006.

— , *Life is a Gift: A Practical Guide to Making Your Dreams Come True*, Piatkus, 2007.

David Feinstein, Donna Eden and Gary Craig, *The Healing Power of EFT and Energy Psychology*, Piatkus, 2006.

Richard Flook, *Why am I Sick? What's Wrong and How You Can Solve it Using META-Medicine®*, Booksurge, 2009.

Peter H. Fraser, Harry Massey and Joan Parisi Wilcox, *Decoding the Human Body-Field*, Healing Arts Press, 2008.

Donna Gates, *The Body Ecology Diet*, Batus, 1996.

David Hamilton, *It's the Thought that Counts: The Astounding Evidence for the Power of Mind over Matter*, Dr. David R. Hamilton, 2005.

— , *How Your Mind Can Heal Your Body*, Hay House, 2008. ;《마음이 몸을 치료한다》(장현갑 · 김미옥, 불광출판사, 2012)

— , *Why Kindness is Good for You*, Hay House, 2010.

Silvia Hartmann, *The Advanced Patterns of EFT*, DragonRising, 2003.

Louise Hay, *Heal Your Body*, Hay House, 1994. ;《힐 유어 바디》(김문희, 슈리크리슈나 다스아쉬람, 2011)

— , *You Can Heal Your Life*, Hay House. 1984.

Esther and Jerry Hicks, *Ask and It Is Given*, Hay House, 2005. ;《마법의 열쇠》(장연재, 샤우드미디어, 2006)

Bryon Katie and Stephen Mitchell, *Loving What Is*, Rider, 2002.

Bruce Lipton, *The Biology of Belief, Mountain of Love*, 2005. ;《당신의 주인은

DNA가 아니다》(이창희, 두레, 2014)

Frank McNeil, *Learning with the Brain in Mind*, Sage, 2008.

Lynne McTaggart, *The Field: The Quest for the Secret Force of the Universe*, HarperCollins, 2001.

Dan Millman, *The Way of the Peaceful Warrior*, H. J. Kramer, 1991.

— , *Sacred Journey of the Peaceful Warrior*, H. J. Kramer, 1991.

— , *Wisdom of the Peaceful Warrior: A Companion to the Book That Changes Lives*, H. J. Kramer, 2007.

Joseph Chilton Pearce, *The Biology of Transcendence: A Blueprint of Pocket of the Human Spirit*, Park Street Press, 2004.

Candace Pert, *Molecules of Emotion: Why You Feel the Way You Feel*, Pocket Books, 1999.

— , *Everything You Need to Know to Feel Good*, Hay House, 2007.

Stewart Robertson, *The Book of Reframes*, Lulu, 2008.

Robert Scaer, *The Body Bears the Burden: Trauma, Dissociation and Disease*, Haworth Medical Press, 2001; second edition, 2007.

Rupert Sheldrake, *The Presence of the Past: Morphic Resonance and the Fields of Nature. Inner Tradition*, Bear and Company, 2000.

Eckhart Tolle, *The Power of Now: A Guide to Spiritual Enlightenment*, Mobius, 2001. ; 《지금 이 순간을 살아라》(유명일, 양문, 2008)

매체

Greg Becker and Harry Massey, *The Living Matrix*, DVD, The Living Matrix and Becker, Massey, 2009.

Rhonda Byrne, *The Secret*, DVD, TS Productions, 2007.

Betsey Chasse, Marc Vicente and William Arntz, *What the Bleep Do We Know?*, DVD, Revolver Entertainment, 2005.

Donna Eden, *Energy Medicine Kit*, Sounds True, 2004.

Bruce Lipton, *As Above, So Below: An Introduction to Fractal Evolution*, DVD, Spirit 2000, 2005.

Robert Scaer, *Trauma Transformation and Healing*, DVD#4, part of: Look, Carol, *A Vibrational Approach to Healing Pain and Illness*, DVD set, 2008.

Swarm: Nature's Incredible Invasion: One Million Heads, One Beautiful Mind, BBC documentary, 2009.

Debby Takikawa, *What Babies Want,* DVD, Hannah Peace Works, 2006.

기타

Bruce Lipton, 'The wisdom of the cells: Part 1, 2 and 3', www.brucelipton. com, derived from *The Wisdom of Your Cell: How Your Beliefs Control Your Biology*, an audio listening course on eight CDs, Sounds True, www. soundstrue.com, 2006-7.

매트릭스 리임프린팅 전문가 찾기

www.matrixreimprinting.com에서 전문가 목록을 찾아볼 수 있다.

매트릭스 리임프린팅 훈련

매트릭스 리임프린팅 전문가가 되고 싶다면 다음 웹사이트에서 전문가 훈련 과정에 대해 알아볼 수 있다. www.matrixreimprinting.com

매트릭스 리임프린팅 웨비나 프로그램 듣기

www.matrixreimprintingtelecourses.com에 소개된 온라인 프로그램을 통해 매트릭스 리임프린팅에 대해 더 공부할 수 있다.

필독 자료

이 책에 소개된 주제에 대한 이해를 보강하기 위해 반드시 읽어야 하는 열 권의 책을 소개한다(읽는 순서는 상관없다).

Gregg Braden, *The Divine Matrix: Bridging Time, Space, Miracles, and Beliefs*, Hay House, 2007. ;《디바인 매트릭스》(김시현, 굿모닝미디어, 2012). 매트릭스의 과학에 대해 폭넓고 자세하게 설명되어 있다.

The Living Matrix, DVD, The Living Matrix and Becker, Massey, 2009. 매트릭스에 대한 탐구와 브루스 립튼 박사, 루퍼트 셸드레이크 박사, 린 맥타가트 박사, 피터 프레이저 박사 외 다른 많은 과학자와 그 분야 선도자의 인터뷰가 담긴 다큐멘터리이다.

Bruce Lipton, *The Biology of Belief*, Mountain of Love, 2005. ;《당신의 주인은 DNA가 아니다》(이창희, 두레, 2014). 우리 생각이 어떻게 육체에 영향을 미칠 수 있는지 과학적으로 쉽게 설명한 책이다. 유전자가 우리를 지배하지 않는다는 것을 보여주는 후성유전학에 대해 소개한다. DVD와 오디오북으로도 보고 들을 수 있다.

Dawson Church, *The Genie in Your Genes: Epigenetic Medicine and the New Biology of Intention*, Elite Books, 2007. 에너지 심리학의 과학에 대한 정보와 후성유전학에 대한 탐구 내용을 자세히 담고 있다.

Nicolas and Jessica Ortner, *Try It on Everything*, DVD, Try It Productions, 2008. 잭 캔필드, 조지프 머콜라, 캐럴 룩, 브루스 립튼과 다른 많은 사람들이 출연한 DVD이다. EFT에 대한 좋은 개관 자료이다.

Richard Flook, *Why am I Sick? What's Wrong and How You Can Solve it Using META-Medicine®*, Booksurge, 2009. 메타-메디신과 질병의 정서적 원인을 빈틈없이 탐구한 자료이다.

Karl Dawson, *META-Medicine® and EFT/Matrix Reimprinting*, DVD set, Karl Dawson, 2008. 메타-메디신의 기본 원리를 배우고, 이것이 어떻게 매트릭스와 함께 병행할 수 있는지 알아본다.

David Hamilton, *How Your Mind Can Heal Your Body*, Hay House, 2008. ;《마음

이 몸을 치료한다》(장현갑·김미옥, 불광출판사, 2012). 생각이 몸에 미치는 힘을 증명하는 다양한 과학적 실험을 읽어볼 수 있다.

Robert Scaer, *The Body Bears the Burden: Trauma, Dissociation and Disease*, Haworth Medical Press, 2001; second edition, 2007. 이 책에서 트라우마와 경직 반응에 대해 배울 수 있다. 초판은 일반인을 고려하지 않고 쓴 것이기 때문에, 2판을 살 것을 추천한다.

Rupert Sheldrake, *The Presence of the Past: Morphic Resonance and the Fields of Nature*, Inner Tradition, Bear and Company, 2000. 형태장과 형태공명의 과학적 원리를 설명한다. 과학적인 사고를 가지고 있다면, 굉장히 흥미로운 책이 될 것이다.

추가 자료

EFT

Sasha Allenby, *Joyful Recovery from Chronic Fatigue Syndrome/ME: Accelerated Healing with Emotional Freedom Techniques (EFT)*, Strategic Book Publishing, 2008. 사샤가 EFT를 사용하여 만성피로증후군을 극복한 치유 과정에 대해 읽을 수 있다. 만성피로증후군을 앓고 있는 사람들에게는 쉽게 읽을 수 있는 자기 치료 매뉴얼이다.

Pamela Bruner and John Bullough (eds), *EFT and Beyond*, 2009. EFT 심화 과정 교본으로, 여러 EFT 마스터의 사례에 대해 읽어볼 수 있고, 매트릭스 리임프린팅에 대해 한 챕터를 할애했다.

Karl Dawson, *EFT Practitioner Course, Levels 1 and 2*, DVD set, 2008. EFT 실력을 향상시키고 싶다면 칼의 EFT 수업을 수강하기를 추천한다.

— , *EFT for Serious Diseases*, DVD set, 2008. 매트릭스 리임프린팅이 소개된 DVD

이다. 칼의 중병 다루기를 공부하고 싶다면 시청하기를 권한다.

Stewart Robertson, *The Book of Reframes*, Lulu, 2008. 내담자가 상황, 기억, 또는 사건을 재구성하거나 바꿀 수 있게 도와주고 싶다면 이 책이 굉장한 도움이 될 것이다.

Robert Scaer, *Trauma Transformation and Healing*, DVD, 2008. Part of a four-DVD set, *A Vibrational Approach to Healing Pain and Illness*, by Carol Look. 이 DVD는 스캐어 박사의 트라우마 치유 강의 자료를 담고 있다.

매트릭스 관련 과학

Peter H. Fraser, Harry Massey and Joan Parisi Wilcox, *Decoding the Human Body-Field*, Healing Arts Press, 2008. 인체의 장場에 대한 이해를 넓혀줄 수 있는 책이다.

Bruce Lipton, *As Above, So Below: An Introduction to Fractal Evolution*, DVD, Spirit 2000, 2005. 우리가 어떻게 매트릭스에 감응하는지 설명하는 DVD이다.

Lynne McTaggart, *The Field: The Quest for the Secret Force of the Universe*, HarperCollins, 2001. 매트릭스의 과학적 근거를 설명하는 자료이다.

The Secret, DVD, TS Productions, 2007. 끌어당김의 법칙에 대한 이해를 돕는 굉장한 영화이다.

What the Bleep Do We Know?, DVD, Revolver Entertainment, 2005. 과학과 영성의 융합을 보여주는 양자역학에 관한 DVD이다. 책으로도 읽을 수 있다.

건강 관리

Donna Gates, *The Body Ecology Diet*, Batus, 1996. 장내 유익균을 살리고 면역을 증강시킬 수 있도록 도와준다.

전문가

이 책에 사례를 제공한 전문가들

1. 존 불로우John Bullough, http://www.intuitive-connections.co.uk, john@energypublications.co.uk

2. 캐롤 클라우더Carol Crowther, http://www.eft-reiki.co.uk, carollcrowther@yahoo.co.uk

3. 클레어 헤이스Claire Hayes, http://www.eft4change.co.uk, claire@eft4change.co.uk

4. 레이첼 켄트Rachel Kent, http://www.eftbirmingham.co.uk, rachjkent@talktalk.net

5. 샤론 킹Sharon King, http://magicalnewbeginnings.com, Sharon@magicalnewbeginnings.com

6. 브렛 모란Brett Moran, http://matrixmind.co.uk, brett@matrixmind.co.uk

7. 제임스 로빈슨 James Robinson, http://www.matrixillumination.com, james@matrix-illumination.com

8. 손드라 로즈Sondra Rose, http://sondrarose.com, Sondra@sondrarose.com

9. 지나 스코필드Gina Schofield, gina.schofield@btinternet.com

10. 수지 셸머딘Susie Shelmerdine, http://www.eftmidlands.co.uk, info@eftmidlands.co.uk

11. 에마 서머즈Emma Summers, http://stopsmokingeft.co.uk, emmalsummers@hotmail.com

MATRIX REIMPRINTING USING EFT